大连理工大学人文与社会科学学部学术著作出版资助项目

以新闻为本

新时期新闻从业者职业认同研究

胡晓娟 著

中国社会科学出版社

图书在版编目(CIP)数据

以新闻为本:新时期新闻从业者职业认同研究/胡晓娟著. —北京:中国社会科学出版社,2022.9
ISBN 978-7-5227-0860-7

Ⅰ.①以… Ⅱ.①胡… Ⅲ.①新闻工作者—研究 Ⅳ.①G214

中国版本图书馆 CIP 数据核字(2022)第 165147 号

出 版 人	赵剑英
责任编辑	张 玥
责任校对	杨 林
责任印制	戴 宽

出 版	中国社会科学出版社
社 址	北京鼓楼西大街甲 158 号
邮 编	100720
网 址	http://www.csspw.cn
发 行 部	010-84083685
门 市 部	010-84029450
经 销	新华书店及其他书店
印 刷	北京君升印刷有限公司
装 订	廊坊市广阳区广增装订厂
版 次	2022 年 9 月第 1 版
印 次	2022 年 9 月第 1 次印刷
开 本	710×1000 1/16
印 张	16.75
字 数	243 千字
定 价	89.00 元

凡购买中国社会科学出版社图书,如有质量问题请与本社营销中心联系调换
电话:010-84083683
版权所有 侵权必究

目　录

前　言 ……………………………………………………………（1）

第一章　绪论 …………………………………………………（1）
第一节　新闻从业者职业认同研究的必要性 ………………（1）
一　职业流动性与人才流失问题突出 ………………………（1）
二　现实环境与从业生态困境凸显 …………………………（2）
三　新闻从业者职业认同研究的意义所在 …………………（3）
四　新时期对新闻从业者职业认同的创新 …………………（5）
第二节　研究方法与研究框架 ………………………………（6）
一　融合研究重新建构职业认同维度 ………………………（6）
二　研究问题与研究假设 ……………………………………（10）

第二章　职业认同与新闻从业者研究图景 …………………（13）
第一节　概念界定与理论视点 ………………………………（13）
一　新闻从业者与阐释共同体 ………………………………（13）
二　身份认同理论 ……………………………………………（14）
三　职业角色 …………………………………………………（16）
四　职业认同 …………………………………………………（18）
第二节　中国新闻从业者研究的三种路径 …………………（20）
一　新闻专业主义路径 ………………………………………（20）

二　政经分析路径 ………………………………………… (22)
三　生命史研究路径 ……………………………………… (22)

第三节　职业认同研究图谱 ………………………………… (23)
一　从认知到认同 ………………………………………… (23)
二　与职业认同相关的其他概念及研究 ………………… (25)
三　职业主义与职业化研究 ……………………………… (27)

第三章　新时期职业认同的环境分析 …………………………… (32)
第一节　传媒变局中的新闻传播业 ………………………… (32)
一　传播学意义上5W的深刻变化 ……………………… (32)
二　迅猛发展的新媒体 …………………………………… (39)
三　传媒领域改革不断深化 ……………………………… (41)

第二节　职业认同的社会环境与专业之争 ………………… (44)
一　新闻与政治：鲜明的政治属性 ……………………… (44)
二　社会价值观调整所带来的困扰 ……………………… (46)
三　新媒体环境下公民记者与职业记者间的竞争 ……… (47)

第三节　职业认同的传媒环境与伦理之困 ………………… (49)
一　传媒内部及媒介技术环境 …………………………… (49)
二　市场化的传媒产业与社会公器的专业主义
　　之间的张力 …………………………………………… (57)
三　新闻敲诈之风损害记者形象 ………………………… (60)

第四节　职业认同的公众环境与评价之忧 ………………… (64)
一　公众环境：社会认同的协商 ………………………… (64)
二　记者角色的困惑与偏差 ……………………………… (65)
三　职业角色与社会角色的艰难抉择 …………………… (66)

第四章　新闻从业者职业认同现状与理想 …………………… (69)
第一节　新闻从业者职业认同现状 ………………………… (69)
一　职业认知维度 ………………………………………… (69)

二　职业评价维度 …………………………………… (77)
　　三　职业情感维度 …………………………………… (79)
　第二节　职业认同各维度之间的影响分析 ……………… (84)
　　一　职业情感与职业评价 …………………………… (84)
　　二　职业认知与职业评价 …………………………… (86)
　第三节　职业认同的影响因素分析 ……………………… (89)
　　一　工作年限与职业认同 …………………………… (89)
　　二　专业背景与职业认同 …………………………… (91)
　　三　收入构成与职业认同 …………………………… (93)
　　四　社会环境、媒体环境与从业者个人层面的具体影响 …… (98)
　第四节　职业认同的理想 ………………………………… (101)
　　一　职业认同的理想实现情况 ……………………… (101)
　　二　对职业认同问题的认识 ………………………… (104)
　　三　工作成就感与困难 ……………………………… (106)

第五章　新闻从业者职业认同建构的逻辑 ………………… (115)
　第一节　时空逻辑：历史与现实 ………………………… (116)
　　一　历史传统：文人论政、知识分子、立言报国 ………… (116)
　　二　现实新闻实践发展：宣传、倡导、建设与瞭望之间 …… (119)
　第二节　评价逻辑：内在与外在 ………………………… (121)
　　一　自我认知危机 …………………………………… (121)
　　二　社会评价走低 …………………………………… (122)
　　三　社会评价与自我认知的平衡 …………………… (124)
　第三节　结构逻辑：宏观、中观、微观 ………………… (129)
　　一　宏观：媒体环境与文化 ………………………… (129)
　　二　中观：媒介制度与管理 ………………………… (133)
　　三　微观：从业者的"四感一德" …………………… (143)

第六章　新媒体环境下重塑职业共同体 (145)

第一节　新媒体与职业共同体 (145)
一　新媒体时代职业认同问题 (145)
二　职业共同体研究 (146)

第二节　微博中职业共同体的建构 (148)
一　"记者节"媒体微博分析 (148)
二　微博中的职业共同体 (154)
三　职业精神的指引 (156)
四　职业良知的呼唤 (158)

第三节　"记者节"话语分析中的从业者形象与职业认同 (159)
一　高层次新闻框架：主要议题设置与呈现 (160)
二　中层次新闻框架：符号意义选择与构建 (164)
三　低层次新闻框架：隐含形象再现与延伸 (168)
四　记者形象与职业认同 (170)

第七章　新闻从业者职业认同向何处去 (172)

第一节　新闻从业者职业认同的研究结论及启示 (172)
一　职业认同问题的重要性 (172)
二　职业认同的三个构成维度 (173)
三　职业认同的理想丰富且坚定 (175)
四　职业认同影响因素日趋多元 (176)
五　职业认同的建构逻辑存在不同视角 (177)
六　微博等社会化媒体中的职业共同体有效形塑认同 (179)

第二节　以新闻为本：强化职业认同的对策 (181)
一　良好的制度环境及政策 (181)
二　社会的正确认知及评价 (182)
三　媒体内部的培育及自律 (183)
四　职业共同体助推及支持 (186)
五　新闻从业者内修及激励 (187)

六　"马新观"教育及引领 …………………………………（191）

参考文献 ……………………………………………………（195）
附录一　调查问卷 …………………………………………（212）
附录二　访谈资料汇编 ……………………………………（217）
后　记 ………………………………………………………（250）

前　言

中国传媒产业的发展带来了新闻从业者群体的日益壮大，但这一职业群体却又在急剧分化。面临传媒环境的变革，社会价值观的多元，新闻生产的压力以及媒介伦理的拷问，新闻从业者对自我的职业认同产生了许多困惑。现如今，社会评价下降，自我认同贬损，新闻从业者的职业认同比以往任何时候都更为复杂且多元，呈现出全新的图景。

本书将社会学中职业认同概念与新闻从业者相结合，跳出对于新闻生产过程常用的国家与市场的二元分析框架，聚焦于特定群体身份及职业认同变迁，探索其与转型中的宏观语境、社会环境、媒体情景及个人情感之间的关联。通过深度访谈、问卷调查、内容分析等研究方法，借鉴新闻传播学、社会学、心理学等学科中关于职业认同、职业角色、身份认同等相关理论，从职业认知、职业评价、职业情感三个维度，分析新时期职业认同的实然与应然状态，并据此厘清其影响因素、建构逻辑与有效对策。

本书总体结构上分为三部分，提出现实问题及背景，资料数据论证及分析，最终得出结论与建议，具体行文分为七章。

在绪论中，笔者阐明了本书的源起、意义、研究方法与研究框架等基本问题，以便读者对全书的研究内容有所了解。在对职业认同相关研究及各学科相关理论已有文献梳理的基础上，确定了本书的研究问题，即新时期新闻从业者的职业认同问题，并进一步明确研究假设，试图从认知与认同两个层面研究新闻从业者职业认同问题，最终解读从认知到认同的逻辑建构。具体的研究问题主要围绕以下几个层面展开：1. 职业认同的历史：新闻从业者职业认同的心路历程（发展历史脉络）是怎样的，具有哪些传统或者特征，又受到怎样的影响。2. 职业认同的现状：新闻职业（新闻从业者）是什么，新闻从业者职业认同的三个维度建构及相互作用分析。3. 职业认同的理想：新闻职业（新闻从业者）应该是什么，（理想中的）以及对自我是否成为理想中的从业者的理解和实践过程。4. 新闻从业者职业认同的影响因素有哪些，怎样划分层次。5. 不同维度和层次的职业认同的建构逻辑。6. 新媒体中的职业共同体对职业认同的塑造和影响。

第二章厘清了基本的概念及理论，从新闻从业者、职业认同、职业认知、职业主义等相关视角出发作了较为翔实的文献梳理，奠定本书的文献与理论基础。

第三章从传媒变局、社会环境、传媒环境、公众环境入手，全面分析了新时期职业认同面临的环境，阐明新时期新闻从业者所面临的挑战，从专业之争到伦理之困再到评价之忧，探讨社会价值观多元化调整所带来的新闻从业者职业角色模糊、混乱与冲突问题。

第四章分析了职业认同的应然与实然问题。结合全国范围内的权威问卷调查和深度访谈，还原了职业认同的现状，各维度之间的关系以及职业认同的人口特征，并进一步阐释职业认同的理想，深入分析职业认同的影响因素。

第五章主要从时空逻辑、评价逻辑、结构逻辑三个层面分析新闻从业者的职业认同是如何建立的，又处在怎样的变化之中，探究和理解新闻从业者职业身份认同建构的逻辑以及其与各种社会关系、规范、权力之间的协商。

第六章重点探讨新媒体时代职业认同的新变化，以微博中的职业共同体为例，聚焦"记者节"话语分析，为强化职业认同提供现实依据和参考。

第七章系统总结了主要研究结论，并针对目前存在的问题，提出了强化职业认同的可行性建议。

前　言

职业认同的形成是个体认知与社会塑造的互动过程。体制性矛盾、职能性矛盾、理念性矛盾在历史与现实，自我认知与社会评价，各种结构性因素中复杂交织，形成职业认同建构的特殊图景。新闻从业者职业认同的建构和强化，需要以新闻为本，既有社会结构层面"职业共同体"的社群支持，同时还需要来自价值层面的职业意识、职业理想的激励与支撑。

本书相对准确地还原了新闻从业者对于职业认同的理解，同时反映出其职业认知、评价与情感。希望探究作为行动者的新闻从业者如何回应职业认同的变迁，对于新闻从业者能够有更充分的理解，同时也是理解中国新闻业改革的新视角。现阶段，强化新闻从业者职业认同，进而提升整个行业的可持续发展和专业化水平，对促进新闻生产良性运转，适应传媒变局具有一定的借鉴作用。

新闻业在20世纪建立的秩序如今已经面临重新调整，新闻专业主义话语的说服力明显减弱，知名媒体人开始走下神坛，面临传媒变局，能够继续生存似乎成为众多传统媒体的唯一目标。也许，每一个时代都有其需要面临的问题，也有其存在的意义与价值，我们大可不必过于担忧或者哀叹，但是对于新闻从业者而言，也许需要重新定位自己，以新闻为本，再次踏上寻找自我认同和社会认同的征途。

无论你是传媒的业界前辈，还是刚入职的从业者，抑或是学界同人，广大新闻学子，或是对新闻从业者职业认同感兴趣的任何人，这本书能被你们看到是笔者的幸运，希望可以在这里找到你们想要的答案，也希望书中的一些探讨能够得到更多的关注与讨论。

第一章 绪论

第一节 新闻从业者职业认同研究的必要性

一 职业流动性与人才流失问题突出

近年来，陆续开始有媒体人辞职，引发了新闻从业者对前景的思考。虽然，一部分人是从传统媒体跳到新媒体，其本身仍然处于新闻传播行业，或者从事与新闻传播相关的工作，但也有一部分人是转到其他领域或创业，不再从事新闻工作。新闻从业者承受着社会转型和传媒变革的双重压力，传媒市场化的深入带来诸多不确定性因素，新闻从业者的流动性明显增强。财经作家吴晓波回忆，曾经的新闻行业，聚集着无数的热血青年，无论在学识还是行动力上都是时代的翘楚，也许他们转到任何行业都可以获得更多的物质回报，但是他们却甘愿在这个职业里勇敢承担，默默奉献。

《东方早报》记者简光洲，曾因在全国率先披露三鹿奶粉质量问题而知名，2012年9月他在微博中提及离职原因，毫无保留地承认在《东方早报》的10年，是他人生中最宝贵的青春，为了那份纯真的理性，经历了所有的悲欢、梦想。刺猬公社创始人叶铁桥曾说，媒体人出走的根本原因在于职业荣誉感降低了，觉得所做的事业陈旧了，感受不到昔日的荣光。这也许是一个发人深省的答案，新闻从业者的流动性和忠诚度值得关注，我们不禁要问，新闻行业怎么了？职业认同还在吗？

离职、转行，在很大程度上是从业者在各种负面情绪影响下的迷茫、受挫，甚至愤懑，他们从这份职业中的获得感降低了，因为找不到合适的定位，引发自我认同危机。虽然，个人的坚守或离开，是在个人意志、组织因素、社会环境等各方面的影响下生发的不确定性结果，但也是新闻从业者在衡量成本收益后的理性行为，客观上带来的却是新闻行业发展的不尽如人意。频繁的流动，让新闻从业者的专业能力、技术和知识难以有效地积累，新闻质量不可避免地下降，更为紧迫的是人才流失问题。在这样的不确定中，新闻从业者也很容易感到无力，陷入没有希望的恶性循环。

二 现实环境与从业生态困境凸显

新闻行业的现实困境和遭遇带来了新闻从业者自我认同危机，出现了自我贬损的倾向。"新闻民工"又被称为"体制外新闻记者"，他们不像在编人员那样有保障，职称、户口、记者证等各种权益对于他们来说，都显得很奢侈，而廉价的报酬、超强度的工作，才是他们工作的常态。更严重的是，稍有差池马上就会被所在单位开除。从客观指标上来看，他们确实处于新闻单位的最底层，同时自身也感受到了强烈的底层感。（周翼虎，2009）如今"新闻民工"已经成为新闻从业者自嘲、自黑的一种称谓。普遍反映出对工作环境恶化、薪资待遇降低、工作强度加大的不满。在大众的印象中，"民工"与低级体力劳动者的形象紧密联系，极尽劳碌奔波之苦，充分体现出工作和生活的窘境，满意度降低，价值感不强。

新闻从业者的生存状况、从业生态究竟是怎样的呢？我们常常所说的高强度工作、亚健康状况、压力大等，这些也许还算是轻的，正常的采访工作也可能会因为对方的不理解、不配合而遭到各种阻挠，轻者辱骂、刁难，重则威胁、殴打，暴力伤害记者、"跨省追捕"真的不是危言耸听，甚至还有"防火防盗防记者"的说法。

正是这样一份工作，它的回报又如何呢？仅以物质回报作为参考，长期以来，新闻行业存在这样一种说法，"三流记者能写稿，二流记者勤跑会，一流记者拉广告"。有研究显示，2001年到2011年，台湾记者的平均薪资减幅高达15%（白红义，2014），这还是在排除同期物价平减指数的因素的结果。此外，有学者根据一篇报告文学的叙述发现，在广州记者薪资水平10年间增长停滞。（蒋悦飞，2012）举个例子更能使读者有直观的感受，曾经《南方周末》《财经》杂志等新锐报刊的核心成员月收入基本可以保持在1万元以上，10年过去了，收入提高有限，而实际购买力却下降近一半。（何刚，2011）相比这些核心成员和媒体精英，普通的新闻从业者境况就更难说了。以北上广深四大一线城市的记者收入为例，2017年，32.2%的人月薪在5000元以下，近八成的新闻从业者月薪在1万元人民币。

面对现实的困境，支撑新闻从业者的究竟是基于理想信念的职业认同，还是仅仅因为没有更好的选择而委曲求全，自我贬损和现实困境，一定程度上体现出认同的缺失。

三 新闻从业者职业认同研究的意义所在

无论是传媒环境的影响，从业生态的变化，还是智能技术的冲击，所带来的自我贬损与社会评价问题，共同指向新闻从业者的职业认同。新闻从业者急需在心理建设和现实需要层面实现自我认同和社会认同的协商。

职业认同研究的逻辑，源于新闻从业者的新闻生产实践。对于新闻基本理念的理解指导新闻实践的开展，而对于素材的取舍、新闻价值的判断、采访及呈现方式的选择都会受到职业认同的影响。从个人层面来看，职业认同还会受到新闻从业者对职业的认知，对职业的评价以及对职业的情感影响。同时，新闻从业者所处的媒体环境、组织文化，也是形塑职业认同的关键因素。职业认同对于新闻实践的影响，是基于对职业认同所包含的维度及影响因素的准确分析。

从现实来看，记者职业生涯似乎正在缩短，有人把这个职业当成一种过渡或跳板，流动性加剧，使得行业陷入困境。新闻从业者的职业认同情况究竟如何？与理想的差距体现在哪里？如果不能实现理想中的认同，他们又将何去何从？如此，构成了本书的研究缘起。

具体来看，新闻从业者职业认同研究的意义主要体现在如下三个方面：

首先，拉斯韦尔的5w模式，确定了传播学研究的五大领域，但是研究者对这五大领域却有所偏重和青睐，效果研究理论成果的丰硕与传播者研究领域的贫瘠形成了鲜明的对照。本书所关注的新闻从业者职业认同，正是从传播者视角进行的理论观照。

本书对于职业认同、职业角色、新闻专业主义、职业意识、职业共同体等理论的梳理与反思，厘清了职业认同领域研究的理论基础。通过本书对新闻从业者职业认同三个维度构成（职业认知、职业评价及职业情感）的提炼，为后续研究提供一个较合理的理论框架。同时，对于职业认同从认知到认同的交织矛盾与促成因素，也是串联本书的理论主线，并在历史与现实、内在与外在、结构分析三个层面还原职业认同的建构逻辑。

此外，新闻从业者职业认同，涉及新闻传播学、社会学、心理学、管理学等多个学科和领域，对于阐释共同体、身份认同、社会角色等理论的借用，对于跨学科的融合借鉴，打通学科之间的概念、观点，具有一定的启迪。由此，本书具有一定的理论意义。

其次，现实意义层面，本书运用深度访谈的研究方法，辅以问卷调查和案例分析，对于新闻从业者职业认同历史、现状、影响因素的全面分析，将有助于媒介发展研究，同时为新闻业存在的一些问题提供新的合理解释和解决视角。

具体来看，研究可以从职业认同的发展历史中汲取营养，厘清现实职业认同的状况及影响因素，为新闻从业者职业认同的提高，责任感、归属感、使命感的提升，更好地完成本职工作提供保障，同时以职业伦理道德规范自身行为，改善新闻失范现象，助益新闻从业者群体职业特性回归、职业素质的提高。

近年来，在社会科学研究领域，越来越重视对"主体"的研究和行动者的角色。以往对于我国新闻业与从业者的研究，普遍采用的是结构功能主义路径，过于强调外部社会结构变迁的影响，而忽视了新闻从业者作为"行动者"的能动性。虽然，吉登斯的"结构化理论"和布尔迪厄的"惯习"分析表明，从宏观的角度研究历史与社会结构是非常有必要的，但是我们也不能忽视微观的视角，这样更容易透视出事物发展过程中行动者的作用。本书也会关注到结构、环境与行动者的互动关系。在宏观结构变迁，整体媒介环境变革的情况下，作为行动者的新闻从业者如何回应这种变化，具体在职业认同上又会有何体现，以此深入理解新闻从业者及现实中的新闻改革逻辑。如何提高新闻从业者的职业认同，进而提升整个行业的可持续发展和专业化水平，对于新闻业现实发展具有指导意义。

最后，本书从新闻领域的热点现象和问题入手，紧密结合新闻实践的发展，融入最新的变动和因素，如关注到传媒变局的新形势、新闻道德领域的新问题、"记者节"微博中的职业共同体建构等。由此来看，本书具有较高的现实意义。

新闻从业者的职业认同，不仅可以决定新闻报道的风格，还会影响新闻媒介的社会功能。尤其身处瞬息万变的信息社会之中，个体对于新闻的依赖程度显著增加，以应对复杂多变的社会问题，新闻从业者的职业认同问题也显得更加重要。

总之，新闻从业者职业认同是对新闻职业及从业者自身的一个主观理解及阐释，透过职业认同的研究，可以更好地理解新闻从业者及中国的新闻改革。（白红义，2013：14）

四 新时期对新闻从业者职业认同的创新

（一）选题与概念建构创新

通过系统研究新闻从业者职业认同问题，在梳理相关文献过程中发现以往的相关研究极少，在这一领域还存在很多可深挖之处。本书的职业认同在对已有概念的借鉴吸收中，创造性地提出新闻从业者的职业认同是新闻从业者对新闻职业（新闻从业者）是什么（现状，客观呈现）；新闻职业（新闻从业者）应该是什么（理想中的）；以及对自我是否成为理想中的新闻从业者的理解和实践过程。在新闻从业者职业认同的建构中，厘清了三个维度，即职业认知、职业评价及职业情感，并关注三个维度的内在关联和影响，便于同时从量化上进行描述及从质化角度进行分析。

（二）研究视角的准确全面

研究视角跳出以往新闻从业者研究的路径，尤其是不囿于对新闻生产过程常用的国家与市场的二元分析框架，而是聚焦新闻从业者这一特定群体身份职业认同的变迁，进而探索其与转型中的宏观语境、社会环境、媒体情景及个人情感之间存在的关联。也会关注到结构、环境与行动者的互动关系，即在宏观结构变迁，整体媒介环境变革的情况下，作为行动者的新闻从业者如何回应这种变化，具体在职业认同上有何体现。另外，从研究范围（时间、空间、样本）来看，本书将社会学中职业认同概念与新闻从业者结合，全面展现新闻从业者职业认同的发展脉络、基本特点及影响因素，在时间上完成整体的延续和串联，在空间上以全国范围内新闻从业者为样本，涵盖了各种媒体类型、媒体级别、报道领域、新闻岗位的从业者。

（三）创造性地解读职业认同的建构逻辑

围绕认知到认同的模糊、交叉以及矛盾纠结，面临职业角色模糊的困境，在职业认同中更加突出新闻伦理道德的意义，试图从时空逻辑、评价逻辑、结构逻辑三个层面解读职业认同的建构，并在案例分析中呈现新媒体环境下，"记者节"微博职业共同体建构的过程及特征。

第二节　研究方法与研究框架

一　融合研究重新建构职业认同维度

在职业认同的现有研究中，一部分采用问卷调查等量化的研究方法，将职业认同量表引入，直接测量职业认同的程度和分值；另一部分采用生命史、深度访谈等质化研究方法，理解从业者如何建构自己的职业认同意识，更注重从业者心理的观照和挖掘。但笔者认为，无论是量化研究还是质化研究，双方都意识到了彼此研究的缺陷，因此本书并不试图单纯测出职业认同的分值，简单评判其高低水平，因为静态的数字并没有特别的实际意义；也不满足于仅仅从访谈人物所获得启发，否则会难以避免主观因素而缺乏广泛性。本书希望借助优势互补，将两种方法结合，重新建构职业认同的维度，一方面通过问卷调查，在不同维度上了解职业认同的情况，解决"职业认同是什么"的现实问题，即实然状态；另一方面通过深度访谈补充了解职业认同的特质及新闻从业者的心理期待，解决"职业认同应该是什么"的理想问题，即应然状态，重在分析影响因素的基础上还原职业认同建构的逻辑。此外，本书还补充了文献分析和案例分析，试图在制度环境、社会评价、职业共同体建构等方面完整呈现新闻从业者职业认同研究的全貌。

（一）深度访谈

对新闻从业者职业认同的研究，需要深入了解其心理，才能更好地理解、还原他们的内心想法及认同状态，尤其是对其所处的工作环境、社会环境都要有所阐释。因此，深度访谈的研究方法是本书的首选。根据访谈提纲，结合现场的实际开展情况，为被访谈者提供可以围绕中心问题自由发挥的空间，再适当加以追问，重点在于深入了解新闻从业者理想中的新闻业及新闻从业者形象，了解他们如何理解职业角色、理解新闻业的一些现象、从业中的困难，以及对职业认同的真实看法。

通过深度访谈，双方可以在一个平等、开放、舒适的环境中，围绕有关问题充分交流，可以探究到原因、结果、动机、行为等更深层次的内容，从个体到整体再到社会环境，信息量丰富，同时也会有很多意外收获，启迪新知。具体访谈提纲及实录参见附录二。

本书的深度访谈对象共有22人，媒体类型涵盖报纸、广播、电视、新媒体；媒体级别既有中央媒体也有地方媒体；受访者中包括记者、编辑、主持人、播音员等不同岗位；他们所从事的报道领域比较广泛。除了基层的新闻工作者，也有很多人具有行政职务处于领导岗位，可以为访谈提供更全面的信息。受访者大部分从业年限较长，是资深的新闻工作者；也有部分进入新闻领域时间不长的人，提供了不同的视角。总体上看，受访者具有一定的代表性。鉴于对受访者信息的保护以及部分受访者的要求，最终对访谈人员进行保密处理，采用匿名的方式，按照受访者接受访谈的时间顺序排列，对访谈资料用阿拉伯数字统一编号。

(二) 问卷调查

笔者曾参与中国科协和中国记协委托中国科学技术发展战略研究院科技与社会发展研究所开展的"新闻从业人员科学素质状况调查"课题组。从前期的文献综述、资料收集到调研实施过程中的问卷设计、实地走访，包括最终研究报告的撰写，一直保持较高的参与度与贡献率。本次调研范围广、数据样本大，所覆盖的媒体类型、级别和新闻从业者也比较全面，是难得的全国性调查，比较具有代表性。因此，经过课题组授权，本书关于职业认同的问卷调查，采用了该调查的部分题目及原始数据，根据本书的需要重新进行整合，搭建起新的研究框架和思路，并对原始数据进行充分挖掘分析。本书中第四章的图、表以及第五章的图中原始数据均来源于此课题组调查。

课题组在2015—2016年，对包括电视台、广播电台、通讯社、报纸、网站五类新闻机构在内的中央16家新闻单位以及全国31个省（自治区、直辖市）的新闻单位进行抽样调查，向抽取的5110名新闻从业人员发放网络调查问卷链接和填答密码，让其凭借密码登录网站链接完成问卷填答。共回收个人有效问卷4170份（中央级852份，省级2116份，地市级740份，县级462份），有效回收率81.6%。总体上，借助课题组的调查，保证了样本量的覆盖率和代表性，全国范围内的大样本调查，涵盖了各种类型媒体、各种级别媒体以及各个岗位的从业人员。

媒体工作中，记者和编辑是两个最主要的岗位。本次调查中，编辑和记者两个岗位人数也是最多的，分别占调查总样本数的41.8%和

34.5%。其他几个岗位的从业者比例则较少，均不超过10%，按比例高低排序依次为，业务管理部门的行政管理人员8.2%、制片人4.2%、编导3.7%、主持人或播音员3.5%。另外，技术支持人员和其他岗位的比例均为1.7%，最少的岗位为撰稿，共23人，仅占0.6%。

根据被调查者从事的具体工作内容，进一步对其岗位类型进行归类，分为采编岗、管理岗、技术岗和其他非技术岗四大类。其中，采编岗占比最高，达到76%；其次是管理岗16%；其他非技术岗占到5.8%；最少的则为技术岗，仅有1.7%。

具体来看，采编岗涉及一线的采写编辑工作，主要包括编辑和记者，在被调查对象中占据绝对多数。目前，大部分新闻单位已经实现了由传统的采编分类向采编合一转变，编辑、记者实行轮岗制。采编合一，即编辑部人员在报社时是编辑，出去时是记者，既采又编，采编工作更为紧密地结合在一起。这种运行机制，也有效地规避了编辑盲目写稿、上稿率低和记者眼高手低的问题，使采编人员既能站在编辑的高度策划组织版面稿件，也能站在记者的角度去观察、发现和采写新闻。管理岗，主要负责统筹、管理和把关工作，这一类岗位掌握着更多的主动权和决定权，包含编导、制片人、业务主管、行政管理人员等。技术支持人员归入技术岗。撰稿、主持人播音员和其他则划分为其他非技术岗。

新闻从业者报道/编辑领域分布广泛，其中最主要的三个领域是社会、综合和时政，占比均超过1/3，分别为39.4%、37.2%和34.3%；其次是生活和文化领域，比例达到25.8%和25.5%；其他领域均未超过20%。按比例高低依次是经济产业、教育、财经、科技、健康卫生、法制、环境、娱乐。体育、军事和其他领域比例最少，仅占到9.3%、6.4%和5.1%。

（三）文献分析

文献研究法主要指收集、整理文献，并通过对文献的研究，形成对事实的科学认识。本书广泛收集各类书籍、期刊、报纸上发表的与职业认同相关的研究，以及各种关于新闻从业者职业经历、思想、意识的史料记载，包括近年来日趋流行的记者微博、微信公众号推文，还有记者的回忆录、职业生涯回顾、采访等。对文献资料的细致研读和梳理，还可以在客观上丰富本书的研究对象和资料，即便是没有直接访谈到的新闻从业者的事迹和观点，也可以成为有效的阅读文本和引证，尤其是对于职业认同发展历史具有重要的补充和启发意义。

（四）案例分析

考虑到本书关于职业共同体建构的讨论是一个比较抽象的过程，所以选择以案例分析的方法来呈现。选择热点时刻或争议性事件，为新闻工作者提供一种场域，一种关注矛盾问题的方式，在协商、规范行为边界的模糊地带，有助于形成专业自觉。在这些事件中，新闻界往往反应迅速，每个人都置身其中，积极地声讨失范行为，并借此表明正确立场，重申、维护群体疆界。（谢静，2005：82—83）因此本书以"记者节"为关键节点，充分发掘这一重要时刻，微博场域媒体行为及从业者状态，选取2014—2020年新浪微博上媒体关于"记者节"的微博，进行内容分析，试图探究新闻从业者在节日仪式和微博场域内，如何表达职业理想、舒缓职业压力、形塑职业认同，从而建构职业共同体的过程。

二 研究问题与研究假设

本书围绕新闻从业者职业认同展开研究，试图从认知与认同两个层面（认知：职业角色、职业意识、职业道德；认同：职业评价、声望，满意度，忠诚度，职业共同体建构）研究新闻从业者职业认同问题，从职业认同的历史、现状、理想，探究从认知到认同的影响和促成因素，进而还原职业认同的建构逻辑。具体研究假设和设计如下。

（一）新闻从业者职业认同的历史

新闻从业者职业认同的心路历程（发展历史脉络）是怎样的？具有哪些传统或者特征，又受到怎样的影响？（①传统文化，立言报国；②西方新闻思想，新闻专业主义；③民主诉求；④党的领导；⑤市场经济)。

研究假设：新闻从业者职业认同的发展受到各种传统及因素的影响，存在认知与认同的矛盾交织。

(二) 新闻从业者职业认同的现状

新闻职业（新闻从业者）是什么？新闻从业者职业认同的三个维度建构及相互作用分析：

职业认知：职业角色、职业意识、职业道德

职业评价：职业声望与地位、职业受信任程度

职业情感：满意度与忠诚度（态度层面）

各维度之间的相互影响

职业认同的影响因素

研究假设：伴随认知逐渐明晰，认同也在提高。满意度与职业声望评价的影响关系；职业道德认知与职业声望评价的影响关系；各维度之间存在相互影响；从业年限、收入多元化、专业背景等对职业身份认同的消解等。

(三) 新闻从业者职业认同的理想

新闻职业（新闻从业者）应该是（理想中的）什么？自我是否在为成为理想的新闻从业者而实践。

研究假设：理想的职业认同与现实情况存在差距，离职、转型或对理想的坚守和奋力挣扎。

(四) 新闻从业者职业认同的影响因素分析

新闻从业者职业认同的影响因素有哪些，又是怎样分类的？

社会环境层面：社会价值观的评价标准变化

媒体环境：大改组、大分化

新闻从业者：为"名"和"利"

研究假设：新闻从业者职业认同除了受到量化层面的因素影响，从社会环境到媒体环境，再到新闻从业者自身，分层影响更加明显。

(五) 新闻从业者职业认同的建构逻辑

新闻从业者职业认同是怎样建构的，是否存在不同的维度和方式？

历史传统：文人论政、知识分子、立言报国

现实新闻实践发展：宣传、倡导、参与和瞭望之间

自我评价与社会评价

宏观：媒体环境与文化

中观：制度与环境

微观：新闻从业者

研究假设：职业认同的建构，既需要历史传统与现实实践发展的结合，也离不开自我评价与社会评价的调和，还在于宏观制度环境、中观层面媒体文化与微观层面新闻从业者自身的努力。

（六）微博中的职业共同体

微博中的职业共同体在"记者节"有何表现？职业认同是怎样形成的，有怎样的特点？

研究假设：微博等社会化媒体的应用，对新闻职业共同体的建构具有明显作用，组织外的在场，抱团取暖。

第二章 职业认同与新闻从业者研究图景

第一节 概念界定与理论视点

一 新闻从业者与阐释共同体

对于新闻从业者这一概念，缺少比较权威的明确定义，这似乎已成为学界和业界一个公认的事实。具体的研究中也是直接把概念拿来使用，并没有给出解释和准确的定义。根据现有的一些资料，新闻从业者，广义上主要是指以收集、编辑、制作和传播新闻信息及相关活动的专职工作人员。从狭义上讲，则是指直接从事新闻采、编、制、播的一线人员。有学者指出，社会转型构成新闻从业者角色的双重来源，一是作为媒体所有者、经营者和管理者的高位主体；二是直接从事采编播等传播活动的核心人员和非核心成员（技术员等），他们构成了本位主体。（杨保军、涂凌波，2010）

如今，新闻从业人员已经从传统的记者、编辑、播音员、主持人、电视编导等逐步扩展到新媒体领域的市场营销人员、内容编辑、技术研发、舆情分析员等。目前关于新闻从业者职业认同的研究，主要还是具体到记者、编辑和媒体层面，而不是作为一个整体进行论述的。

因此，本书研究的新闻从业者，根据访谈和调查的实际开展，涉及记者、编辑、主持人、编导、网络媒体从业者等多种类型，这些从业者也遍布在报纸、电视、广播、网络等各种媒体类型之中。这也明确了本书的对象，是将新闻从业者职业认同研究作为一个整体进行的。

阐释共同体（Interpretative Community）最初源自斯坦利·费什（Stanley Fish）的读者反应理论，是指一群拥有共同阐释策略的人，他们并不是传统意义上的单纯阅读文本，而是通过构建文本特征，赋予意图，来创造文本。（Stanley Fish，1976）后来被传播学者泽利泽（Barbie Zelizer）借用来描述记者。新闻从业者行为标准的形成，是通过对共同历史的话语建构和协商来完成的。（Barbie Zelizer，1993）在这样的一个过程中，对特定的关键事件的反复叙述又可以改变共同历史。新闻从业者通过对重要公共事件的集体阐释彼此连接，由此所制造的共享话语也就可以成为解读他们如何看待自己的标志。这种阐释共同体的建构，既有对现实的特定建构与叙事，也有对新闻实践适当性的定义，当然也涵盖各种话语建构，如非正式交谈、备忘录、行业会议、职业评价等。由此，新闻从业者通过共享的过去，协商确立可接受的行为准则和行动标准，进而构建自己的实践权威。（甘丽华，2014）这大概还原了职业认同建构的一个侧面诱因和一条逻辑线索。

二 身份认同理论

20世纪60年代以来，女权主义、黑人权力、同性恋、宗教复兴等一系列认同政治运动席卷全球，使得在职业认同领域出现了关于身份的本质主义与建构主义之争。本质主义认为，个人的身份是自然存在的，人们可以清楚地认识和理解自身的存在，因而可以通过个人的理性和意志获得身份。受到萨特、福柯等人的影响，建构主义的观点则主张身份是通过社会教化、惩罚等强力机制建构的结果。事实上，像所有重要的实践一样，身份认同是运动的。（斯图亚特·霍尔、保罗·杜盖伊，2010：3）

认同的社会建构往往发生在拥有权力关系的语境里。（曼纽尔·卡斯特，2006：8）此处，认同被划分为三种形式，即"合法性认同""抗拒性认同""规划性认同"，并且三者之间存在微妙的内在逻辑。按照卡斯特的观点，规划性认同的实践受到抗拒性认同激发，由此逐渐取得社会制度中的支配性地位,再经由合理化过程逐渐发展成为合法性认同。

由此,新闻从业者的职业认同也可以从中得到借鉴。合法性认同涉及的是职业身份、理念问题,新闻记者本身就是一种职业;规划性认同,在于新闻实践的转型和调整;而共同体的形成则依赖抗拒性认同的促成。根据卡斯特的观点,不同认同建构的过程,其结果也会有所不同。由此,职业共同体的建构,凝聚新闻从业者所内化的职业认同,带动整个新闻行业的转型。

身份认同绕不开的核心问题即需要回答"我是谁"。米德的符号互动理论认为,自我认知存在于个体与他人及社会环境的象征性互动之中。需要指出的是,人们对于自我身份的认同并不是一成不变的,不仅个体会主动在互动中调整自我的坐标,也会受到时代变迁和社会环境变化的影响。戈夫曼的研究表明处于社会之中的人存在三种身份认同,一是社会认同,即对他者社会位置的判断和安置;二是个人认同,由特定个体连续记录的特殊符号或社会事实构成;三是自我认同,更多的是指个体对自身处境的主观感受,当然,也包括在社会经验中获取的关乎自身的特质和延续性。

身份认同存在四种类型:第一,个体身份认同,是个体与特定文化的认同;第二,集体身份认同,主体在不同文化群体或者亚群体间的选择;第三,自我身份认同,强调心理和身体体验;第四,社会身份认同,注重人的社会属性。个体身份认同和集体身份认同并不排斥自我身份认同的体验,都可归入社会身份认同。(陶家俊,2004)

由此,我们将广义的身份认同看成社会身份认同,因为其总是具有社会性,是被社会有意义地建构出来的。

职业认同是社会心理学中的重要概念,职业是人的社会属性的一种,也是社会角色的一个重要方面,在此基础上发展出职业身份认同概念。

Godson & Cole 从建构的角度界定了职业身份认同:是一个正在进行的个体和情境的解释过程;Korthagen 采用格式塔形式分析职业身份

认同，指出认同感是由角色模型、形象、行为倾向、经验、价值等共同创造的无意识的整体，并且职业身份认同会影响信念、力和行为等外在的层面。①

记者职业身份认同被看作是对其职业及内化的职业角色的积极认知，体验和行为倾向的综合体。（甘丽华，2014）从整体来看，职业身份认同并不是固定不变的，而是要经过一个动态发展的过程，是记者个体与其职业和周边环境的相互建构。但对于某一时期的个体而言，记者职业身份认同则可以看作是一种相对稳定的状态。赵云泽等人的研究表明当下中国，记者的职业地位显著下降的一个重要的原因是"自我认同"的贬斥与"社会认同"的错位。（赵云泽等，2014）

以上关于认同的研究使得本书中自我认同为主的思路更加明晰，但也进一步提醒笔者关注社会认同对自我认同的影响。

稍加留意，不难发现，其实以往关于传媒参与身份认同的建构研究的比较多，如媒体对某些特殊群体的身份塑造，"富二代""城管"等群体形象。但是新闻从业者对自己身份认同研究，还没有表现出主动性，很多研究成果并没有明确使用身份认同或者职业认同的概念。

三 职业角色

职业角色与职业认同、职业意识相联系，新闻从业者对自己的角色的看法与认同，是了解新闻职业意识发展状况的重要依据。（马亚宁，2004）

对于职业角色的认知，一方面会影响报道的内涵与风格，另一方面也会影响媒体社会功能的发挥。新闻从业者职业角色研究得到越来越多的重视。

对于新闻从业者职业角色的研究最早开始于20世纪60年代，西方记者在分析记者与政府、外交的关系中寻求答案，有学者注意到观察者（observer）、参与者（participant）或催化剂（刺激因素 catalyst）

---

① 参见魏淑华《教师职业认同研究》，博士学位论文，西南大学，2008年，第4页。

是媒体在报道外交政策时经常扮演的角色。通过对记者角色的划分，媒介与政府官员的关系，可以界定为，政府的翻译与解释者、政策制定的参与者、中立的信息传递者、大众的代表。①

到了20世纪70年代，关于新闻从业者对职业角色认知的实证研究开始出现，Johnstone，Slawski & Bowman 以1971年对全美新闻工作者的调查为基础，出版了《新闻从业者——对美国记者及其工作的社会学描述》一书，把记者区分为中立和参与两大类，并设计出职业角色认知测量表，具体包括八个题项，测量受访者对常被提及的媒介行为重要程度的评价。② Weaver & Wilhoit 先后做的两次调查中，新增了两个测量媒介对立角色的题项，进而区分出解释者、传播者和对立者，构成媒介角色认知系统中的三个维度。③

Hassid Jonathan 职业认同研究中，就根据对新闻独立性（independence）和倡导性（advocacy）的承诺程度，将中国记者区分为四种理想类型：communist professionals（党的从业者）、advocate professionals（倡导式从业者）、American-style professionals（美国式从业者）和 workaday journalists（普通记者）。（Hassid Jonathan，2010）

国内对职业角色的研究中，姜红、於渊渊（2010）选择了王韬、黄远生、邵飘萍、张季鸾四位新闻人，在社会空间、职业空间、职业角色三个层面观照他们职业认同与身份认同的变化。李金铨在分析传媒与"文化中国"的现代性时，曾区分了20世纪中国记者的三种职业角色：儒家模式、毛泽东模式和市场化模式。（杨冰柯，2015）陆晔、潘忠党（2002）则根据中国新闻改革的话语场域梳理了不同记者类型的传统，分别是知识分子型记者（以办报启迪民心、针砭时政为

---

① 参见潘忠党、陈韬文《从媒体范例评价看中国大陆新闻改革中的范式转变》，《新闻学研究》2004年总第78期。

② 参见 Phillips, E. B., Johnstone, J., Slawski, E. J., et al., "The Newspeople: A Sociological Portrait of American Journalists and their Work", Contemporary Sociology, Vol. 8, No. 2, March1979, p. 116。

③ 参见 David H. Weaver and G. Cleveland Wilhoit, The American Journalist: A Portrait of U. S. News People and Their Work, Bloomington: Indiana University Press, 1986, p. 112。

传统）、喉舌型记者（以宣传为传统）和独立型记者（受西方新闻专业主义理念所影响）。陈阳（2006）按照宣传者、参与者、盈利者和观察者的划分，梳理了当下中国记者职业角色的变迁轨迹，并指出职业角色的转变像是一条河流，一个新的职业角色不会完全取代旧的职业角色。

此外，还有学者的研究发现了职业角色的回归趋势以及代际差异。陈力丹、江陵（2008）系统梳理了改革开放以来的一系列新闻教材以及记者的自述性文字，发现记者的社会角色认知虽然经历了巨大的变化，但却开始逐渐回归新闻记者职业本身。陈颂清等（2014）以代际视角研究新闻从业者的现状，发现对于职业观念的应然状态，被调查者的认可度由高到低排序，是传播者、推动者、盈利者、宣传者；而职业观念的实际状态则为宣传者、传播者、推动者、盈利者。这种理想与现实的纠葛，体现出当代中国新闻从业者复杂的角色认同结构。

由此，笔者得到启发，职业角色的模糊与互换，其实折射出职业认同的可能轨迹，也存在混合式职业认同。新闻从业者如何扮演职业角色，很大程度上表现为他在新闻实践中怎样实现自身对角色的期望。而对于自我认同的理解，又会深刻影响到如何扮演记者的职业角色。因此职业认同很重要的一个方面就是认清职业角色，并对其有积极正确的评价。

四　职业认同

职业认同（career identity or professional identity）是心理学的概念，也叫职业同一性，是指个体对于所从事职业的肯定性评价。职业认同与个人的职业决策、职业探索和职业成功等都有密切的联系，同时也关系到对复杂职业环境的适应性。

随着职业认同被引入更多的研究领域，学界对于职业认同的概念就很难达成统一了。从现有的资料来看，基本是按照职业认同出现和使用的不同领域，各有侧重。从职业认同研究比较多的教育领域来看，沃克曼、安德森（Volkmann, M. J. & Anderson, M. A., 1998）提出，职业认同是一个复杂的、个人形象和职业角色动态平衡的过程。魏淑华、宋广文（2005）将职业认同定义为，个体对所从事职业的肯定性评价，这种评价反映了个人自我认同中职业角色的重要性。在新闻领域，樊亚平（2011：3）的研究中还指出，职业认同就是知道并认可所从事的职业的功能、意义、价值。具体来说，职业认同要求从业者应该知道并认可自己该做什么、不该做什么，区分值得做和不值得做的东西，清楚哪些必须坚持、哪些是要绝对避免的。此处，职业认同是职业社会化过程的结果之一，既是从业者与其职业相互作用并逐渐确认自身角色的动态过程，同时也是一种状态，表现出个体对所从事的职业的身份、价值、特征等方面的认同程度。因此职业认同是从业者职业认知、职业情感、对工作的忠诚度、满意度等多重因素构成的综合性职业心理状态。（樊亚平，2011：4）由此推及，新闻从业者职业认同，一方面来自本身在从事新闻工作中不断确认自我角色、对职业产生认同；另一方面也源于他人及社会对新闻职业的社会认同度。

牛元梅（2011）总结出作为社会学研究范畴的身份认同理论被引入新闻传播学之后的主要应用角度，如媒介自身身份认同建构，新闻从业者身份认同建构，传媒参与建构身份认同的过程，以及受众主动使用媒体构建身份认同，等等。此处，记者职业身份认同是一种重要的新闻职业实践而非天然拥有的客观存在。建构主义的立场认为这种实践始终处于不断的建构之中，在创造规则的同时也在突破一些规则；既是集体的也是个体的，始终处于各种关系的互动之中。由此记者职业身份认同的建构始终处于未完成的状态，在这个过程中会受到来自社会、环境、群体、个体的影响，呈现出独特的经验和发展路径。

本书中的职业认同在对已有概念的借鉴吸收中，认为新闻从业者的职业认同是新闻从业者对新闻职业（新闻从业者）是什么（现状，客观呈现）；新闻职业（新闻从业者）应该是什么（理想，目标，价值判断），以及自我是否成为理想的新闻从业者的理解和实践过程。具体包括新闻从业者的职业认知、职业评价及职业情感。

职业认知：职业角色与职业意识
职业评价：职业声望与地位、职业受信任程度
职业情感：满意度与忠诚度

第二节　中国新闻从业者研究的三种路径

中国新闻从业者的研究始于20世纪80年代。中西方学术界在新闻从业者研究的主导框架选择上高度一致，都是在专业这一既定前提之下，围绕不同层面展开的。可以说，专业范式成为新闻从业者研究的一个主导框架。"以新闻职业的独立合法性与抽象的新闻自由为前提，探讨国家、市场与新闻记者之间的互动关系……是中国新闻从业者研究中最有代表性的范式。"①

具体来看，可以分为三种路径，即新闻专业主义路径、政经分析路径和生命史研究路径。

一　新闻专业主义路径

第一种是新闻专业主义路径，聚焦新闻自由、专业主义、社会性权力的博弈等问题。有学者在分析了自由主义和专业主义理念最初进入中国新闻界的历史动因之后，探讨新的话语环境下，新闻记者的两难处境，表现在"威权"与"社会责任"，"宣传"与"服务大众"间的抉择。（Hassid Jonathan，2011）李金铨（2004）认为，西方新闻专业主义扎根于其特定的社会文化，无论是业已形成的理念还是专业实践，对于中国的新闻改革来说，都具有某种程度上的"解放"作用，成为重构媒介角色与功能的一种象征性资源。

有学者专门探究了新闻专业主义与政治控制之间的不同关系，以《人民日报》社论的拟定过程为例，研究发现新闻工作者的专业主义

---

① 王维佳：《作为劳动的传播——中国新闻记者劳动状况研究》，中国传媒大学出版社2011年版，第8页。

化推动了"指令型传播"体系的削弱,新闻专业主义的诉求比以往也得到更多满足。①

新闻专业主义来源于西方,最初是对18、19世纪欧美传媒业放任自由主义的一种反思。当时,媒体自由放任,日益庞大集中,追逐商业利益,极尽迎合受众之能事。"黄色新闻"泛滥,媒体已经背离了新闻自由的初衷。19世纪末20世纪初,新闻专业主义作为一种自律性的机制,体现了有担当、有理想的媒体和媒体人为重建自由而负责的新闻界的努力。新闻专业主义强调真实、客观、中立、公正、负责、公众利益、独立等。吴靖(2004)指出,新闻专业主义所提炼的新闻价值观以及职业操守,强化了新闻报道的专业性,也使新闻从业者逐渐从中获得了专业人士的社会身份。陆晔、潘忠党(2002)概括出新闻专业主义整合的三个领域的理念:新闻从业者的使命和社会责任、新闻从业者的行为准则以及新闻传媒的社会功能。

新闻专业主义在中国本土的应用也是备受关注的。陆晔、潘忠党在"成名的想象"中,通过田野调查,以成名的角色期待和评判新闻从业者及其成就的标准和价值观念为主线,剖析中国社会转型过程中新闻专业主义的碎片化和局域呈现问题。② 碎片化呈现体现在专业主义中关于新闻从业者社会角色和责任,媒体社会功能与角色,新闻生产中的社会控制等成分被忽略甚至扭曲,取而代之的是对于专业伦理、操作技能、专业水准的共同强调。专业主义话语更多的是被局限在新闻业务领域,其普适性内涵已经发生了改变,在中国的现实语境内,专业理念、市场规律以及党的新闻事业原则三者之间始终存在张力,此处,陆晔、潘忠党将新闻专业主义理解为一套话语体系,还将其看作与市场力量和政治力量相抗衡的第三种力量。

除此之外,诸多学者都对新闻专业主义在中国的实践作出了深

---

① 参见邵春霞《新闻生态:宣传控制、市场驱动和专业约束的矛盾互动》,《社会科学》2005年第7期。

② 参见陆晔、潘忠党《成名的想象:中国社会转型过程中新闻从业者的专业主义话语建构》,《新闻学研究》2002年第4期。

入的思考。黄旦（2005）通过梳理西方新闻和传播实践，透视与传播者相关的研究，其中也对新闻职业与职业观念作了深入思考。潘忠党、陈韬文（2004）通过新闻工作者对不同类型媒介机构的评价的调查，发现新闻专业主义已经与中国传统的党性原则的新闻实践范式一起，成为从业者共享的职业规范。但是并没有成为占主导地位的话语体系，尚存在内部统一协调的问题。童静蓉（2006）也特别强调需要根据社会情境的变化，重新审视新闻专业主义的概念。樊昌志和童兵（2009）认为中国需要在社会结构的层面建构当下的新闻专业主义，并且紧密结合中国传媒的实践。夏倩芳和尹瑛（2009）表示，新闻从业者对于西方专业主义模式的接受，只是在个体层面，但是在实践过程中对其理念的理解与应用仍然难以摆脱对现实因素的考量。

新闻专业主义的内涵经过长时期历史的演进，与职业意识、职业角色、职业认同问题更多地发生关联，也是本书重点关注的路径选择。

二 政经分析路径

第二种是政经分析路径，重点关注新闻传播与权力体系之间的建构，包括新闻从业者阶级地位、意识的相关研究。如赵月枝等（2003）对于中国新闻从业者社会角色和阶级状况的分析；王维佳（2011：10）从劳动角度对新闻从业者进行研究，探析中国社会新闻传播领域内历史与意识形态变迁的逻辑；尹连根、王海燕（2007）通过内部人在场的言说方式，分析媒体人利益角逐方式。显然，新闻从业者职业认同研究也绕不开政经分析路径，因此，本书中也必须对媒体环境、社会环境、政治经济关系以及资源获取、依赖度等方面进行挖掘。

三 生命史研究路径

生命史的研究方法，以记者个人的生命历程与实践为基础，借由历史脉络及当时的社会情境和记者的从业经验，理解其职业选择与实践。笔者以为，生命史研究角度，更加关注新闻从业者个体层面，与之相关的专业能力素养、职业伦理层面、职业生涯经历也应该包含在内。研究新闻从业者基于职业认同和个体主观因素所作出的选择与行为，必须根植于其所处的社会环境、媒体环境以及时代背景，即通过生命史研究明晰新闻从业者的职业历程中如何形成职业认同。

生命史属于质性研究中传记研究法的一种（Denzin，1989：7），重在挖掘个体生命经验的事实数据以及研究对象对于其所处的世界与环境的诠释（Denzin，1989：29），即在他们的生命经验中如何呈现对社会变迁、社会现象以及问题的观点。生命史研究不只是提供"行动的叙述"，也必须包括个体的发展历程以及其所处的社会环境的历史变化。

生命史研究路径的启发在于，本书虽然可以通过量化的研究方法理解新闻从业者职业认同的现状，但是却无法进一步明晰职业认同的影响因素有哪些。因此，需要通过深度访谈，围绕特定主题，让受访者诉说其生命经验和背后的故事，透过他们对于某些事件、经验的诠释、判断，理解他们角色选择与实践的意义，并将研究资料置于整个社会结构之下加以检视。

第三节　职业认同研究图谱

一　从认知到认同

职业认知是从业者对所从事职业相关功能、意义、规范的理解与认知，是职业意识成长和职业认同的基础。（Macdonald，K. M.，1995：26）在某种程度上来说，职业化的前景和关键在于从业者。从业者如何看待职业本身，由内而外地审视职业，直接关系到职业化的前景，具有特别的意义。形成职业认知的关键在于，从业者对于职业本质与功能的逐渐明晰以及自身在社会中角色与位置的准确定位，这也是职业同一性的形成过程。（Erikson，E. H.，1994：30）由此，可以从功能定位、社会价值、职业声望、职业伦理等几个向度对职业认知状况作出考察，这为本书对认知的界定提供了概念的操作化处理。

张明新（2014）等人，借助"认知共同体"的概念研究海峡两岸公共关系从业者职业认知情况。文章的最后也做出反思，职业理想、职业兴趣、职业忠诚、从业动机等因素，与职业认知互相交织，共同指向"我是谁"，这一独具哲学价值的命题，这才是更为根本的。这其实已近乎是一个职业认同问题。

职业认同的研究在国外大多集中在教师、医生等职业领域，由此形成了对国内职业认同研究偏向的影响。同时，国内的职业认同研究更加侧重职业认同形成过程分析，一般采用质化研究方法。关于职业认同与其他概念的关系、影响研究，职业认同的结构要素测量也有一定比例。相关研究逐渐成熟完善，研究视角和方法选择也呈现多样化，引入职业认同量表之后出现很多量化的数据分析。具体到与新闻相关的职业认同研究多与专业主义、专业价值紧密相关，研究多侧重于实证角度。

在国内，直接提出新闻从业者职业认同的研究，比较确定的是樊亚平对"中国新闻从业者职业认同"的研究，具体时间跨度是1815年到1927年，起初是其博士论文，后来出版成书。作者从职业社会学视角出发，引入职业认同概念，从职业动机、认知、情感、自我身份认同等方面，剖析中国近代新闻史上的职业报人、记者的成长轨迹，尤其关注其精神世界。（樊亚平，2011：20）

职业认同是职业社会化过程的结果之一，既指一种过程，即从业者与其职业相互作用并逐渐确认自己角色；也指一种状态，即个体对所从事的职业的价值、身份、功能等方面的认同程度，是其职业认知、情感、期望、忠诚度、满意度等构成的综合性的职业心理状态。

以往关于职业认同的研究较好地启发了本书对于新闻从业者职业认同的界定。新闻从业者职业认同，一方面来自自身在新闻工作中不断确认自我角色，对所从事的职业产生认同；另一方面也来源于他人及社会对新闻职业的社会认同度。其中樊亚平的研究主要还是局限于新闻史的视角，主要通过史料收集、白描再现的手法，时间选取也仅为近代报纸诞生至北洋军阀统治末期这一历史时期，还有待于拓宽时间范围，以及丰富更多的实证研究材料。

总之，新闻从业者职业认同研究成果少而零散，往往厚古薄今，对现如今职业认同的发展状况，所面临的困境与问题，应该如何突破、化解等方面研究的还比较少。现有研究中还存在偏重文献梳理分析和现象总结，而在实证分析、理论总结方面不够厚重，少有的一些实证研究也更偏重于对新闻后备军群体、在校新闻学子的调查，比如韩晓宁、王军（2018）调研9所高校新闻实习生的职业认同情况。丁汉青、王军（2019）针对北京地区某高校本科生与硕士生的调查，梳理了三种不同类型的职业认同危机。

总体上来看，全国范围内的聚焦不同媒体新闻从业者的职业认同研究较为匮乏。对于具体的新闻事件、新闻生产实践的分析没有充分置于更大的宏观背景和多种关系互动中进行考虑，缺乏对新闻生产背后的控制因素、关系机制的探讨和总结。

二 与职业认同相关的其他概念及研究

鉴于新闻从业者职业认同的直接研究可参考的不多，笔者还梳理了与职业认同相关的一些间接研究，比如前文所提到的职业角色研究，以及接下来要梳理的职业意识研究，对于丰富职业认同的内涵和研究视角具有一定的启发。

几乎与职业认同齐名，职业意识也是一个常被提及的重要概念，甚至有的时候近乎等同于职业认同，存在相互重合的部分。记者的职业意识有其自身规律，经过长时间的培养，早已内化为指引记者日常新闻生产的一种价值系统。叶青青、倪娜（2002）认为职业意识是新闻从业者敬业、乐业的前提和基础，体现出从业者对职业的认同，并且可以最大限度地激发创造性和工作活力。吴飞（2010）指出，新闻职业既不同于政治权力的信仰体系，也不同于自由市场的整套理念，而是建立在职业基础上的一种社会关系模式，与之相关的各种理念和信仰内化为从业者的职业意识。

周葆华等（2014）通过抽样问卷调查，在职业认同、传媒功能、理想媒体、新闻职业伦理认同等方面研究了网络新闻从业者职业意识，但是在职业认同方面，结论仅仅止步于：网络新闻从业者已普遍认为自己是"新闻从业者"的有机组成部分。张志安（2008）通过对36名深度报道记者的深度访谈，总结出深度报道从业者的职业意识特征。他认为职业意识对新闻生产具有决定性影响，它是新闻从业者对媒体功能、自我角色、新闻伦理等问题的认知与评价，是一整套的职业观念体系，一定程度上反映了新闻从业者的新闻价值观。在他与沈菲的另一项研究中，主要展现的也是报纸和杂志的调查记者职业观念与生存状况。（张志安、沈菲，2011）白红义（2013：16）认为记者的职业意识是一套完整的信念体系，既包括意识层面的价值认知，也要通过新闻实践在行动层面达成符号化和外在化，进而内化为指引日常的新闻生产。

马克·迪耶兹（2009）通过研究新媒体和多元文化与新闻的互动关系，重新思考了新闻工作者职业身份与意识形态。新闻学研究领域的学者们对职业意识（professional ideology）形态似乎达成了共识，找到了新闻工作者可以共享的职业意识形态，即那些代表全球新闻业的大致相似之处。

新闻意识形态（journalism's ideology）被看作一种"策略性的仪式"，不仅是新闻工作者使其工作合法化和赋予意义的主要途径，同时可以在面对媒介批评和公众时保持专业的姿态。

总体上看，对于职业意识概念的研究，与职业认同有部分重合，在一些研究中甚至二者是同义的。已有的实证研究中，包含了新闻从业者教育背景、满意度、忠诚度等各个层面的量化数据，对于中国新闻从业者的生存状况，角色认知提供了很多第一手材料。但是相对来说还是小范围、地区化的数据；往往过多关注外在的群体特征，而忽视了对媒介功能、角色、意识形态等问题的认知。因此最终呈现的常常是总体上和宏观上的表层职业意识特征情况，而无法再深入对职业意识动因的决定性影响因素方面的分析。另外，关于职业意识的研究成果，还局限于对细分群体的研究，如深度报道从业者、调查记者等。

三 职业主义与职业化研究

（一）西方职业主义研究的学派及实践

关于职业主义研究，西方主要有三大学派。以帕森斯（Talcott Parsons）为代表的"功能学派"，20世纪五六十年代的"结构学派"以及拉尔森（Magali S. Larson）的"垄断学派"。不同于"结构学派"和"垄断学派"侧重职业化的过程，"功能学派"更主要关注职业与宏大的社会系统的关系。如英国学者 Terence J. Johnson 的《职业与权力》一书中提出了学院式控制存在于职业的外部权力关系之中，即基于职业权威的制度结构可以有效控制职业与客户之间的"生产—消费"关系①。马泽尔（Lynn Mather, 2001: 15）等人又进一步将"学院式控制"的表现概括为四个方面：共同的语言、知识和身份；同事的压力；内部化的行为准则；违背正式行为准则所引发的制裁威胁。

20世纪六七十年代，"职业化"研究兴起，"职业化"最初被当作一种界定职业的方式，据此研究者主要探讨两个问题，一个是关于知识在职业化过程中的作用，另一个是职业团体如何掌握本职业的专业技能。围绕这两个问题的探讨，形成了几个不同的理论视角，分别是"功能学派""结构学派""垄断学派"和"文化学派"。其中"垄断学派"的拉尔森在《职业主义的兴起》一书中结合了韦伯的社会封闭理论与马克思的价值理论，强调职业化的关键在于职业教育对"生产者的生产过程"。（刘思达，2006）"结构学派"的威伦斯基（Harold L. Wilensky, 1964）认为，职业化是一种过程，这一过程需要经过五个阶段：第一，开始努力成为职业的尝试阶段；第二，规模化、专业化的培训学校的建立；第三，专业协会或行业协会的形成；第四，自主地安排、掌控工作，并争取到法律的支持；第五，专业协会制定和公布的正式道德准则。

将职业化的过程还原到美国的新闻实践中，我们可以发现，19世

---

① 参见 Johnson, Terence J., *Professions and Power*, London: MacMillan, 1972。

纪早期，美国的记者都是兼职的，在人们的印象中，他们常常是一帮为报酬而写作的无赖，不学无术、醉酒、收入并不高。由此，记者的社会评价和认可度很低。新闻，对于那些当记者的人而言，只能说是一个饭碗而已。（迈克尔·舒德森，1993：70—71）19世纪末至20世纪初，大型的新闻机构出现之后，全职的专业新闻生产人士被大量雇佣。此时，很多大学纷纷开设新闻学专业，提供专门的新闻教育，新闻界也建立了职业协会，进一步完善职业理念和规范。由此，基于这些变化，社会学家威伦斯基认为：新闻逐渐成为一个社会学意义上的职业。（黄旦，2000：7—13）

新闻职业化的过程，伴随着对专业主义标准的强调，名记者作为榜样的理论，是专业主义话语最好的表述方式。20世纪的美国集中塑造了一大批名记者，李普曼、默罗、华莱士……记者出场都是自带光环的，高调走进公众的视野，受到顶礼膜拜，知名度甚至不亚于明星政要。直到现在，新闻学教育和新闻学研究中也把很大篇幅放在著名报纸和报人身上，职业化办报的经验得到青睐。此外，通过对自身职业社会角色的描述，新闻从业者有了区别于其他职业的特殊标识，使得其在人们心中的职业身份变得逐渐清晰。普利策称赞记者为船桥上的"瞭望者"，后来出现了更形象的比喻，"看门狗"。从20世纪80年代末开始，美国掀起公共新闻运动，以便提升自身影响力，改善民主状况。公共新闻运动主张记者不能仅以旁观者的身份和视角传递信息，还应该参与到民众的公共生活中，甚至起到组织、带领作用，推动民主的发展。虽然公共新闻运动在新闻精英的唏嘘之声中逐渐退潮，但是新闻专业主义精神得到强化，职业身份更加明晰。

（二）国内新闻从业者职业化发展及相关调查

新媒体时代，人人都是"记者"的局面，使新闻职业的边界再次被模糊。公民记者的影响力日益挑战职业记者的公信力，互联网对新闻从业者职业身份形成冲击。新闻专业主义所描述的记者形象也面临着挑战。

国内新闻职业化研究尚存在一些问题，比如评价标准不一、呈现相对零散的状态等。现有的关于职业化研究中，从个体、媒体组织层面探讨的比较多，但大多关注新闻史中早期的情况。如张洁（2006）从黄远生的新闻思想和新闻实践入手，探讨新闻职业化的萌芽。韩晓（2005）的硕士论文从新记《大公报》的办报理念和实践的成功探索中，归纳出职业化的前进道路。刘晓娜（2014）的硕士论文，从外部因素、内部动力、组织协调、制度保障等方面研究了近代新闻记者的职业化。方艳、申凡（2011）从职业社会学角度出发，从职业流动、职业意识、职业制度和职业组织四方面论证，推导出中国新闻职业形成于民初。

除了新闻从业者职业化的操作理念之外，对新闻职业伦理及规范的关注日益增多，表现在几次大规模的相关调查研究，从一个侧面反映出中国新闻职业化的现状。其中比较早的是1994年台湾新闻人员的专业伦理研究[①]。1997年喻国明主持的调查发现，新闻的客观性与宣传性已成为记者对待新闻工作的基本观念，同时该调查还指出了新闻职业道德领域存在的普遍问题。调查显示在中国新闻工作者的自我感受中，新闻工作者的社会地位仅次于医生，属于具有较高社会地位的一种职业。（喻国明，1998）2006年，陈力丹等人开展了对新闻职业规范的调查，分别用田野调查和深度访谈的方法对18家新闻媒体和36位新闻工作者进行了研究，考察了利益冲突，以及新闻工作者对待职业角色的态度和业务操作的规范问题。此外，还有一些地区性的调查，如河北省新闻工作者道德意识[②]，上海新闻从业者调查[③]等。

当然，也由此进一步扩大到对新闻从业者生态状况的全面关注，如张志安、沈菲（2011）最早开始对调查记者行业生态进行调查与描绘；曹艳辉、张志安（2020）在后来的调查中将样本量扩大，对比两

[①] 参见陈力丹、王辰瑶、季为民主编《艰难的新闻自律》，人民日报出版社2010年版。
[②] 参见河北大学新闻传播学院课题组《河北省新闻业者道德意识及现实状况调查报告》，《新闻与传播研究》2004年第2期。
[③] 参见陆晔、俞卫东《社会转型中传媒人职业状况——2002上海新闻从业者调查报告之一》，《新闻记者》2003年第1期。

个阶段调查记者的职业认同变化及影响因素①。陆高峰（2010）借用媒介生态的概念，梳理了20世纪末至21世纪初新闻人的从业生态研究状况，指出现有研究中普遍存在的随意性、浅表性和琐碎性的问题。

通过以上的文献梳理，不难发现新闻从业者职业化研究更接近于职业认同的过程，在职业化的实践发展中，关于职业认同的理念、思想和操作都非常重要。受到职业主义与职业化研究的启迪，本书也会观照到职业认同的促成因素。樊昌志、童兵（2009）从结构功能主义和社会建构主义的视角，试图在传媒、政府、公众之间建构新闻专业主义，并指出政治权力、经济权力建构了传媒的身份认同和传媒从业者的身份认同，但只能期待一种相互宽容的关系，现实中并未解决。身份认同的建构究竟受到怎样的影响？事实上，新闻从业者职业认同的发展，确立在个体和职业的共同基础之上，通过新闻从业者个体与其所处的制度环境、社会环境、文化环境之间的相互作用共同建构。

同时，新闻职业化的研究中还为本书提供了一个重要的视角，新闻伦理问题也应该是职业认同的应有之义。对于新闻从业者对新闻伦理的认知和态度研究，也将有助于改善新闻领域的伦理问题。只有从整体结构角度入手，而非纠结于个人的行为，才能提供解决当前伦理困境的新视角和突破口。

总之，现有的研究中关于新闻从业者职业认同的直接可借鉴的研究较少，只能从间接研究中搜罗寻觅。现有的相关研究都是从单一层面和角度研究，如身份认同，职业意识，职业角色，或者满意度、忠诚度，并且大多集中在新闻史角度，著名报人的职业认同，职业身份演变的历史梳理；或者个案研究，某个单位内部或某一地区、某一群体如新闻后备军或在校学生、某类媒体内的职业认同。这样来看时间、空间及样本量都还是小范围的，达不到完整的延续和全面的展现。另外，在研究方法上，量化的简单描述和质化的主观臆断都会受到抨击，

---

① 参见曹艳辉、张志安《地位、理念与行为：中国调查记者的职业认同变迁研究》，《现代传播》2020年第12期。

大多数研究者会偏爱地采用一种方法，缺乏更好的创新和结合。

总体上来看，文献的梳理，为本书的概念厘清、框架搭建、方法选择提供了必要的支撑。在现有研究的基础上，本书意欲将时间整个串联起来，对新闻从业者职业认同的发展历史进行全面的梳理，同时对于新闻从业者职业认同的现状进行更具代表性的分析，从全国范围内的大样本出发，在新闻从业者职业认同体系内，建构出职业认知、职业评价、职业情感三个层面的新维度，并关注各个层面的内在联系。

此外，本书试图从时空逻辑、评价逻辑、结构逻辑三个层面关注促成职业认同的影响因素，并在案例分析中呈现新媒体环境下，微博中的职业共同体建构的过程及特征，以期在职业认同研究中解决新闻从业者是什么，应该是什么，以及对自身角色完成的如何等问题。试图通过从认知到认同的研究，使新闻从业者明晰角色身份，更好地完成职责，通过自我认同提升社会认同和评价，同时改善新闻伦理领域的道德失范问题，重塑新闻从业者职业共同体。

第三章 新时期职业认同的环境分析

新闻从业者的职业认同，其源流离不开新闻职业化的过程以及新闻专业主义的建构，此即历史传承的部分。现实中，也受到其所处的时代和社会环境的制约，本章主要探讨新时期职业认同所处的环境。

第一节 传媒变局中的新闻传播业

当时间进入2021年，5G实现万物互联，智能手机几乎人手一部，早已不再是昂贵的奢侈品，而逐渐成为必备的工具；新媒体技术的发展日新月异，生活方式、消费场景都在被深刻改变；微博、微信成为人们频繁使用的社交媒体，微博、朋友圈评论转发或微信点赞成为社交的日常；步步紧逼的报业寒冬论，令人担忧的电视开机率，使得传统媒体的市场份额持续下降；媒体不再是令人羡慕的高薪行业，传媒人开始纷纷转型、跳槽……也许，如今的传媒业，变化远不止这些，传媒正在经历一场史无前例的深刻变局。

一 传播学意义上5W的深刻变化

5W模式是传播学的经典理论，1948年由美国学者拉斯维尔首次提出。5W具体概况了传播过程中的五个基本要素，传播主体——谁（who），传播内容——说了什么（says what），传播渠道——（in which channel），传播对象——向谁说（to whom）以及传播效果（with what effect)。在新的传播环境下,传播的几种基本要素都发生了深刻的改变。

(一) 传播模式的多元化与传播对象的分众化

新媒体自出现以来,其概念和形态就在不断丰富,这得益于数字技术的发展。在信息来源、发布渠道、内容载体等环节上,信息传播模式由单一转变为多元,一次采集,多种生成,多元发布,信息内容得到不断包装、深层挖掘,带来了更多的增值服务。

现如今,传播对象分众化趋势越来越明显。以往大众传播中处于被动接受信息的受众已经发生改变,伴随着新媒体所带来的媒介使用、接触习惯的变化,受众的主动性、参与性、互动性逐渐增强,尤其是社会化媒体所带来的分众传播、窄众传播,标志着大众传播已经进入个人媒体时代。这就需要传播者根据不同受众的需求差异,面向特定群体提供特定的信息与服务。

此外,我们今天所面临的受众已经发生了深刻的改变,他们不仅掌握各种新的信息技术,体现出更高的媒介素养,而且拥有更多的话语表达与公共参与欲望,从单一的信息接收者,成为部分信息的制造者,一定意义上受众即是传者。传播正在"去专业化",在这样的过程中也充斥着各种不规范的信息传播、谣言、虚假新闻等,其治理也成为一大难题。

(二) 传播内容的偏向与传播效果的优化

不同的媒介形式存在不同的内容偏向,在竞争中共存、融合、互补,既有分工,又有合作。比如同样是在做内容,新媒体更强调及时、多样、海量,其优势在于互动与共享;而传统媒体更强调准确、客观,其框架优势是基于深度和权威的公信力和影响力。此处,不同的媒介平台只是对内容的不同加工和处理。在这样的过程中,媒体边界日益模糊化。在信息技术的推动下,不同媒体交叉、重组,在技术、市场及业务方面逐步扩大产业融合,创新、优化产业结构。媒体和渠道间不断融合出现"汇流"现象,传统的媒体和行业边界逐渐被打破。

伴随着受众的日益分化,需求也出现碎片化趋势,内容需要更加丰富,同时增强针对性,个性化的新闻生产应运而生。传播内容不再局限于专业新闻工作者生产的内容产品,而是包括受众自制的、有价值的各类信息。同时,内容生产与传播也不是一次性的,而是随时根据信息反馈进行调整和转向。由此,传播内容需要更多地从受众需求出发,媒体的运作思维应该由引导转变成服务。对于内容和需求的精准定位,及时推送,加上各种新型的传播手段,也使得传播效果得到一定程度的优化。

(三) 传播主体的困惑与突破——离职与转型

传播主体能动地掌握着传播的工具与各种手段,对信息进行筛选、取舍,处于相对主动的地位,在传播过程中更多的是扮演控制者的角色。从媒介社会学的视角,传播主体的性质、状态、地位以及公信力、影响力都会涉及传播内容和传播效果。在传媒变局中,传播主体的感受最为深刻,受到的影响也最为现实。

现如今,媒体人离职倾向明显,在媒体融合的强势浪潮之下,逃离媒体圈也似乎成为改革转型中的一个缩影。离职、转型,成为媒体人的新常态。这不是个案而是一种现象,其背后代表了一群人的选择和状态。

1. 媒体人离职潮的三个阶段

有观点认为媒体人离职潮可以分为三个阶段,[①] 与 Web1.0 到 Web3.0 遥相呼应,颇为应景。

媒体人离职潮 Web1.0 时代发生在 21 世纪初,这一阶段以新浪等为代表的门户网站刚刚兴起不久。一批新闻业务过硬、知名度较高的优秀传统媒体采编人才寻找契机,加入互联网新媒体,从事新闻把关工作,位居副总编辑或新闻总监,并成为与传统媒体沟通的纽带。

随着业务发展壮大,他们逐渐成为门户网站内容部门的核心负责人,并且不断从传统媒体中吸纳新一批的优秀媒体人。而在这样一个过程中,他们经历了互联网公司技术、产品、运营业务的洗礼,纷纷

---

① 参见财经女记者部落《记者离职潮到来!传统媒体人如何选择生死》,http://www.mianfeikongjian.net/type_9/n_41236838.html,2015 年 8 月 12 日。

去创业,如网易帮、搜狐帮等群体。

媒体人离职潮 Web2.0 时代,以兴办公关公司、广告公司为主,媒体人凭借新闻与公关的天然联系,利用对媒体操作流程的熟悉以及媒体从业积累的人脉,纷纷加入大型企业,致力于公关领域,从事品牌宣传,甚至自己开公司。

媒体人在经历了新媒体的冲击之后,创新思维理念,步入媒体人离职潮 Web3.0 时代。他们进入公司之后的业务全面开花,逐步扩展到销售、运营、电商、新媒体等不同的领域,其职业方向更多地取决于综合素养。同时,也有很多人围绕新媒体及文化创意产业自主创业,真正投身到商海之中,充分发掘曾经媒体人身份积累的资源价值。

现如今,从传统媒体出走的人越来越多,选择的范围越来越宽,不难看出媒体人离职后的两个主要去向,一方面集中于新媒体领域,从过去一般只是简单的内容处理与把关,到各种角色的轻松应对与转换,尤其是新媒体领域的营销、资本运作、社交平台管理等;另一方面是公关广告业务,发展成为综合素质较高的职业经理人。当然,还有自主创业领域,公益活动、物流配送、办公司、开微信公众号等,媒体精英希望通过更大的平台,去实现自己的抱负。

2. 媒体人离职潮的表现

从纸质媒体人才流失,到电视媒体名嘴出走,再到门户网站总编陆续离职,媒体人离职潮不断推演。全国范围内媒体人职业流动的实证数据的匮乏,使得目前关于媒体人的离职研究主要聚焦于精英媒体人。(曹林,2018)

从离职媒体人在微博、微信等社交媒体中发布或接受采访等公开场合发表的与离职相关的言说中不难看出,尽管存在不尽相同的原因,但是他们都想通过转型进一步实现自身的价值。虽然,离职后也可以继续留在媒体行业,离职行为本身也并不能代表不认同这个行业,但是传统媒体人在转型或媒体变局中的焦虑,客观上对职业认同和理想造成一定的影响。

3. 如何看待媒体人离职

每一次离职潮的出现都有其特定的历史特征和深刻背景。改革开放以来，随着国家人事制度的改革和相关政策的出台，人才流动已成为常态。媒体人自然也顺应这一潮流。回望几次离职潮，不难发现大规模的人才流动与大时代的降临、转换相生相伴。在电视媒体的黄金时代，大批报人弃"报"投"电"；进入21世纪，网络媒体独树一帜，传统媒体人又开始弃"报"触"网"；而如今，"互联网+"与媒体融合强势来袭，传统媒体在滑坡，新兴媒体涨势看好，传媒格局面临重组，酝酿着有史以来的最大变局。离职、转型成为适应传媒发展的必然选择。正如央视"名嘴"敬一丹在此前的采访中对媒体表示，"每一个人都身处在这个大变局之中，毫无例外"。

媒体人的转型和媒体格局的重构，是同步进行的，新的媒体生态尚在建立中，局中的媒体人都在摸索方向。

从某种程度上来看，离职潮正是全媒体时代所带来的新契机，在面临崭新的、充满创意和具有发展前景的转型平台时，每一个媒体人都有权怦然心动。尤其是新媒体领域无限的创意空间，理想的薪酬待遇，灵活的准入机制与门槛，已经足够具有吸引力，成为新的求职热点。媒体人身份的变化带来的是实际效果的延伸，很多优秀的媒体人转型非常成功，事实表明，媒体经验的积累终身受用。事实上，离职潮过后必然会出现一些新的机会和气象，结构得到优化调整，从而不断推动一个行业的发展进步。

至于离职之后，是否在媒体坚守，人各有志，这是一个职业选择问题，不能强求。但是就职业选择来说，既是具体职业问题，又有方向和价值观在内。任何的选择都包含目的性，是在价值观主导下作出的决定。把职业作为单纯谋生手段，只讲钱，难免会陷入实用主义误区，伺机而动，逐利而已。新闻行业更需要职业工具之外更多的理想和情怀。

4. 离职潮背后的原因及情感

媒体人离职、跳槽，既有传媒大变局的客观背景，当然更多的也还是个人选择的主观原因。

离职原因中，大部分人涉及身体健康因素和家庭因素。而这背后牵涉的核心问题在于工作压力、回报比例及满意度和价值感问题。艾冰（2014）整理出最近一段时间媒体人死亡名单，主要的两个原因即是身体疾病和心理疾病。

当理想退去，焦虑、迷茫与压力渐渐增强，荣誉感、价值感慢慢消散，这种无力便越发难以抑制。媒体人作息不规律、劳累奔波、工作压力大，已经开始习惯用"新闻民工"和"码字工"自嘲，具有强烈的"底层感"，与收入、价值感的不对等难免让人陷入空洞和迷茫。由此带来的一系列健康问题，直接导致了对生存状况和从业生态的不满。媒体人也许真的要成为仅次于IT从业者的高危人群了。

这里不可避免地要谈到薪水问题。某企业高管曾经说，无论员工具体的离职原因如何千变万化，但无外乎可以归结到一条，就是干得不爽。具体来看，要么是钱没给到位，要么是心里受到了委屈。

所以，出于主观选择的离职，无非为了以下几点，首先是更好的薪资待遇；其次是身心健康，缓解压力；再次是时间自由，对家人的照顾和陪伴；最后就是对于"互联网＋企业"这个巨大前景的判断，离职去拓展发展空间。

此外，体制内晋升道路受限，不看好个人发展前途，用人机制双轨制，同工不同酬现象，都会加剧这种离职倾向。有学者指出，媒体人作为知识型员工，更加注重追求个人发展的可持续性、强调职场工作的自主空间、看重事业成就的外在评价、关注知识成果的经济报偿。（王哲平、王子轩，2015）

陈敏和张晓纯（2016）通过内容分析的方法对近几年来52位媒体人的离职告白进行统计，发现媒体人阐述离职的主要原因包含新技术的冲击、媒体经营的压力以及个人职业规划等。面临新媒体迅猛发展的势头，新闻从业者普遍感受到传统媒体的黄金时代已经逝去。

离职也许不是重点，离职背后的去向和发展才能说明问题。如果继续留在媒体，那只是单位和角色的转换，仍然贡献着媒体人的力量。

即便是创业者，大概也难以摆脱借力媒体工作所赋予的名声和人气等无形资源。由此带来的新鲜血液，对于整个传媒行业来说其实是一个新的发展空间。由此，媒体人的离职和转型可以看成是对新闻理想的另一种追求和探索。

离职潮背后，情感的因素似乎被忽略了，其实还应该关注到媒体人离职中所反映的情绪和心态，这不仅是离职的原因体现，也反映出媒体人与新闻工作的千丝万缕的感情。离职的情绪中有吐槽也有怨气，但最重要的，是真诚的情怀，这是媒体人的离职宣言中最容易触碰的内容。这种真诚，源于媒体人对熟悉的组织和行业的感念，最终却必须做到说服自己和他人，勇于迎接改变。这大概是多数媒体人的情怀，无论是离开还是坚守，对于新闻，仍然充满敬畏和感恩，毕竟，新闻是一个理想者的行业，可以看到远方。对于媒体人来说，大概离职选择中改变的只是路径，但方向和理想依然执着。

由此，我们在离职潮中，看到了焦虑、痛惜，甚至可能还有悲壮，当然也会有勇气、决心甚至莫名的兴奋。然而，离职却并不代表"逃离"，无论他们是否还在媒体行业，都只是想关注这个行业到底还有怎样的可能性和发展空间，动摇的也许从来都不是理想本身，而只是实现理想的方式与手段。

也许对媒体人离职本身，不应该大肆做文章，难免有唱衰媒体行业之嫌，更会在一定程度上削弱新闻专业主义，我们最不愿意看到的就是用离职来消费媒体巨大的公信力和社会声望，消磨公众信任，只为谋取商业利益，但是这种现象的背后却值得深思。

现如今的新闻界，变局仍在继续，且行且珍惜。也许，最大的"不变"就是一直在变，有些人会为之心动，有些人已然付出行动，而依然有些人继续坚守，雷打不动。媒体人似乎站在了风暴的中心，太多猝不及防的选择，而当热闹过去，终归还是要归于平静，听从内心的声音，以自己认可并舒服的姿态做事。

总之，无论个人的主观因素和选择如何，我们都不能否认，媒体人离职潮是在媒体融合趋势下促成的人才结构变化，身处传媒变局及媒体改革的历史拐点，媒体人应对的挑战具体而复杂，面临的困惑深刻又尖锐，选择也变得多元而极富挑战，所以离职潮也是正常流动的"新常态"。

二 迅猛发展的新媒体

新媒体的不断发展产生了重要的社会影响。一方面，空间被极度压缩，社会交往的线性模式被打破，将不同空间的人整合进相同的虚拟在场，极大限度地汇聚人们的零碎时间。另一方面，社交成本大大降低，为人们提供了更多的交往意愿与尝试的可能性。此外，新媒体领域存在着多重网络角色与真实社会角色的剥离，现实社会和虚拟社会相互交叠。加之个性化信息的聚集与传播，消解了权威话语中心，带来话语权的分散和碎片化。新媒体时代，用户越来越倾向于选择性接收和记忆，精准信息推送与信息窄化。而用户的信息安全将成为新的社会问题。

（一）传统媒体优势受到挑战

伴随着新媒体的发展，传统媒体的优势一再受到冲击和挑战，市场份额下降。李海东、薛凯元（2014）指出，主流媒体严格的把关制度，保证了其可控可管的安全形势。然而近几年传统媒体人才流失。新媒体"不择手段"的新闻失实报道等一系列问题，时刻挑战着传统媒体的权威性与公信力。更为严峻的是，传统媒体为了适应新媒体的冲击，更多的转型去做与新闻关联并不多的活动。同时，社会自媒体化和去媒体化，在新媒体领域使公众很容易自发形成各种舆论场，有着自己的信息圈子，各类社会组织、大小企业、政府也纷纷建立起自己的政务网站和官方微博，不仅信息发布及时，互动平台也做得有声有色。（观其，2015）

（二）新媒体带来的风险因素

新媒体技术既是一种优势，同时也有一些安全隐患。传播技术在大大提高传播效率的同时，也使得传播效果更加难以控制。当筛选、把关出现问题甚至缺位的时候，传播过程中的风险随之加大。网络平台内，鱼龙混杂，受众的媒介素养相对有限，在匿名、开放、多元的宽松标准之下，加之核裂变式的传播效果，为谣言的传播与扩散提供了便捷的土壤，新闻真实性受到严重威胁。

网上舆论工作一直是宣传思想工作的重中之重。现如今互联网已经成为舆论斗争的主战场。网络空间自发的互动性与开放性，让事件迅速升温，进而发酵、放大为群体性突发事件，成为名副其实的言论集散地。在网络社会的虚拟现实中，网民情绪化更加明显，舆情不断酝酿、发酵、升温，极易激发非理性行为，极大地危害社会稳定，冲击正常的社会秩序，甚至影响到国家安全。由此，新媒体的重要性越发凸显，成为维护国家安全的重要场域。

（三）微传播遭遇大数据，开始影响传媒议题

微博、微信、移动客户端已经成为使用人数最多、传播力最强的新媒体形态，刷新了互联网新应用的极限，发展势头迅猛。得益于移动互联网带来的红利，微视频、微电影、微政务开始为我们呈现轮廓逐渐清晰的微时代景观。

以微信为代表的微传播，重新定义了交友方式，支付方式甚至是营销方式，与传统媒体正面交锋，积极争夺信息发布、舆论监督、议程设置的主动权，急剧改变着传播生态和舆论格局。

大数据与云计算技术早已成为热门研究领域，推动人类的信息共享、资源共享和服务共享的同时，彻底提高了整个社会的运行效率。大数据时代，不仅数据的存储量有效提高，而且数据的处理、分享、挖掘、分析等能力得到前所未有的提升。

得益于大数据技术，新闻报道获得了更加广阔的空间和资源。尤其是在专题和深度报道方面，可以作出更为精准、全面的内涵分析、整体情况解释以及未来趋势的预测。不同于以往，用户的信息和需求得到更充分的认可，成为大数据中最重要的资源和财富，根据用户的需求和习惯做到精准推送，数据可视化成为受众的偏爱。然而，这背后却极大地加剧了安全风险，一方面，安全隐患潜伏于大数据的存储、处理和传输过程中，黑客可以用较小的成本轻松获得海量数据，用户

更容易成为被攻击的对象；另一方面，在信息采集与分析过程中，个人信息、隐私泄露风险加剧，用户的隐私保护成为难点。（胡晓娟，2016）

三 传媒领域改革不断深化

2021年，中国正式进入国际互联网27周年。传媒领域新变革如火如荼，传媒市场格局正在重组。

（一）媒体融合强势来袭，一跃成为国家战略

2021年，媒体融合上升为国家战略第7年。早在2014年，《关于推动传统媒体和新兴媒体融合发展的指导意见》出台，强调要遵循新闻传播规律，强化互联网思维，尊重新兴媒体发展规律，建立新型传媒集团。《意见》指明了传统媒体与新兴媒体融合发展的方向，提供了政策层面的动力支持。2014年，将因"媒体融合元年"而写入中国新闻发展史。（贾泽军等，2014）媒体融合实践愈演愈烈，已经上升到国家的战略层面。时任中央政治局委员、中央宣传部部长刘奇葆曾指出：要从梳理一体化发展观念、强化互联网思维、增强借力发展意识和发扬攻坚破难精神四个方面，努力形成适应媒体融合发展的观念和认识。[①]

2014年11月19日，中国举办首届世界互联网大会，成为传统媒体与新媒体融合发展的预演。此后各届会议围绕构建网络空间命运共同体，主题不断升级，携手应对互联网领域的一系列问题。从互联互通、共享共治、创新渠道、造福人类，到发展数字经济、促进开放共享、创造互信共治的数字世界，再到智能互联、开放合作、数字赋能、共创未来。2021年第八届世界互联网大会提出，"迈向数字文明新时代"。

受众规模的不断缩小，市场份额的持续下降，让传统媒体重新思索，与新媒体的融合发展已成大势所趋，媒体融合也是在新媒体时代生存与发展的必然选择。传统媒体由被动接受，转变为主动出击，积极探索适合互联网的表达形式。在媒体融合的大趋势下，结果并不是

[①] 参见刘奇葆《加快推动传统媒体和新兴媒体融合发展》，《党建》2014年第5期。

两败俱伤、非此即彼的惨烈，因此无论是传统媒体还是新媒体，都没有必要忧虑此消彼长，真正思索的应该是如何利用"新木桶效用"，重新定义合作的规则，共享优势资源，以达到双赢的局面。

在推动媒体融合的实战中，新闻客户端备受青睐。据统计，2021年我国手机媒体新闻客户端的数量已经超过300个，根据mUserTracker的监测数据显示，2019年全国手机新闻媒体客户端用户规模达6.93亿人，较2018年增加2500万人。[①] 手机新闻客户端是网民最受青睐的方式。

媒体融合实践中，传媒"国家队"一马当先，"一次采集，多种生成，多元传播"，带动辐射了一批媒体的改革创新。以人民日报客户端为例，上线两个月就创造了超过500万次下载量的好成绩。相比于报纸媒体，人民日报的App、微信公众号和官方微博渐入佳境，不仅打造出鲜明的风格，开创新鲜的舆论氛围，还为自身赢得了赞誉。2019年底，人民日报"两微三端"及抖音账号用户总数突破4.9亿人。用户自主下载量位于主流媒体客户端之首，微信公众号传播影响力稳居第一。此外，新华社着力构建集个性化、定制化于一体的"新华通"集成服务平台，成为媒体融合的集大成之作。上海报业集团的"澎湃新闻"客户端适时推出舆情特稿和诸多重量级的时政大稿，适应移动互联网时代的传播新秩序，令中国传媒界为之震动。

（二）从"互联网+"到"媒体+"

"互联网+"无疑是近年来新闻传播业的关键词之一，它是知识创新型社会互联网发展的新形态。事实上，"互联网+"并不是从字面意义上简单理解为"加互联网"，而是充分利用互联网平台及各种先进的信息通信技术，促成传统行业与互联网之间的深度融合，从而创造出新的发展生态。"互联网+"的制胜关键在于用户洞察。现在"互联网+"应用领域广泛，如电子商务、互联网金融、在线房产等，

[①] 参见陈慧《一文带你了解中国手机新闻客户端用户特征》，前沿产业研究院，https://www.qianzhan.com/analyst/detail/220/200612-d2b09f71.html，2020年6月12日。

由此掀起更为广泛和全面的新媒体、自媒体创业和投资热。

而在这样的热潮中，媒体已经不再是简单的信息传播工具，业已成为越来越重要的基础设施，每一个社会个体都可以通过对其传播规律和运营技巧的掌握而享受其中的红利。基于媒体业务本身的内容收费也在悄然变革，当下的媒体价值，由注意力流量换取广告收入，转变为辅助其他行业价值创造过程的工具。媒体逐步探索多元化价值变现渠道与方式，将资源与人群广泛链接，充分挖掘其综合价值。

然而，媒体作为一种基础的工具，需要依托一个具体行业，"媒体+"时代，媒体将被更多的参与者重新定义，媒体价值将被更多的后来者深度挖掘，传媒进入了一个重大的变革调整期，形成媒体行业的百家争鸣局面。

如近年来，"媒体+问政"逐渐成为政府推进政务公开、保障舆论监督、创新社会治理的中国经验。电视节目《问政山东》在山东省和全国范围内所引发的示范效应，形成了舆论监督的"山东现象"。促进政务公开，打造阳光政府，提升公信力与影响力，塑造良好的政府形象，进一步推进国家治理体系和治理能力现代化建设。"媒体+问政"让政务公开真正落到实处，舆论监督逐渐"脱敏"，社会治理模式迎来创新。以《问政山东》为代表的媒体问政，已然超越纯粹的电视栏目本身，而成为政府政治传播、社会治理的一个强有力的支撑平台。媒体问政实现了政治与媒体的互嵌互联，在问责与舆论的双重压力下，实现政治逻辑与传播逻辑的高度契合。

传媒变局中，传播主体的感受最为现实，受到的影响也最为深刻。身处变局之中，传播主体面临着困惑迷茫，但更多的是积极作出调整，加以适应。传媒变局对新闻从业者的职业认同客观上造成不可避免的影响，也是研究职业认同绕不开的媒体环境。事实上，随着互联网的出现，以及各种新媒体的迅猛发展，改变的是整个人类社会的传播结构，进而影响到信息生产方式，资源获取与分配方式。而处于信息传播链中重要一环的新闻传播者，其心态、地位、社会评价、自我认同等都会受到一定的影响，由此带来的选择与改变，更多的体现在职业认同领域。

第二节 职业认同的社会环境与专业之争

一 新闻与政治：鲜明的政治属性

随着传媒产业化的推进，作为信息产业和文化产业特殊组成部分的新闻，巧妙地将经济基础与上层建筑联系起来，实现了上层建筑的产业化，也因此让新闻与政治的联系变得紧密而复杂。新闻为政治人物、政治活动提供传播、互动的中介平台，成为政治宣传的有力手段，并在一定程度上促进社会政治的进步，塑造政治生态。一方面，新闻是政治制度的宣传工具，受制于政治制度；另一方面，新闻媒体已经成为重要的意识形态机构。

马克思主义新闻观体现出鲜明的政治属性。一方面，对媒体而言，政治环境是一个绕不开的话题。新闻与政治的关系得到众多党和国家领导人的重视，新闻工作被赋予了非常重要的地位，甚至关系党的生死存亡。2016年，习近平总书记2·19讲话强调，意识形态工作是党的一项极端重要的工作，要坚持党性原则，这也是马克思主义新闻观的内在要求。[1] 2013年，习近平总书记8·19讲话中明确指出，做好宣传思想工作必须全党动手。[2] 新闻为政治服务，从属于政治，即党管媒体。其中，还有很多具体的要求，如要加强社会主义核心价值体系建设；多宣传报道人民群众中涌现出来的先进典型和感人事迹；要坚持团结稳定鼓劲、正面宣传为主的方针，等等。此处，新闻更多的还是被当作政府治理的一个手段。

另一方面，新闻工作者的政治素养也是做好新闻工作的关键。早在1957年，毛泽东就提出，政治家办报，既需要党报工作者懂政治，还要懂策略、懂理论。只有具有政治分析的素养，才可能及时、准确

---

[1] 参见中共中央宣传部《习近平新时代中国特色社会主义思想三十讲》，学习出版社2018年版，第201页。
[2] 参见《胸怀大局把握大势着眼大事 努力把宣传思想工作做得更好》，《人民日报》2013年8月21日第1版。

地使宣传到位。在这个意义上，中国的新闻工作者应该首先是政治家。

值得注意的是，在传媒管理的理念上，粗糙的决定论总是将媒体垄断和资本掌控看作实现舆论主导权的充分必要条件，却忽视了媒体的运营方式、管理方式、媒体人的操作范式、价值认同等软性因素。

而伴随着传媒市场化改革的推进，政治范畴的群众与媒体商业范畴的受众不可一概而论，国家和政府越来越重视研究新型传播规律，体现在对媒体态度与关系的调整之中。2009年3月，习近平总书记在中央党校开学典礼上的讲话，传递出他对新闻传播规律的重视，他强调要提高同媒体打交道的能力，与媒体保持密切联系，自觉接受舆论监督。这种同媒体打交道的能力，体现在善于正确运用媒体、科学管理媒体，有效引导社会舆论。这样，就由党管媒体的俯视态度变为平视关系，领导干部与媒体的关系变得更加平等。

此外，媒体的政治地位也在悄然发生改变。我国改革开放以来，政治与媒体在频繁的互动中创造出彼此舒适的合意空间，实现政治逻辑与传播逻辑的高度契合。媒体改革实现了媒体"事业"和"企业"的双重属性，赋予了媒体空前的自主空间，政府对媒体的管控从全面转为有限。尤其是2003年，伴随新闻发言人制度的建设，媒体与政治关系走向新型的制度化进程。现如今，媒体在全球信息化时代，早已成为一个国家软实力的重要载体。

由此，在中国的语境下看待新闻与政治的关系，需要考察其特殊性。一方面，政治活动有赖于媒介的报道与宣传，同时也为媒体提供了重要的报道内容，促成新闻的形成，甚至影响新闻人的沉浮。另一方面，新闻媒介的报道和监督在一定程度上可以影响政治人物的形象与作为，甚至影响到政府政策的制定与调整，改变政治结构。

媒介与政治相辅相成，密不可分，既相互依存又相互影响。学者张涛甫认为，中国媒体与政治关系的复杂变化，由政治、经济、社会、媒介等多种因素力量推动，赋予彼此以张力与活力。[①]

---

① 参见张涛甫《传媒变易之三 媒体与政治的共振和共进》，《青年记者》2009年第7期。

二 社会价值观调整所带来的困扰

伴随着传播全球化,世界范围内各种思想文化的交锋交融变得异常频繁,国内社会的价值观也变得多元而复杂,各种社会思潮迭起。加之媒体间竞争白热化,日益暴露了商业化的弊端。在市场经济冲击之下,原有的价值体系发生变化,趋利的价值导向更加明显。一个人的价值更多的与收入水平捆绑起来,在功利主义的影响下,有些人变得心浮气躁,少了些许抱负和长远眼光,而变得热衷于蝇头小利,评价成功的唯一标准是金钱,而薪水并不耀眼的传媒业,让记者在这样的标准下,变得抬不起头来,职业荣誉感和忠诚度也随之下降。新闻记者曾被封为无冕之王,这是至高无上的荣耀,受到信任和拥戴,而当下,记者行业缺少了神圣感。

现如今,新的传播形式不断涌现,传媒领域的变革如火如荼,媒体融合的数位汇流方兴未艾,面临各种复杂情况所带来的不确定性、迷茫与困惑,使得新闻核心价值观的坚守至关重要,这不仅体现出社会主流价值观,维护公序良俗,而且是社会责任的承担,甚至国家利益的维护。

我们习惯了用价值观的多元化去标榜这个时代最大的特征,各种观点都找到了表达的渠道,但是这种开放和多元,却也带来了普遍的困惑,众说纷纭,共识难成。每一天我们都被对与错、真与假、好与坏包围着,如何坚持理性的视角看透一切,如何磨炼坚强的意志抵御随波逐流,如何坚守核心价值观换得内心的平静?时代越是开放,思想越是多元,越需要在大是大非面前有清晰的判断,允许"异质思维"存在的同时不能放弃对主流价值观的坚守。[①]

然而,新的传播技术手段的更迭,公众知情权与传播权的利益诉求,以及逐渐被新兴媒体所削弱的传统媒体话语权,加之社会转型期

---

① 参见《中青在线推出网络专题"传播正能量呵护爱国情"》,《中国青年报》2014年10月26日第1版。

价值观的多元流变，新闻的核心价值遭到不同程度的消解，假新闻、新闻敲诈、有偿新闻、媚俗化……

媒体的低俗化和媚俗化，追逐暴力、色情等单纯的感官刺激，越来越遭到诟病。受众需求固然重要，但不能一味地谄媚，而失去自身的专业选择和判断。媒体是社会公器，是被赋予一定社会功能和社会责任的，新闻报道不仅体现出专业的品质和水准，也代表着社会的文明进步。一时的低俗，终究不能获得广泛和长远的市场。

近几年，面临社会转型，媒体中假新闻、新闻敲诈、有偿新闻屡见不鲜，在伦理层面拷问着媒体的公信力与媒体人的素养。这些广泛存在的新闻失范现象，长期以来困扰着中国新闻事业的发展，严重损害了媒体及新闻从业者的形象，使得媒体积极的社会功能受到阻碍，严重者还会构成对个人权益、社会利益和国家安全的侵害。

《新闻记者》杂志连续多年评选出年度十大假新闻，郭美美澳门欠赌债事件，湖南湘潭产妇死亡事件等，这些耳熟能详的新闻，实则为媒体不察、张冠李戴甚至报道失当所造成的新闻失范。权威信息的缺失带来了更多的臆测和不确定性。红包、车马费、封口费，构成了新闻业独特的"行业景观"，有偿新闻，"有偿不闻"早已经心照不宣。前央视财经频道总监郭振玺的"捞钱经"，央视财经知名主持人芮成钢被抓，使得新闻从业者的处境越发尴尬。21世纪网被曝光曾对多家企业进行的新闻敲诈的事件仍然历历在目，从主编到记者，集体沦陷，受到了行业内的一致谴责和应有的法律代价。

三 新媒体环境下公民记者与职业记者间的竞争

媒介技术演进所带来的新闻从业者职业定位的调整及职业角色危机，出现了越来越多"去职业化"和"去专业化"的声音。

首先，个人信源逐渐增多，传受界限模糊。

随着互联网的飞速发展，掌握社交媒体技术的普通公众，无须通过媒介机构就可以随时发布新闻信息，个人信源逐渐增多，以传者为中心的传统传播结构被打破，很多热点事件，公民记者早于职业记者在场，第一手资料越来越容易被公众而不是专业记者获得。每一个人既可以是传播者也可以是接受者，职业新闻人的专业身份受到挑战。甚至有的人认为，百姓爆料已成为唯一来源，记者或许会成为第一个要消失的职业。公民记者、全民记者，开始模糊职业记者的身份，他们发布的带有新闻价值的事件甚至在某种程度上可以影响大众媒体的议程设置。

其次，传统新闻关系中可控的把关状态有所改变，职业记者"把关人"的功能弱化。

最后，机器人也加入到这场争夺之中。机器人更擅长高效地从大数据中挖掘出价值。2015年初，美联社率先发布机器人记者撰写的一篇新闻消息。美国 Narrative Science 公司，已经将大数据和人工智能结合，利用相关软件开发的模板和算法，人工智能可以瞬间完成上百万篇报道。在我国，AI 合成主播、媒体机器人，已经参与到更多新闻报道之中，甚至在重大事件的主题报道中也有机器人的身影。2020年5月，全球首位 3D 版 AI 合成主播"新小微"在全国"两会"开幕前夕正式亮相，人们惊呼未来岂不是大部分记者将要面临失业？

然而，职业记者依然有其存在的必要，并且相比于公民记者，体现出无可比拟的优势。法国学者多米尼克·吴尔敦曾经说过，请永远不要忘记，无论载体是什么，信息一直是由某类专业人士——记者来制作并发布的。①

"公民记者"因其非专业性，往往会出于个人兴趣对新闻信息进行选择和加工，缺乏理性、客观及自律，在网络这样一个虚拟空间内，很容易促成虚假新闻的泛滥及群体极化，甚至是网络暴力。而职业记者，更多的是根据受众需求和新闻价值选择报道，而非个人兴趣。职业记者长期受到新闻伦理的熏陶和影响，受到职业道德准则的约束，更容易运用理性思维站在一个客观的立场之上进行报道。他们必须为

---

① 参见［法］多米尼克·吴尔敦《信息不等于传播》，宋嘉宁译，中国传媒大学出版社2012年版。

自己的报道行为负责，承担更多的社会责任。他们更能体现新闻的公共性，主持公共议题的讨论，促成社会的进步，是带有建设性的批判。而公民记者则缺少这样的约束和问责机制，于是我们看到更多的是对新闻事实的过度挖掘，甚至"人肉搜索"。更为重要的是，许多新闻信息需要通过独家报道采访获得，在此基础上完成深度报道，体现的是职业记者的专业技能和素养。尤其是在这样一个信息爆炸的时代，普通受众在海量的信息轰炸面前备感无力，难辨真伪，需要寻求职业记者的帮助，通过专业性的信息解释，确保新闻真实，消除各种不确定性。

即便是看似迅猛的人工智能，其实也是在为人类服务，更何况目前还都处于可控范围之内。人工智能只不过是极大地提高了生产效率，解放了生产力。对于记者来说，他们只是从繁重、重复、枯燥的机械工作中得到解放，利用更多的时间去做更有深度的新闻报道，完成更有价值和创意的工作而已。

由此，透过公民记者和人工智能的挑战，职业记者面临的问题，其实是在传播链中位置的改变，这种改变不是下降、不是被取代，而恰恰相反，是位置上移，更加凸显重要性，职业记者从一线新闻生产转变为对信息的核实、解释、深度挖掘。在这种情况下，职业记者更加需要身份确认和理念重塑，即解决职业认同问题。

第三节 职业认同的传媒环境与伦理之困

一 传媒内部及媒介技术环境

媒介体制改革是传媒内部环境探讨的根本落脚点。媒介体制伴随市场经济体制改革与时俱进，媒体融入市场，成为自主经营、自负盈亏的营利性组织，实行企业化运作，投入激烈的传媒竞争之中。刘笑盈（2012）指出，事业和产业的两业并举是中国媒体的重要特征。

伴随数字技术、互联网技术的飞速发展，各种移动终端和新媒体映入眼帘；从Web1.0到Web3.0，新型传播模式层出不穷；以微博、微信为代表的社交网络发展势头良好,互联网领域的新应用、新服务让人们应接不暇;手机媒体,客户端,让掌上传播成为可能;移动化发展带来的多屏融合,让新兴媒体与传统媒体形成竞合之势。

从文字印刷,到广播到电视再到互联网,媒介技术呈现裂变式的发展,更替周期越来越短,新一轮的媒介技术革命周期以互联网技术为代表,重构社会生活和交往方式,带来新的结构力量和权力逻辑,所有人都被重度卷入。

媒介技术的变革,打破了媒体间的界限和行业间的壁垒,创造融合发展的机遇。一方面,传统媒体与新兴媒体融合发展;另一方面,媒体业与IT业、电信业的整合,平台、终端、内容高度关联。无论怎样,在媒介技术的推动下,媒体纷纷主动出击,运用互联网思维,找到互联网的接口,最典型的就是"互联网+"的广泛运用。由此,媒介技术环境与媒体变革发展高度耦合。新媒体的核裂变式扩张以及病毒式传播效果,带来了信息爆炸时代的各种不确定性以及虚拟空间的极度膨胀,眼球效应,用"流量"冲刷"存量",技术变革的背后却伴随着潜在的风险。媒介技术环境的应对,需要更多的智慧,勇气和信心。

(一)报纸媒体在转型与改革中探索突破路径

伴随着新媒体的异军突起,"报纸消亡论""寒冬论""拐点论"就不绝于耳,传统媒体受到前所未有的冲击。然而,作为世界报业大国,报纸读者群和发行量的优势依然存在,受到既定阅读习惯的影响,报纸还拥有很大的读者群,且越发精英化。根据2020年《中国新闻事业发展报告》显示,2019年,全国共出版报纸1851种,总印数317.6亿,与上年相比,利润总额增长15.8%。[1]《人民日报》《参考消息》《新华每日电讯》《光明日报》《环球时报》等20种报纸平均每期印数达到或者超过100万份。

---

[1] 参见《中国新闻事业发展报告(2020年发布)》,中国记协网,http://www.zgjx.cn/2020-12/21/c_139600961.htm,2020年12月21日。

第三章 新时期职业认同的环境分析

报纸种类齐全，报业结构合理。近两年中国报业出版布局逐渐趋于合理，结构得到优化，形成了以综合类报刊为龙头，专业性报纸、生活服务类报纸等多种门类协调发展的格局，充分满足读者多层次的阅读需求，参见图3-1。现如今，学界和业界都在探讨报业的转型及未来发展空间，中国报业已经进入一个新的历史时期。

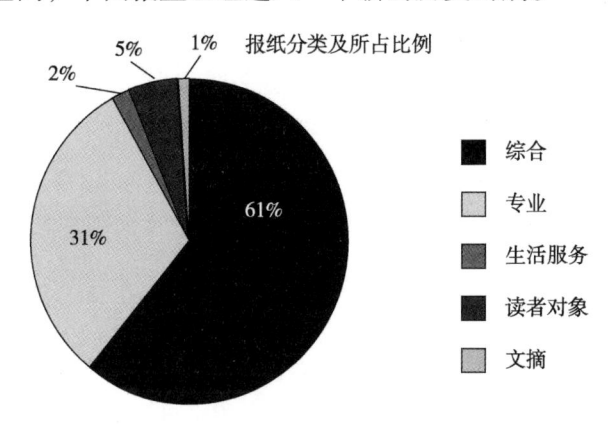

图3-1 报纸分类及所占比例示意图[①]

受到严峻的外部经济环境的影响，中国报业已经进入慢增长时代。根据新闻出版署数据显示，2019年全国报纸出版物零售金额为1.19亿元，同比下降2.5%，占总出版物零售金额的0.11%。[②] 报纸广告持续衰退，传统的"内容+广告"的商业模式受到了严峻挑战。2019年进入5G元年，平面媒体与音视频媒体界限逐步消弭，进一步改变了传播环境和从业生态。报业所要思考的仍然是借力新技术，发挥内容为王的影响力，利用政策、专业、资源等优势，弥补技术短板。同时继续探索成熟的盈利模式，挖掘二、三线城市的报业空间，深耕本地场景和深度体验。充分利用"在地化"便利，提升本地化服务能力，

---

① 数据来源：《中国新闻事业发展报告（2020年发布）》，中国记协网，http://www.zgjx.cn/2020-12/21/c_139600961.htm，2020年12月21日。

② 参见《2020年中国报纸出版数量、零售及零售金额分析》，产业信息网，https://www.chyxx.com/industry/202103/942422.html，2021年3月31日。

从"互联网+"到"政务+"。

然而，这种速度上的慢却并未影响到质量提高，报纸媒体应对新媒体带来的挑战与冲击的能力逐渐提升，这是基于纸媒品牌的新兴业态版块不断扩展。一方面，报纸媒体纷纷投身数据库工程建设，希望借力大数据，准确把握互联网和相关产业的结合点。如《南方周末》与四川卫视联合打造的益智文化节目《我知道》，不仅使得其正式进军电视领域，还取得了省级卫视周六黄金时段收视率第六的好成绩。杭州日报报业集团整合板块资源，实现亿元创收，"社区网站19楼""快房网"等板块成绩亮眼。另一方面，推进跨界整合，发挥合体效应。2014年整合后的人民日报客户端正式上线，一个月内用户自主下载量超过410万次，活跃用户超过40万人。《人民日报》已远远超出一张报纸的范畴，而是集合了网站、微博、微信、客户端、手机报、网络电视、电子阅报栏等10种载体的品牌，基本覆盖了现有各类传播形态。[①]

报业再掀新一轮繁荣发展，深层次的报业改革推进，转型升级也成为报纸传媒安全的有力保证。报业改革首先遵循优胜劣汰，难以为继的报纸退出市场，《新闻晚报》《竞报》《天天新报》等报纸相继休刊。另外，我们还看到媒体融合助推的报纸的数字化转型。融合发展成为报业的不二选择。从微博、微信到手机客户端再到各种"掌上"产品，各报社纷纷成立专门的新媒体中心，实现商业化运作。《光明日报》策划推出"寻找最美乡村教师""寻找最美导游""寻找最美护士"等系列评选活动，对于党报影响力和品牌价值的提升起到了良好的示范效应。《华西都市报》对"上海女游客在马来西亚沙巴被劫持"事件的集群动态直播，成功实现报网联动。南京青奥会期间，"七大媒体联盟看青奥"，传播效应得到优化，实现了突破时空限制的全媒体融合。[②]

[①] 参见袁舒婕《中国报业转型中的喜与忧》，中国新闻出版广电网，https://www.chinaxwcb.com/info/36536，2014年10月28日。

[②] 参见袁舒婕《中国报业转型中的喜与忧》，中国新闻出版广电网，https://www.chinaxwcb.com/info/36536，2014年10月28日。

2019年，在庆祝中华人民共和国成立70周年的重大主题之下，河南日报报业集团以"内容为王"取胜，重点打造"定格七十年"全媒体报道，光影叙说高光时刻，点击量突破200万次。哈尔滨日报报业集团发起的"万人合唱——歌唱祖国"快闪活动，网络点击量突破300万次，实现了"融为一体，合二为一"的创新融合理念。

(二) 广播电视媒体以技术创新筑牢主流阵地

1. 应急广播在突发事件的传播与沟通中有抢眼的表现

2014年8月，云南鲁甸发生6.5级地震，伤亡和损失惨重。震后仅仅48小时，三级电台联合启动国家应急广播，在震中首次播音。[1] 尤其是中央人民广播电台牵头搭建的平台，形成信息共享动态网络，通过彼此链接，有效促成问题的解决。

2020年，面对突如其来的新冠肺炎疫情，应急广播充分发挥了公共服务功能，将声音传递到大街小巷。尤其是乡村大喇叭，成为应急广播的一大亮点，在防疫宣传和乡村治理中发挥了重要作用，真正打通了应急信息发布的"最后一公里"。

此外，应急广播还通过丰富多彩的节目形式深入开展防疫宣传，如武汉广播电视台、湖北广播电视台等媒体组建的"方舱广播"，以方舱医院为特殊关注点，提供了许多暖新闻和精准救援服务。

2019年6月6日，工业和信息化部给中国广电颁发了5G商用许可牌照，使应急广播推送更为高效、精准，助力应急广播实现个性化和定制化服务。2020年11月，国家广电总局和应急管理部联合印发《关于进一步发挥应急广播在应急管理中作用的意见》，力争到2025年初步形成"中央—省—市—县—乡（街道）—村（社区）"六级应急广播体系，应急广播主动发布终端人口覆盖率达到90%以上。[2]

---

[1] 参见刘浩三《统一联动 融合发展 全面推进国家应急广播大业——2014中国应急广播大会在京召开》，《中国广播》2014年第10期。

[2] 参见《国家广电总局、应急管理部印发〈关于进一步发挥应急广播在应急管理中作用的意见〉的通知》，国家广播电视总局官网，http://www.nrta.gov.cn/art/2020/12/1/art_113_54055.html，2020年12月1日。

借助现代传播手段,广播可以第一时间完成信息的采集、发布,与事实现场同步。跟进重大突发事件的发展过程,做好与民众的沟通,尤其是在民生方面普及安全预警,真正实现上情下达。各级政府充分重视建立应急信息绿色通道。总之,突发事件中政府越来越依赖应急广播动员组织、信息沟通、稳定社会的功能。

2. 电视媒体奏响主旋律、传递正能量

目前,中国现代广播电视传播体系加快升级,数字化水平明显提升。到 2019 年年底,全国共有广播电视播出机构 2591 家,广播、电视节目综合人口覆盖率分别为 99.13%、99.39%。全国广播电视节目制作时长超千万小时。① 中国广电传媒的受众层次分布广阔、年龄跨度大,从儿童到老人,接收广播电视传播的信息基本上都能做到无障碍。

广播电视也充分利用其特性与优势,将社会主义核心价值观糅合到电视专题片里,形式为受众所乐于接受,更好地讲述中国故事。2014 年,第一部解读社会主义核心价值观的电视专题片《国魂》在央视财经频道首播后又在央视多个频道重播。该专题片分为上、中、下三集,通过收集现实中大量真实生动的故事,塑造丰满的个体人物形象,架构起鲜明的主题,从个人、社会、国家三个维度充分解读社会主义核心价值观。《国魂》的采访对象涵盖不同年龄、工作岗位、地域的群众,比如大山深处的志愿者朱敏才、年轻有为的嫦娥三号科研团队、爱岗敬业的普通清洁工李萌等。

弘扬红色经典主流文化,是象征中华民族的文化资源也是重要的文化遗产。刘立刚(2014)主张将这些符号资源纳入新文化传统,并予以博物馆化。这不仅赋予了红色经典文化以政治地位,更凸显了其在当下的现实意义和重要作用。2021 年,在中国共产党成立 100 周年之际,立足党史学习和教育、红色文化资源传承,《理想照耀中国》

---

① 参见《中国新闻事业发展报告(2020 年发布)》,中国记协网,http://www.zgjx.cn/2020-12/21/c_139600961.htm,2020 年 12 月 21 日。

《觉醒年代》等电视剧赢得口碑的同时也收获诸多认同与感动，成为收视热门。爱国主义情感沸点和燃点被激发，主旋律和正能量深入人心。

3. 以技术创新、智慧广电引领优质原创

中央广播电视总台 2021 年春晚，升级 "5G + 4K/8K + AI" 技术，实现 "VR 视频 + 三维声"直播，提供了颇为震撼的视听盛宴。

2019 年，北京、上海、广东等已出台省级"智慧广电"建设实施方案，积极布局物联网。全面提升广播电视服务能力，依托人工智能、大数据、云计算等技术，拓展广电新版图，搭载政务、医疗、教育、养老等各类垂直应用。

此外，从受众需求出发，提高电视媒体节目的竞争力，从追求数量规模到注重质量效益，电视媒体大幅度增加了原创节目和优质节目的制作，兼顾原创、文化与公益，倡导"小成本、大情怀、正能量"的创作方向。《经典咏流传》《中国诗词大会》《中国汉字听写大会》《朗读者》等优秀文化节目让人耳目一新，精神文化品质因此得到提升。全国首档关注认知障碍的公益节目《忘不了餐厅》，通过创新节目内容与形式，充分挖掘综艺节目中的公益空间，以参与者的记忆找寻过程，触发受众共情，用真实记录与再现代替煽情与渲染，泪点中带着温暖的公益情怀。节目充分展现了人文关怀，实现了代际沟通，既达到了科普传播的效果，又充分体现了社会责任。

基于深厚的文化底蕴和先进的传播技术，未来将会有更多的中国原创节目被世界所接受，成为文化走出去的新生力量。

（三）新媒体搭建"大传媒产业"的新样态

我国的新媒体发展，经历了逐步专业化、互联网化的过程，从最初的电子版、网络版，发展到门户网站、新闻客户端，再到如今的社交媒体、自媒体平台，新媒体发展势头强劲。

1. 网络传播的新时代

这个世界是平的，互联网平台催生的各种新媒体，抚平了地理界限。麦克卢汉认为，媒介是人的延伸，是我们部分机能向各种物质材料的转换,所以对任何一种媒介的研究都有助于对所有其他媒介的研究。① 互联网时代,这种延伸发生得更加深刻与彻底,不仅人们的信息感知、情感表达、传播能力被极大地拓展,而且整个生活方式甚至是思维模式都产生了深刻变革。人类不再满足于安分地做一个地球村中的信息接收者,更想发出新媒体时代最响亮的声音。由于网络传播的高度交互性和灵活性,人们对于媒介的使用拥有了更大的自由度,不仅可以自主安排时间,还可以便利地实现传受双方频繁地角色互换。

此外,网络传播的突出特点和优势之一便是时效性,并且这种时效性突破了传统媒体信息采集、制作和发布的流程,可以随时随地更新信息。互联网优化了各种传统媒介,将以往单一的传播方式有效整合,成为一个大熔炉,真正实现跨媒体、多媒体传播。

现如今,万物互联的物联网时代初步形成,这是一个互联互通的新时代。学者喻国明(2017)认为,互联网的发展已经进入下半场,专业化程度会更高,智力输入更加密集,范式创新也更为关键。

2. 移动互联网进入"一超多强"时代

伴随着移动互联网与社会化媒体、电子商务越来越深入的结合,新的发展模式已然开创,"大传媒产业"新格局逐步呈现,多屏融合时代缓缓开启。根据《中国互联网发展报告(2021)》,截至2020年年底,中国移动互联网用户总数超过16亿人;5G网络用户数超过1.6亿人,约占全球5G总用户数的89%。②

随着5G时代的到来,手机新媒体承载了越来越多的功能,被赋予了更多的媒体价值。手机不再是简单的通信工具,是个性化信息载体,分众传播优势,互动效果明显。作为一种新兴媒介,手机媒体的可移动性、便捷性、精准性、使用广泛及发布信息全面等优势使其成

---

① 参见[加]马歇尔·麦克卢汉《理解媒介:论人的延伸》,何道宽译,译林出版社2011年版。
② 参见《〈中国互联网发展报告(2021)〉发布》,IT之家,https://baijiahao.baidu.com/s?id=1705139116670909371&wfr=spider&for=pc,2021年7月13日。

为公众接收信息的首选，第一时间接收信息成为可能。同时，手机媒体还可以减少传统媒体印刷、制作、出售环节的时间、人力成本，突破网络终端的限制。

5G 和人工智能技术的发展，智能终端超越传统的手机、电脑独霸格局，智能音箱、智能家居、智慧屏、可穿戴智能设备、智能车载设备等各类终端竞相发展。

3. 以短视频+直播为核心的网络视听产业迅速崛起

短视频的低门槛、碎片化传播、高社交属性，使得用户从单纯的观看者成为内容的生产者，以个体的传播节点汇成强大的视频流，用户黏性极高。据统计，短视频应用已成为移动互联网流量增长的主要拉动力，移动用户 2019 年使用抖音、快手等短视频应用消耗的流量占比超过了 30%。[1]

近年来，"直播带货"增长态势迅猛，成为具有超高关注度的新经济业态。2019 年也被称为"电商直播元年"，销售渠道逐步下沉。以直播带货为代表的移动消费，使得消费场景由线下转为线上，新冠肺炎疫情期间远程办公、网络教育、在线问诊等，形成了服务消费新业态。

二 市场化的传媒产业与社会公器的专业主义之间的张力

改革开放以来，我国传媒业发生了史无前例的变化。从 1992 年到 2002 年，市场经济实现了 10 年间的持续发展，取得了历史性突破，新闻业也快速踏上市场化的道路。媒体纷纷走向市场，中国的报业结构发生了显著的变化，随着专业报、晚报、都市报、生活服务类报纸的大量增加，党委机关报一统天下的局面被打破。市场化的过程改变了中国报业的基本格局，新兴的都市报逐渐成为影响力较大的报纸，而机关报等主流媒体的强势地位受到了挑战。

---

[1] 参见《〈中国互联网发展报告（2021）〉发布》，IT 之家，https：//baijiahao.baidu.com/s？id＝1705139116670909371&wfr＝spider&for＝pc，2021 年 7 月 13 日。

1992年9月，全国报纸管理工作会议界定了报纸所具备的四个属性，分别是文化属性、商品属性、政治属性和信息属性，明确指出了报纸的商品属性。党的十四大确立社会主义市场经济体制后，传媒的市场化进程开始加快。此后，"走向市场""走向报摊"成为传媒界最响亮的口号，甚至被看作报纸是否成功的标志。

《北京青年报》是北京地区第一份真正市场化的报纸，在20世纪90年代初，先后创办了《青年周末》和《新闻周刊》，直接摆上报摊，针对北京报刊零售市场，创造了"三十秒钟"效应及"浓眉大眼"报格，以其独特的新闻取向和办报风格，独领风骚。此后，北京的报业市场开始发育壮大，变成一池活水，《北京晚报》《北京晨报》《京华时报》《新京报》等相继加入竞争行列。

1995年1月1日，《华西都市报》创刊，成为中国第一份都市报，首创"市民生活报"定位，自创"敲门发行学"，以自身的成功模式影响、推动了中国报业的市场化经营和产业化发展，各地纷纷引进"华西模式"。都市报的迅猛崛起，开始与晚报趋同化竞争，如南京报业的价格大战。随后都市报如何摆脱低水平恶性竞争、如何迈向主流媒体的困境开始显现。为了提升竞争力，都市报纷纷加大言论力度，追求影响力，《南方都市报》《新京报》重拳打造时评栏目，有专家称都市报的纷纷转型为"后都市报时代"。

1996年，新闻出版署批准成立广州日报报业集团，也是中国的第一家报业集团。随之，羊城晚报报业集团、南方日报报业集团、光明日报报业集团、经济日报报业集团和文汇新民报业集团于1998年成立。1999年，深圳特区报报业集团正式挂牌。2000年1—5月，新闻出版署又分别批准了包括大众日报报业集团、北京日报报业集团、解放日报报业集团在内的9个报业集团。

从此，报业集团的组建就成为中国报业发展的一个重要趋势，它标志着中国报业发展到了一个新的阶段，报业集团已成为主力舆论导向和经济支撑。

在电视媒体领域，以中央电视台为首，电视新闻改革力度空前。

1993年5月1日,中央电视台的大型评论性栏目《东方时空》开播,影响了一代中国人的新闻收视习惯,人们第一次开始早晨起来看电视新闻。次年4月1日,《焦点访谈》开播,占据每晚黄金时段。1996年推出的《新闻调查》与《实话实说》创造了非常高的收视率。舆论监督是新闻媒体的重要职责,以《焦点访谈》为代表的舆论监督类节目的创办,更是增强了观众对电视的信任度。

1996年元旦《新闻联播》由录播改为直播。1997年在中国电视史上被称为"中国电视直播年"。以香港回归、中共十五大召开、长江三峡顺利实现大江截流等重大新闻的电视直播为标志,中国电视的新闻传播进入了一个新时代。其中,三峡截流的海陆空现场立体报道长达14个小时,香港回归则是实现了72小时的超长现场直播,这在中国电视新闻史上都是空前的。

中央电视台于20世纪90年代初开始酝酿自己建立收视率调查网络。截至2000年年底,全国电视观众调查网已发展成为世界上最大的观众收视调查网。

中国的传媒业一直有着非常严格的准入机制。尽管如此,业外资本仍以各种形式尝试进入传媒领域。为了应对入世,2001年8月,中共中央办公厅发布"17号文"通知,明确提出了媒体集团化,媒体可以跨行业、跨地区经营、经营性资产可以上市等三条意见,被专家解读为是媒体产业化政策的正式松动。

随后,传媒作为一个产业体现出巨大的经济价值和发展潜力。伴随着传媒市场化进程加剧,拜金主义、利益至上、泛娱乐化等问题被广泛诟病,虽然市场化改革不能成为这些负面现象的全部原因,但是传媒市场化确实引发了在媒体经济效益与社会公共利益、市场与新闻专业主义之间的一系列冲突。一方面,大众媒体需要履行其社会功能,包括保障人民的知情权、话语权,实现舆论监督,当好社会公器,这就要求媒体独立于经济资本的控制,以客观、公正、平衡的视角独立发挥媒体职责,遵守新闻专业主义。另一方面,在市场经济逐利本质的驱逐下,面临市场竞争的经营压力,很多媒体为吸引眼球而泛娱乐化，为获取利益铤而走险，为广告收入不择手段，诸多与专业主义伦理背道而驰的现象在市场化媒体中出现。

而事实上，新闻专业主义与传媒市场化并不是一个悖论，媒体真正的价值在于其影响力，即出售的是影响力，而真正的影响力离不开基于权威、客观、深度等框架优势构筑的媒体公信力，这些都是与媒体社会责任履行相辅相成的。未来传媒的发展，需要政府、市场、媒体与社会之间进行均衡和协调。

三　新闻敲诈之风损害记者形象

媒体被视为"第四权力"，其作为社会的"瞭望哨"与"灯塔"，理应发挥专业主义精神，客观、真实地为受众呈现社会发生的事件，以便让受众及时了解真实的情况。在我国，按照宪法的规定，新闻媒体本应该履行为人民服务、为社会主义服务的义务，但一些媒体和媒体从业者为何会走上了利用手中的舆论监督等权力谋求经济利益乃至其他多方面的好处的道路，甚至堕落为实施敲诈勒索的违法犯罪者。

新闻敲诈是指新闻媒体及新闻从业人员利用报道权、舆论监督权，采用威胁或要挟等手段谋取不当利益的行为。[①] 新闻敲诈行为是新闻业界腐败的表现之一，不仅是涉嫌违法犯罪的行为，也严重地损害了新闻媒体公信力和记者形象，已经成为新闻业界和社会的关注焦点之一。

针对新闻敲诈问题，笔者在参与的国家新闻出版广电总局项目研究中访谈了13位新闻业界和法学界人士，其中有著名的法学专家，有媒体主要负责人，也有处于新闻传播一线的记者、编辑，新闻学界的研究者等；涵盖的媒体有纸质媒体、广播媒体、网络媒体等；有中央媒体，也有地方媒体。同时，采用问卷方式开展了面向新闻业界285位媒体从业人员的调查，被调查对象主要来自北京、河北、上海、湖南、广东、深圳、四川、新疆等地，包括记者、编辑、制片人、编导、

---

① 参见周建明《新闻敲诈需综合治理》，《新闻前哨》2016年第1期。

主持人/播音员、业务主管/行政主管、广告营销人员、技术支持人员等。既有报纸、杂志、广播、电视台等传统媒体的从业者，又有新媒体的从业者。其中在报纸的从业者最多，占总调查人数的30.88%，新媒体从业者占了1/5。从具体的新闻从业者从事的媒体类型来看。记者和编辑的比例最高，分别是38.25%和25.96%。有66.67%的调查者认为当今的新闻大环境存在问题，还有20%的调查者认为当今的新闻环境存在严重的问题，新闻敲诈的产生与恶化和新闻传播环境有一定的关系，参见表3-1。

表3-1　　　　　新闻从业者对于新闻敲诈的认知①

题目/选项	1	2	3	4	5	平均分
除工资所得和正常福利补贴，可接受一定程度的灰色收入，如适当收取车马费或者公关费，以提高新闻工作者生活水平	64 (22.46%)	38 (13.33%)	87 (30.53%)	50 (17.54%)	46 (16.14%)	2.92
新闻工作者可以为利益而在某种程度上迎合受众或广告商	119 (41.75%)	63 (22.11%)	60 (21.05%)	30 (10.53%)	13 (4.56%)	2.14
大多数新闻工作者收取贿赂或者进行敲诈后会感到不安	19 (6.67%)	32 (11.23%)	110 (38.6%)	73 (25.61%)	51 (17.89%)	3.37
大多数新闻工作者意识到参与新闻敲诈之后会终止行为	29 (10.18%)	50 (17.54%)	100 (35.09%)	63 (22.11%)	43 (15.09%)	3.14
很多人搞不清新闻敲诈与劳务费、车马费的界限，无意为之	50 (17.54%)	41 (14.39%)	80 (28.07%)	77 (27.02%)	37 (12.98%)	3.04

首先，大部分人认为新闻从业者会对接受贿赂或者进行新闻敲诈后感到不安，并且当意识到自己已经卷入新闻敲诈的活动中，会终止行为。但是也有部分人因为搞不清楚新闻敲诈与其他额外费用

---

① 数据来源：国家新闻出版广电总局重点课题项目，"新闻敲诈综合治理体系建设研究"（2015-20-01）。

之间的差别而误入歧途。目前，新闻从业者的收入部分，没有明确的规定和限制，尤其是在新闻实践过程中，无法界定其行为，所以新闻从业者对于"除工资所得和正常的福利补贴"，表示可以接受一定程度的灰色收入，如适当收取车马费或者公关费，以提高新闻工作者收入。这与部分新闻从业者对合法收入与非法收入的界限不清有关。参见表 3-1。

表 3-2　　新闻从业者对于新闻敲诈现象原因的认知[①]

题目/选项	1	2	3	4	5	平均分
社会转型期新闻制度存在着明显的漏洞	16 (5.61%)	18 (6.32%)	62 (21.75%)	118 (41.4%)	71 (24.91%)	3.74
媒体环境、社会环境的浮躁，价值观错乱	12 (4.21%)	10 (3.51%)	51 (17.89%)	117 (41.05%)	95 (33.33%)	3.96
新媒体的出现加剧了新闻敲诈现象	52 (18.25%)	53 (18.6%)	76 (26.67%)	59 (20.7%)	45 (15.79%)	2.97
新闻行业规范体系不健全	14 (4.91%)	21 (7.37%)	56 (19.65%)	104 (36.49%)	90 (31.58%)	3.82
a. 新闻行业自律不够	15 (5.26%)	21 (7.37%)	60 (21.05%)	111 (38.95%)	78 (27.37%)	3.76
c. 新闻从业者缺乏自律	23 (8.07%)	29 (10.18%)	73 (25.61%)	103 (36.14%)	57 (20%)	3.5
d. 新闻从业者的收入入不敷出，经济压力大	19 (6.67%)	37 (12.98%)	65 (22.81%)	91 (31.93%)	73 (25.61%)	3.57
e. 新闻从业者滥用舆论监督权	29 (10.18%)	44 (15.44%)	82 (28.77%)	85 (29.82%)	45 (15.79%)	3.26
f. 法律法规不健全	10 (3.51%)	17 (5.96%)	57 (20%)	106 (37.19%)	95 (33.33%)	3.91
g. 对新闻敲诈的惩治力度不够	13 (4.56%)	19 (6.67%)	72 (25.26%)	100 (35.09%)	81 (28.42%)	3.76

---

① 数据来源：国家新闻出版广电总局重点课题项目，"新闻敲诈综合治理体系建设研究"（2015-20-01）。

续表

题目/选项	1	2	3	4	5	平均分
h. 监管力度不够	15 (5.26%)	13 (4.56%)	71 (24.91%)	108 (37.89%)	78 (27.37%)	3.78
i. 行业协会以及社会组织没有发挥作用	15 (5.26%)	14 (4.91%)	77 (27.02%)	95 (33.33%)	84 (29.47%)	3.77

新闻从业者对新闻敲诈的原因认知中，如表3-2所示，"媒体环境、社会环境的浮躁，价值观错乱"获得3.96的平均分，在12项列出的原因中达到最高的平均分。在深度访谈中，13位专家学者，有半数以上都认为当今有些不良的社会风气是滋生新闻敲诈的一个重要的环境原因。可以看出，大家普遍达成的共识就是，媒体环境是大社会环境下的一个缩影，有些社会上普遍存在的不良风气和不正当的价值观会影响媒体行业的行为规范。新闻从业者如果没有一定的职业信仰和良好的道德操守，当他们受到周围不良环境的影响、抵挡不住金钱的诱惑的时候，就会进行敲诈。

某些"狗血"新闻破坏了舆论环境，给予了一些并没有信誉的人和机构不应该有的影响力。如果媒体有了正常的淘汰机制，则会出现规范的分层，媒体一旦分层，大家就会以不同的标准来要求自己，越是爱惜声誉的媒体越有公信力，越不爱惜自己声誉的媒体影响力也会逐步减小，就会自然出现一个以公信力来排位的媒体市场，因此媒体也会开始形成自上而下的规范体制，无形中对新闻从业者行为进行规范。

现在正处于媒体格局变动的时代，信息结构发生了根本性的变化，随之而来，信息的传播和接受以及广告运营等营销模式都发生了变化。所以出现了这样一种说法，"新媒体的出现加剧了新闻敲诈现象"，但是在调查中发现，这项原因所得的平均分最低，只有2.97分，新闻从业者并没有认为这是加剧新闻敲诈的主要原因，因为新闻敲诈的本质"新闻寻租"不会随着新媒体的形式而发生变化，只是为新闻敲诈创造了更便利的工具和更隐蔽的环境，深究原因，最恰当的解释新媒体环境下新闻敲诈案件频发的说法是指新媒体的出现导致了传媒格局的变化，传统媒体都处在转型中，而不当的管理思维导致了媒体的经营不善、入不敷出，从而为新闻敲诈这种"快钱"的收益模式提供了可能性。

在访谈中，一位网络新媒体负责人认为："虽然现在都说是融合发展，但是传统媒体转型方向不对，没有用互联网思维去经营，仍然是将传统媒体的内容平移到新媒体平台上。比如做 App，传统媒体仍然用传统的架构和人力配置执行，大部分产品都是靠人力堆积来完成的，而互联网的思维是应用优先，效率优先，再加之后期的广告营销不能行之有效的有的放矢，所以传统媒体一方面投入很大，但另一方面得不到应有的效果，反而加重了负担……导致整个媒体认为单纯的转型可以赚钱，其实是传统媒体的结构性的综合性的矛盾。"

第四节 职业认同的公众环境与评价之忧

一 公众环境：社会认同的协商

新媒体时代，传播去专业化更加明显，每个人都可以在移动互联网中成为信息节点，实现所有人对所有人的传播。新媒体让职业记者的原创性和专业性面临挑战，社会上开始出现记者作为职业可有可无的声音，不断有人质疑；媒体真正的独家新闻日渐稀少，不同媒体之间相互援引、转来转去，更多的是在"炒剩饭"，对于这些不痛不痒、千篇一律的消息，还会有多少人关注呢？

新闻从业者是否可有可无、无足轻重了呢？这不仅是来自公众的质疑，甚至越来越多的记者也开始感叹，自己所从事的工作没有那么神圣了，他们甚至开始怀疑职业的发展前景，常有被边缘化之感。新闻这一行业何时从匡正时弊、扭转乾坤发展到无足轻重、随声附和了？

然而，正是在这样的开放传播环境中，不规范的传播、不真实信息日渐增多，提高了网络空间的治理成本。新闻工作与责任有着天然的联系，新闻从业者自然也就对社会良性运转肩负有特殊而光荣的使命,越是在嬗变、复杂的媒介环境中,专业新闻传播者的作用愈加凸显。这种强烈的职业责任感和认同感,显得尤为重要。无论媒体的呈现形式如何改变,对于内容的深度挖掘不会缩减;无论信息传输过程如何变化,新闻质量的追求不能放松;无论社会参与如何改变媒体格局,主流媒体和专业新闻从业者的主导责任从未消失。

社会认同,首先来自自我的职业认同,新闻从业者应当有基本的职业操守,正如新闻媒体要保持基本的社会责任感一样,不能丧失良知,亦不能自轻自贱,而是要有基本的尊严和底线。在这个基础上,发挥新闻媒体的职能,提供有价值的真实信息,真正促进社会的进步,匡扶正义、为民代言,唯其如此,才能扭转被轻视的局面。

二 记者角色的困惑与偏差

新闻记者扮演着双重的社会角色,记者本身既是社会中的普通个体,同时又是一个特殊的职业群体,肩负着新闻传播的责任。在新闻记者成为一种社会公认的职业之后,各种信息传播活动才得以规范化运转,传播媒介的功能才会最大限度地发挥。

从社会学的结构功能主义来看,新闻媒体处于政府与公众之间,上情下达、下情上达,起到一个特殊的桥梁与纽带作用。新闻记者处于政府、媒体和公众的关系网中,依靠政府的权力,借助公众的权利,在两种力量之间平衡。

从传统媒体发展成全媒体之后,全民记者冲击着记者的传统地位和角色定位,某种程度上来说,记者的角色很难划定为职业的抑或是公民的。有记者表示,在媒介深度融合的今天,原来媒体与新闻记者在新闻传播活动中的垄断权被消解得非常严重,记者对信息把关的权威性、专业新闻记者的身份和形象也不再处于核心地位。因此,全媒体时代"人人都是传播者","公民记者"的出现使得新闻记者的角色定位出现了分化的现象。

随着传媒产业化进程的加快,媒体行业市场化运作不断成熟,很多新闻媒体加快了自身商业化的步伐,激烈的媒体行业竞争之下为了自身生存和发展的需要，出现了商业经济利益与新闻专业主义之间的斗争。尤其是新媒体时代，多元价值观对主流意识形态的冲击、碎片化传播对新闻价值的侵蚀、娱乐化消费对社会认同的消解，使得新闻记者面临角色转换与认知之痛。新闻监督权在这种环境下往往容易被"异化"，原本新闻媒介的"社会公器"却沦为个人牟取私利的工具，严重损害了新闻的客观性、真实性乃至新闻自由。

从实际角度考量，记者还是多元社会角色的扮演者。记者既是众多社会成员中的个体，又是市场经济的参与者，同时也是职业的新闻工作者，这就存在各角色权利、义务、行为、认知等方面的协调问题。如果三种角色难以调和时就容易引发角色冲突，这也是记者角色认知偏差的重要表现。处于社会转型期的中国，各种社会角色和社会关系亟待重建，社会对记者角色的认知还没有达成共识，不免加重记者的角色冲突。

此外，在社会公众对于记者角色定位的期望中出现了一些偏差，公众认为新闻记者应该是"包青天"，记者是正义、公道的主持者和评判者，他们希望记者并不仅仅要真实、准确、客观地报道事实真相，还应该去干预新闻事件进程并去直接解决问题，这实际上是社会公众对记者角色定位的误读。

三 职业角色与社会角色的艰难抉择

社会角色是指人们的某种社会地位、身份相一致的一整套权利、义务的规范与行为模式，在现代社会，社会角色受到一定社会制度的规定。（郑杭生，2003：139）

社会成员通过角色扮演进入各种社会角色之中，并且要经历角色期望、角色领悟、角色实践三个阶段。角色期望，主要来自社会对某一角色的期待与要求；角色领悟，即角色认知和理解；角色实践才是完成角色扮演的实际过程，表现为具体的行动，是角色期望和角色领悟的发展。（丁水木、张绪山，1992：72）

新闻领域的角色扮演也可以归结到这样的三个阶段之中。角色期望阶段主要是通过社会对宏观的新闻业和中观的新闻媒体的角色期待和要求来实现的。当然，其中也同时存在对新闻从业者的角色期待和要求。这是一个前提性的阶段，直接制约了后期的角色领悟阶段和角色实践阶段。角色领悟和角色实践阶段则是主要通过中观的新闻媒体和微观的新闻从业者来实现的，如果对其角色期望模糊不清，那么新闻媒体和新闻从业者的角色领悟和角色实践将可能无所适从，这时就很容易产生新闻失范行为。（周俊，2008）

新闻媒介在国家及社会中的角色开始多元化，除了政治诉求以外，还有经济诉求和新闻专业主义的诉求，以及社会不同群体的种种期待。新闻媒介正处在一个众多社会利益博弈的过程之中。角色冲突的结果往往是记者的妥协或者离去。马克思认为人的本质在现实性上，是一切社会关系的总和，并且社会生活在本质上是实践的。[①] 人们往往是通过社会实践来形成社会关系，进而对自己做出定义，处于各种社会所赋予的角色之中。

处于社会转型期的中国，各种社会角色和社会关系亟待重建，社会对记者角色的认知还没有达成共识，不免加重记者的角色冲突。记者不仅有新闻实践，还有社会实践活动，除了记者角色之外，他还是社会人，有家庭、有朋友，如何在这众多的角色中取得平衡似乎是一个充满未知和争议的问题。很多情况下，无论怎样选择，如何协调，在泛道德化的氛围中，都难逃社会的指责和自我良心的谴责。

这些道德责难，往往都是以角色强加的方式进行的。而我们却忽略了，事实上没有人可以站在道德的制高点，去评判他人的行为。在歌手姚贝娜死亡事件中，记者的报道行为就曾在网上引发激烈的争论。争论的焦点，无外乎是在职业角色与社会角色之间如何取舍？当职业要求与社会伦理发生冲突时，新闻从业者应该坚持做一个客观的记录者，还是以人为本，接受社会伦理所倡导的最基本的同情与感动？

曾经有一部电影《求求你表扬我》，恰好传递了这种矛盾与纠结。

---

① 参见《马克思恩格斯选集》第 1 卷，人民出版社 1995 年版。

故事的主人公之一，报社记者古国歌，就曾面临在揭露真相与保护当事人利益之间的艰难取舍，这也代表了中国一代传媒人的困惑。

新闻从业者自带的光环已经让这个职业特殊化，他们一方面被赋予了太多期望，伸张正义，为民做主，让真相大白于天下。基于这种高期望，社会和公众对于新闻从业者的要求近乎苛刻。然而另一方面，新闻从业者却又被赋予太少的"权力"了，这让他们在面对错综复杂的现实与人性时力不从心。来自舆论的压力不可避免，职业原则不能放弃，良心的纠结需要平复，伦理的底线又不能逾越，而所有的这些都要在事件发生的瞬间作出最准确的判断和行动，权衡之难，难于上青天。

职业角色与社会角色的艰难抉择似乎始终是一个无解的问题。因为这个度可以精准到毫厘不差，也可以模糊得毫无原则。首先，新闻从业者是社会中的一员，不能回避人类最基本的感情，这是一种生而为人的本能。其次，新闻从业者才是新闻职业所赋予他的角色。当角色冲突时，更多要以社会角色为重。任何职业行为都不能僭越社会的公共道德。对于新闻从业者来说，首先应该是一个有理智、有社会责任感的公民，而且身肩"群众喉舌、舆论监督、政府镜鉴、改革坚兵"的重任。其次新闻从业者需要来自社会和公众更多的宽容和理解。他们明白，公众的批评与监督，是在时刻提醒自己坚守职责，努力让这个社会因为自己的存在而变得更好，无论在什么情况下，依旧保持对这个职业的热爱、信心与高度认同。而作为公众，也必须明白，新闻业所缺少的从来不是激烈的批判而是理性的批评和建设性的意见。

第四章　新闻从业者职业认同现状与理想*

什么是职业认同？不同人可能有不同的看法，很多人会从职业本身的价值与意义角度去理解职业认同。职业本身有意义，这是一个多方面综合的考量，根本上是一种主观的判断。就像有人觉得做新闻本身，增进社会互相了解、增加透明度就有意义；有人就觉得通过新闻工作，接触到大千世界，丰富人生，有意义；有人觉得"笔下有人命关天，笔下有财产万千"，文以载道，实现抱负，有意义；还有人把新闻的意义当作财富和名利的敲门砖，也会由此产生对于新闻的职业认同，这些认同的真正价值和意义就很难说了。工作岗位上获得的成就感，与具体所在单位、部门、小组、岗位的具体情况等关系更为密切；具体到相对合理的收入，也涉及行业的景气周期、单位的级别、区位、经营状况等。如此一来，这种判断便有了更多的现实依据。本章试图从职业认知、职业评价和职业情感等具体维度和指标对职业认同的现状与理想作出基本描绘。

第一节　新闻从业者职业认同现状

一　职业认知维度

职业认知，一种是对职业角色的认知，即新闻业与新闻从业者应

---

* 本章的22名受访者来自笔者所作的深度访谈，采用匿名的方式，按照受访者接受访谈的时间顺序排列，并用阿拉伯数字统一编号。

该是什么的职业意识自觉；另一种是职业道德层面的认知。

伴随着对职业本质与功能的理解逐渐明晰，对自身社会角色与位置的定位渐趋准确，新闻从业者的职业认知也更为明确，受访者对于新闻、新闻业、媒体、新闻从业者、职业道德等都有不同程度的理解。

诚然，新闻是一种特殊的文体，与其他类文章不同的是它有强烈的时效要求和对普通民众的预警性，制作周期短，而且对准确性要求很高（16号受访者）。

新闻报道应该做到客观、真实（2号受访者）。17号受访者对新闻的理解是，新闻应该是对于那些能让人们更全面地了解世界及本土生活环境的重要信息的报道。新闻报道应具有独立性、客观性，真正的新闻应该是告诉大家发生了什么，为什么会这样，我们该做什么（4号受访者）。新闻还应该成为帮助人们更好地认识自己所处的社会和世界的窗口和方式，是帮助人们更好地决策的工具（10号受访者）。新闻应该是报道大众想知道的事儿，是公权力之外的第三权利（13号受访者）。

3号受访者来自法制媒体，她从多元的媒体生态角度出发，认为不同形态媒体的社会形态与社会责任是不同的。以《法制日报》为例，新闻报道应该是负责任地对受众传达有关法治的政策，对于社会上有关法律法规、法治的现象能够做到针砭时弊。由此，不同类型的媒体、不同形态的节目，对于新闻价值的判断也不尽相同。12号受访者举例说明，某领导视察某地，提出了某种意见。这在以宏观政策报道为主的媒体（如《新闻联播》等）新闻价值就高，但不是民生新闻节目所重视的新闻。反之亦然。家长里短的社会事件，对民生新闻节目来说新闻价值较高，属于新闻，但对其他经济、政法类节目来说则未必是新闻。

22号受访者直言不讳地指出，新闻业首先应该是一种商业模式，从业者运用自己的专业技能，传播事实和观点，并且遵循一定的规范，从而为所在机构获得商业价值；而公共价值，会在这个过程中自然显现。但8号受访者主张，正常的情况下，媒体更应该在社会中扮演NGO（非政府组织）这样的角色。原来媒体在商业方面的成功，主要是因为信息传播的渠道比较少和它在政治体系里的特殊地位。现在回归到正常，它可能更像是一种事业，成为社会中有助于矫正不健康现象的 NGO 组织。愿意投入这项事业的人，总的来说，是对于物质不是那么有追求和压力的人，如果奔着商业成功而来，可能从事这个行业就不太合适。

在被访者中，很多人谈到，现在做新闻冲击比较大，原来记者确实也有一些不该得到的荣誉，原有的一些光环应该去掉。以前，社会对新闻行业赋予了太多它不应该享有的东西，觉得它是官僚体系和精英组织的一部分，现在越来越感到和普通职业没什么区别。这是一个正常的回归。

对新闻工作者应该是什么，有很多不同的看法。结构功能主义者说其是"航船瞭望者"，承担社会有机体的一种功能，对社会"平衡"负责；在符号互动论者眼中，新闻工作者更主要的是文化工作者，他们使用着社会共同拥有的符号，并且在传播当中，不断创造新的语词、符号、概念体系等，促进社会的进步；对社会交换论者来说，新闻工作者和社会上其他一切职业一样，新闻工作只是多种选择中，最大化自己利益的最优选择；马克思主义新闻观则要求新闻工作者坚持党性与人民性相统一，坚持正面宣传与舆论监督相结合，坚持正确舆论导向，做党的政策主张的传播者、时代风云的记录者、社会进步的推动者、公平正义的守望者。

在访谈过程中，受访者普遍表达了对于这种职业的角色预期与情怀，他们对于新闻从业者的角色预期，一方面是客观常态下的一个普通缩影。在这样的一个前提之下，新闻从业者仅仅是一个职业而已，不用拔高到"铁肩担道义"，担负不起这么大的社会责任，仅仅是传递信息，在可控范围内传播出去最有效的信息（5 号受访者）。

1 号受访者认为新闻从业者的职业角色，一是敬业的新闻劳动者，新闻工作是一种职业，记者就是在辛辛苦苦地劳动；二是专业的舆论建设者，这就使新闻工作者和其他行业分开，而成为舆论的记录者、引导者，发挥批评与监督的作用等。从专业角度限定，新闻从业者应该是具有专业新闻素养，对新闻事件有敏锐的价值判断，并且能够在最短的时间内,将新闻告知受众的专业从业人员。(12号受访者)16号受访者指出,新闻从业者其实没什么特殊的,新闻工作说到底只是一类职业,不必过分神话。她坦言,新闻从业者的内涵太多,从其自身所从事的记者职业的角度来说,新闻从业者应该是对事件的真实性有近乎苛刻的要求,还要有明辨是非的能力,不要被事件中当事人的表述所煽动或者轻信他们的说辞,做一个事件的忠实记录者。当然,作为一个线口记者,她也深刻地体会到这是一个需要有与人打交道的智慧,和线口联系人并不是一锤子买卖,在反复的联系中如何取得信任、获取独家信息都需要记者的运营能力,所以记者还是一个关系维护者。

按照体制内、体制外的角度可以将中国媒体记者分为两种。一种是传统意义上的体制内从业者,享有事业编制,供职于主流媒体,比如《人民日报》和新华社的老一辈记者,他们兢兢业业,坚持新闻专业主义,客观真实地报道新闻,具有较大的影响力,他们的力量不可小觑。还有一些虽然从体制中独立出来,但依然坚持专业精神,并将体制内的规范延续下去。比如,《中国青年报》的李大同、卢跃刚,他们从体制中独立出来后,将他们的精神播种在《南方周末》《南方都市报》。另一种就是体制外的记者,他们往往不享有事业编制,服务于市场化程度较高的媒体。体制外记者中普遍得到认可的形象是老《南方周末》的一批人,他们是比较有理想、有冲劲的,确实把新闻当成一种事业在做。这也是两类不一样的理想的记者形象。(9号受访者)

11号受访者,从具体的报道内容和领域加以区分,并详述了自身的采访报道经历。一种是专门从事调查性报道的揭黑记者,通过曝光反面的、阴暗的东西,发人深省,更好地完善社会秩序。这是新闻从业者应该做的也是有成就感的工作。另一种是做有温度的记者。现在很多记者都是在不停转场,一个个采访、事件只是在传递信息,传递信息固然重要,但是从业者在一定年限积累之后,更多的还应该做些有深度的内容,传递正能量。比如将生活中遇到的某件温暖人心的事情做成深度报道,传播正能量,一定能打动更多的人。那些好人好事,淳朴的事情,应该通过记者的采访报道让更多的人知道。"在采访中经常遇到的是本身是小人物,但是故事很感人,比如我接触到的通州的一对普通美国老夫妇,做了很多事情,比如建小型图书馆,收容流浪汉。他们从来没有要求被媒体放大,但是当你有机会遇到的时候,要深入挖掘,让更多的人知道他们为什么那么爱中国,做这件事情有什么情感支撑。这也是我个人比较喜欢的报道素材。"

另一方面的角色预期,则是在理想召唤下的有所作为,即对新闻从业者一直有一种理想化的坚持,认为新闻从业者应该是社会这艘大船航行时的瞭望者,是社会生活中时刻的警醒者,要及时发现船体的问题,并能够无所畏惧地指出问题的所在以及改善方法,总之,理想中的新闻从业者最主要的职责,总结起来还是那五个字——"铁肩担道义"(9号受访者)。的确,不管世事如何变化,新闻业仍然是大海航行中的灯塔,提醒社会这艘大船,避免触礁;新闻业还应该是上通下达、形成共识的工具,避免社会在大变革的时期因为思想分裂而崩溃(20号受访者)。新闻从业者应该了解受众需求,应该笔下有是非曲直(13号受访者)。新闻从业者应该是社会的观察家、监督员、减压阀,通过客观真实的报道反映出社会方方面面的动向、问题、症结,进而引发大众的关注,影响人们的决策,促进问题的解决。(17号受访者)新闻从业者应该是社会的监督者、瞭望者,为国家、民族和社会的命运负责,能够用理想主义支持自己的工作。一般来说是比较年轻的、有表达欲的人。(7号受访者)15号受访者更是直接用"书生报国一支笔"来诠释完美的新闻人形象,他们应该推动社会进步,热爱民主自由。

19号受访者认为,用他最爱的宋儒张载的"横渠四句":"为天地立心,为生民立命,为往圣继绝学,为万世开太平",也就是传统意义上"士"的使命、抱负与精神,来形容他眼中的新闻从业者再恰当不过了。为天地立心,公道公允,做报道对得起自己的良心;为生民立命,就是以普通老百姓之心为心,做报道需要有一种人性的关怀;为往圣继绝学,讲的是一种文化的责任感和对传统的使命感;为万世开太平,具体到新闻工作者,就是要持建设者的观点,弥合、促进社会的合作与协调，而不是对抗与撕裂。

14号受访者认为，新闻从业者的底线应该是不说假话，该说真话时必须说真话的人，不犬儒也不愤青，做一个温和、睿智、从容，能推动社会进程的人。她以自身参加过的一次调查报道为例，回忆起当时一篇报道经过新媒体的转发后，引起了报道群体圈子的一些共鸣，而且中央媒体的影响力比较大，高层也开始重视改善这个圈子的一些问题，她认为这就是新闻从业者该做的事，积少成多，渐成规模。

21号受访者回忆起初入职场时，很多师兄、同学说，不想跑那些鸡毛蒜皮的小新闻，想做大新闻。但是最后却被派去跑社区，跑发布会，从最基层开始锻炼与成长。在他看来，新闻从业者还是要能够事无巨细都能承担。

首先，新闻从业者应该是"人"，而非一个写稿机器。新闻从业者为了追求客观，是不是应该作为一个机器，而不是一个人存在？"我觉得应该首先是个'人'，能够站在人的角度上思考冷暖人生。"（21号受访者）在一些冲突、事件中，能够站在人性的角度出发，这样做出来的报道才会有温度。也只有作为一个人，才会有新闻从业者所担负的社会责任感。

其次，新闻从业者应该是独立的。尽管现实生活中我们很难做到政治、经济、文化独立，但是新闻从业者必须做到人格独立，避免个人崇拜，避免成为金钱、权力的附庸，与谄媚划清界限。

再次，应该是有道德、有责任感的。"铁肩担道义，妙手著文章"，这个同样适用于记者。从过去的"揭丑运动"，到如今的调查报道，记者有时候会扮演参与者的角色，推动着一个个事件的进展。

最后，新闻从业者应该是博学的、能写好文章的。

由此可见，新闻从业者对职业角色的认知中，一方面注重榜样的力量，另一方面特别强调职业责任与伦理。

西方新闻职业化的过程，是伴随着对专业主义标准的强调；名记者作为榜样的理论，是专业主义话语最好的表述方式。在我国，历史上的名记者也不胜枚举，尤以民国初年为盛，黄远生、邵飘萍、张季鸾等早已扬名立万，成为教科书级的标杆。现如今，中国新闻从业者协会每年评选的"长江韬奋奖"成为全国优秀中青年记者的最高奖，以此纪念中国新闻界的两位典范，范长江和邹韬奋。他们都有载入史册的作品，值得新闻界传承的职业精神和典型事迹，范长江的《中国的西北角》、邹韬奋的《华美窗帷的后面》、穆青的《县委书记的榜样——焦裕禄》、陈锡添的《东方风来满眼春》，等等，为时代立言，为历史记录。许多受访者提及的，无论是《人民日报》、新华社、央视的老一辈的兢兢业业的记者，还是《中国青年报》《南方周末》《南方都市报》等把新闻当成一种事业在做的一批记者们，都代表了这个群体对榜样的认可和推崇。而榜样的背后除了卓越的专业能力，更重要的是对职业责任和职业伦理的坚守。结合全国新闻从业者问卷调查的结果，通过列举六种新闻道德领域的负面现象，考察新闻从业者在职业道德层面的认知，即这些现象在中国新闻界是否普遍。

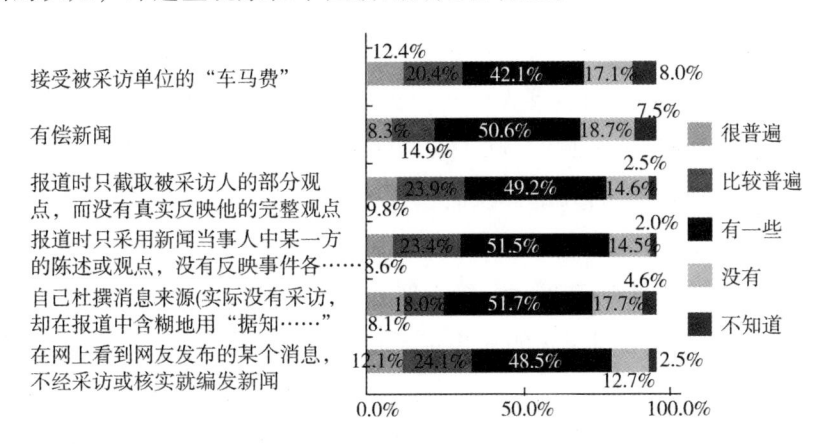

图4-1 对新闻现象普遍程度的判断

具体现象包括：①在网上看到网友发布的某个消息，不经采访或核实就编发新闻；②自己杜撰消息来源（实际没有采访，却在报道中含糊地用"据知情人士""据相关部门"等来表达观点或陈述事实）；③报道时只采用新闻当事人中某一方的陈述或观点，没有反映事件各相关方的观点或意见；④报道时只截取被采访人的部分观点，而没有真实反映他的完整观点；⑤有偿新闻；⑥接受被采访单位的"车马费"。

具体来看，不经采访或核实就编发新闻、只截取被采访人的部分观点、只采用新闻当事人中某一方的陈述或观点，这三类现象更为普遍，违背了新闻的真实性和客观性，没有做到观点的平衡，参见图4-1。而对于有偿新闻，红包、车马费现象的存在，新闻从业者并未回避，对新闻道德领域存在的问题有基本的认识和判断。在回答"你觉得自己对关于新闻职业伦理方面的知识了解程度如何？"这一问题时，也证实了这一点。54.3%的人了解比较多，41.9%的人了解一些，基本不了解或者了解很少的人所占比例极小。新闻职业伦理知识，源于学校教育的基础，经过新闻实践的驯化，得到更多的理解与重视。

如果说对于新闻领域存在的现象普遍性评价还是比较泛泛、缺乏个体针对性的话，新闻从业者对自我道德行为的评价则更能反映出职业道德层面的认知问题。针对问题："过去一年中，你本人在报道/编辑时有没有只采用新闻当事人中某一方的陈述或观点，而没有反映事件各相关方的观点或意见？"除了11.1%的人在过去一年没有报道编辑过消息以外，75.2%的人选择没有，只有13.7%的人承认有过这种行为。"过去一年中，你本人负责报道/编辑的所有消息是否都经过了采访或核实？"结果如图4-2所示，绝大部分人（70.4%）毫不犹豫地选择经过了采访或核实，21.4%的人肯定了自己大部分都经过采访或核实，而很少或者没有经过采访核实的只占据微小比例：1.5%和0.3%。

具体到未经核实的原因，根据图4-3所示，新闻从业者普遍反馈核实消息难度太大，即不能操作；34.8%的人认为消息很可靠，没必要核实。还有一部分原因是时间紧，来不及去核实。这似乎都归咎于客观原因，而非主观自愿，更不能定为主观过错。此处，在评价个体行为和行业内普遍群体行为之间出现了微妙的差异。虽然新闻从业者知道在这个行业内普遍存在违反职业道德的现象，但这些都是他者的行为，自己是出淤泥而不染的，或者因客观原因而不得已。

第四章 新闻从业者职业认同现状与理想

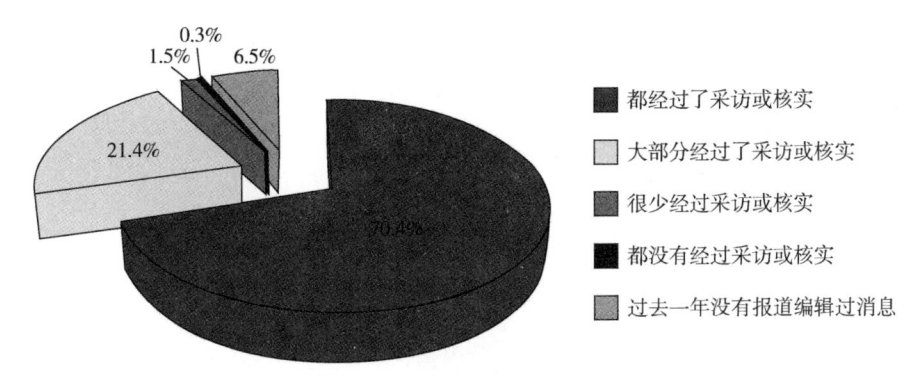

图 4-2 新闻报道采访、核实情况

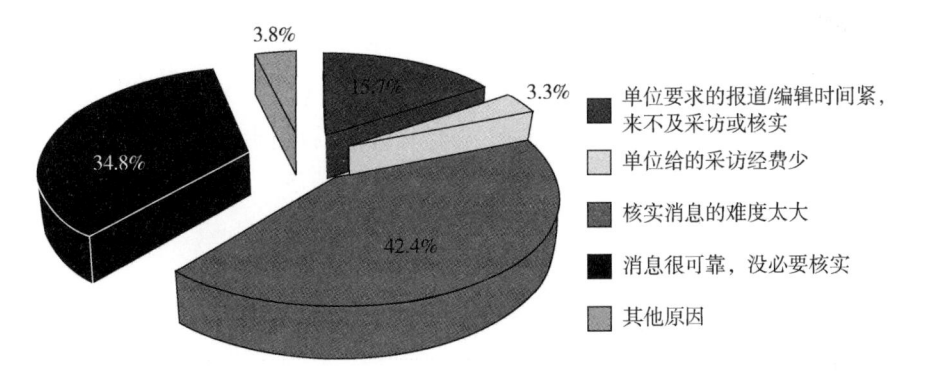

图 4-3 没有采访或核实的最主要原因

二 职业评价维度

职业评价主要通过新闻从业者对自身职业受尊敬程度和受信任程度来体现，进而反映出职业声望与地位。

谈及新闻工作者在社会中受尊重的程度，只有23.9%的人认为很高，大部分都选择一般（55.4%），甚至有相当一部分人认为比较低（13.4%），还有更为悲观者，4%的人认为新闻工作者在社会中受尊重程度很低。参见图4-4。

而在受信任程度上，与其他行业横向进行比较，虽然新闻记者在比较值得信任行列中所占的比例高于公务员和民营企业家，但是相比于工程师、科学家和医生，还稍显逊色。具体来看，超过半数的人选

· 77 ·

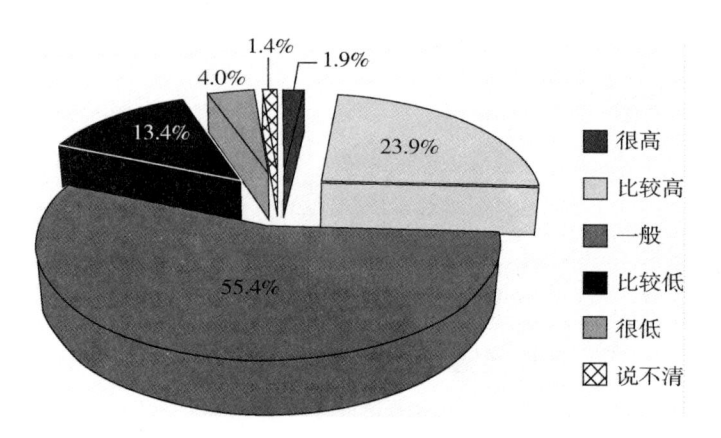

图 4-4 新闻从业者在中国社会中的受尊重程度

择记者比较值得信任，虽然完全值得信任的人只占 6.6%。而认为记者值得信任程度一般的也大有人在，占 36.1% 的比例，甚至有少数人认为不太值得信任，或完全不可信任。（见图 4-5）总体上来看，新闻从业者的受尊敬程度和受信任程度并不理想，职业声望与地位有待进一步提升，以改善现有的职业评价。

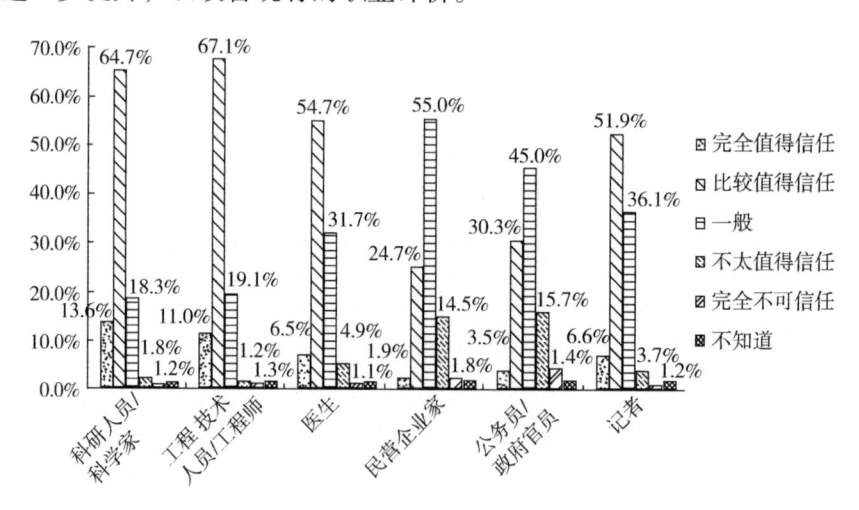

图 4-5 职业群体受信任程度

三　职业情感维度

如果说陆晔、潘忠党关于成名的想象，主要讨论的是新闻从业者主体意识的建构，也就是内化的身份认同问题的话，那么我们需要对此重新构建一个认知和表达体系，进而解答新闻从业者是什么，扮演何种社会角色，遵循怎样的规范等问题。更为重要的是，身份认同问题并不仅仅只有认知层面，还应该包含情感的维度。

在职业情感维度，满意度与忠诚度直接体现出态度层面的情感和认同。总体上看，关于中国内地新闻从业者职业满意度与忠诚度的量化研究成果比较少，只有少数学者对特定区域的新闻从业者做过相关调查，如上海地区的调查（陆晔、俞卫东，2003）、浙江地区的调查（吴飞，2006），并且结果比较一致，都是超过70%的人表示愿意5年后愿继续从事新闻工作。还有针对网络编辑群体（余芬芬、张萌，2011）、电视新闻从业者（高传智，2007）以及报纸从业者（陆高峰，2010）等更为细分群体的调查。有学者通过两次持续调研观察，对比同一单位内部，新闻从业者整体工作满意度，结果显示2019年比2017年有所下降。（朱江丽、史玲莉，2021）这些调查对满意度和忠诚度的整体情况，以及其与媒体类型、职务高低的交叉分析情况作出了基本描述。

新闻从业者对工作满意度的总体评价可以通过主要的几个方面来体现，其中很重要的一个方面就是其所在的媒介组织能否为其专业表现提供稳定的物质回报，比如较好的薪酬和福利条件等。

工作满意度反映了从业者与其存在的社会环境之间的关系，以及其对职业的一种态度。根据美国《财富》杂志对全球500强企业所做的跟踪调查，企业的顾客满意度指数同"市场增值""经济增值"呈现正相关。哈佛大学也做过类似的研究，员工工作满意度每提高5%，企业顾客满意度将提高8%，企业的盈利随之提高25%。[①] 满

[①] 参见冉斌《激励创造双赢：员工满意度管理8讲》，中国经济出版社2007年版。

意度研究已经成为国际化和现代化领域中组织、企业、个人高度关注的问题。

以往关于满意度的研究主要集中于人力资源管理、组织行为学和心理学领域，主要关注的问题涉及满意度的影响因素，产生机制，满意度的相关测量以及满意度与工作绩效等组织行为的关系。与本书相关的满意度影响因素方面，国外学者已经建构起比较成熟的几大理论。如马斯洛（Maslow）的"需求层次理论"，通过设法满足员工的需求来提高其工作满意度；亚当斯（Adams）的"公平理论"，把工作满意度归因于相互比较的结果；赫兹伯格（Herzberg）的"双因素理论"，即激励因素与保健因素，并且认为激励因素对满意度有直接影响；弗鲁姆（Vroom）的"期望理论"，即回报大于期望时，员工才会满意。

此外，还有研究发现了工作满意度与记者角色认知之间的密切关系。约翰斯通（Johnstone，1979）的团队发现，相比于倾向参与者角色的记者，倾向中立者角色的人对工作的满意度更高。韦弗（Weaver，1986）和维尔霍特（Wilhoit，1986）的研究也印证了这一点。阿哈万·马吉德（Akhavan Majid，1998）认为，对于编辑们来说，通常情况下，那些高度认可行动者价值观的人满意度会比较低。

因此，满意度对于职业角色和职业认同的影响又如何呢？满意度虽然只是工作状况和职业问题的冰山一角，却也可以管中窥豹，从传播学角度考察，态度影响行为，满意度会直接影响到新闻从业者的工作行为。

调查显示，绝大多数新闻工作者对工作总体上还是比较满意的，占到71.1%，很满意的人占到10.4%，17%的人不太满意，而很不满意的仅有1.5%。具体来看，如表4-1所示，对工作是否符合自己兴趣、单位人际关系、工作稳定性等方面满意度较高，选择很满意的人数分别占到23.1%、18.8%和15.3%。而比较满意的比例比较靠前的三个方面分别是单位内人际关系、工作稳定性和工作是否符合兴趣，占比为70.4%、69.0%和65.2%。

第四章 新闻从业者职业认同现状与理想

表 4-1　　　　　　　　　对工作的满意度

满意度（百分比）	薪酬水平及福利	工作稳定性	时间自由度	是否符合自己的兴趣	未来发展空间	单位内人际关系	对社会的贡献大小	自我成就感	总体满意程度
很满意	5.4%	15.3%	11.5%	23.1%	8.3%	18.8%	14.8%	12.3%	10.4%
比较满意	41.7%	69.0%	60.8%	65.2%	46.8%	70.4%	63.5%	59.7%	71.1%
不太满意	40.0%	13.9%	22.6%	10.3%	37.2%	9.3%	19.4%	24.6%	17.0%
很不满意	12.9%	1.7%	5.1%	1.3%	7.6%	1.6%	2.3%	3.3%	1.5%

由此可见，新闻从业者比较重视职业兴趣、人际关系及工作稳定性，在这三方面的满意度较高，普遍认为新闻这份工作是比较稳定的，所从事的内容符合自己的兴趣，单位内人际关系也较好。而不太满意的方面主要体现在工作的薪酬水平及福利、未来发展空间，分别占比40.0%和37.2%。对工作薪酬水平及福利很不满意的人明显超过其他几个方面，占比12.9%，对未来发展空间很不满意的也占到7.6%。由此这两个方面是新闻从业者普遍感到不满意，也是亟待改善和提升的地方。薪酬和福利体现出物质层面基本的保障，也是更能改善实际体验的地方，感知更加明显。而未来发展空间更多体现出对于职业的追求，来自精神层面的憧憬与规划。

樊亚平、夏茵茵（2012）指出，虽然职业认同的考察指标，可以包括职业动机、职业认知、自我身份认同、职业情感等多样化的因素，但其中的职业态度与投入度、职业情感与忠诚度等是考察职业认同的最重要、最直观因素。

职业忠诚度可以反映出从业者对所处行业、领域、组织的喜爱及认同程度，可以具体体现为其是否愿意继续从事该职业。研究新闻从业者的职业忠诚度，不仅可以窥探出其对职业的依赖，也能间接反映出工作满意度、行业认同度。

忠诚度研究中一个重要的因素即流动性。工作过的单位数量、重新择业的意愿以及新闻从业年限都是新闻从业者职业流动的影响变量。中国人民大学舆论研究所在1997年做过一次全国新闻工作者调查，发现中国新闻工作者从事新闻工作的总体平均年资为12年，其中，从事新闻工作11年以上的资深人士占现职新闻工作者总数的48.4%[①]。

苏林森（2012）指出了传媒从业者过度、无序流动所带来的弊端。首先，最直接的影响使得新闻从业者缺乏归属感和稳定感，进而影响媒介单位的稳定和可持续发展。其次，无序恶性竞争，造成媒介之间互挖墙脚。这种情况使得新闻从业者不能专心工作，抱有侥幸心理，反正不行就走。再次，跳槽会带来"水土不服"，适应性是一个重要的问题。很多记者、编辑转去做管理，效果并不见得好，而且也造成了专业人才的极大浪费。最后，不利于资深新闻人的培养。总之，媒体人在不同的单位之间跳来跳去，很容易产生没有根的感觉，职业荣誉感也难以获得，"只是谋生的职业，而不是什么新闻理想"[②]。

由此，本书从新闻从业者从业年限、流动性、跳槽等角度考察忠诚度问题。

新闻从业者媒体工作时间主要稳定在从业初期到20年之间内，具体来看，以5年为一个基本单位，从事媒体相关工作5年及以下的占比最高，为37.8%，6—10年的为28.6%，11—15年的为17.2%，16—20年的为10.1%。时间更长的比例相对较小，21—25年的比例骤降到4.1%，26—30年的仅占到1.7%，长达30年以上的则更少，只有0.5%，参见图4-6。新闻从业者从业时间有一定的范围限制，从业20年以上的少之又少，新闻报道的及时、密集以及新闻工作本身对体力和脑力要求的特殊性，让新闻行业似乎不太适合长期从事，青春饭的说法不无道理。如果按照1997年中国人民大学舆论研究所的调查，从事新闻工作11年以上的资深人士只占到33.6%。如何在时间规律面前，保证从业黄金时间段的前几年内奠定好对于职业的热爱和忠诚，是至关重要的。

[①] 参见喻国明《中国新闻工作者的职业意识与职业道德》，《新闻记者》1998年第3期。
[②] 参见包丽敏《报人"转会"》，《中国青年报》2005年8月31日第6版。

第四章　新闻从业者职业认同现状与理想

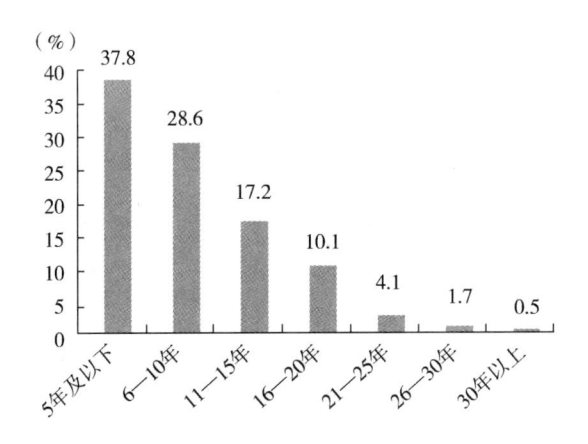

图4-6　新闻从业者从业年限

面临重新选择职业的机会时，50.5%的人选择仍然留在本单位，13.7%的人会换到媒体行业的其他单位工作，35.8%的人则直接选择换到其他行业工作。而问及目前是否有辞职或更换工作单位的想法时，12.8%的人表示非常强烈，10.2%的人完全没有，大部分的人只是偶尔想想。至于是否愿意让子女从事新闻工作，48.1%的人不愿意，明确表示愿意的只有18.2%，还有33.7%的人是无所谓的态度。

由此可见，新闻从业者职业忠诚度也存在一定的风险挑战，一方面从业年限在逐渐缩短，资深新闻工作者比例在下降；另一方面潜在的辞职想法在大部分人中间存在，只是并不一定何时付诸实践。而一旦面临重新择业的机会，虽然有半数的人仍然坚守在本单位，但是仍有超过1/3的人会跳出媒体行业，少数人也会考虑更换媒体。

对于子女进入新闻行业的选择，究竟是"围城"现象还是来自行业内最深刻的感受，或许也是最痛彻的领悟。近半数的人并不愿意让子女继续从事新闻工作。如果自己对本行业都不是那么认可和热爱，或者做得并不舒服，成就感不强，满意度不高，出于对子女爱的本能，又怎么会想让他们陷入呢，这应该是忠诚度最直接的一个体现。

第二节　职业认同各维度之间的影响分析

一　职业情感与职业评价

职业情感与职业评价之间的影响，通过满意度、受尊重程度与辞职意愿几个维度展开分析。

对工作总体满意度偏高，即表现为很满意或者比较满意的新闻从业者，对于职业身份在社会中受尊重程度的判断越高。如表4-2所示，很满意的人，认为职业受尊重程度很高的占11.5%，依次高于比较满意的人（0.8%），不太满意的人（0.5%）。同样地，工作满意度高的人认为职业受尊重程度比较高的比例也是呈现正相关，分别为40.6%，25.4%，9.0%和6.8%。相反地，对工作满意度不高的人，对职业社会受尊重程度的判断也相对较低。

表4-2　　　　　　　满意度与受尊重程度交叉分析

			你觉得新闻工作者在我国社会中受尊重程度如何？						总计
			很高	比较高	一般	比较低	很低	说不清	
对这份工作的总体满意程度	很满意	计数	46	162	153	27	6	5	399
		总体满意程度内的百分比	11.5%	40.6%	38.3%	6.8%	1.5%	1.3%	100.0%
	比较满意	计数	23	693	1581	322	76	38	2733
		总体满意程度内的百分比	0.8%	25.4%	57.8%	11.8%	2.8%	1.4%	100.0%
	不太满意	计数	3	59	375	153	58	7	655
		总体满意程度内的百分比	0.5%	9.0%	57.3%	23.4%	8.9%	1.1%	100.0%
	很不满意	计数	1	4	21	14	16	3	59
		总体满意程度内的百分比	1.7%	6.8%	35.6%	23.7%	27.1%	5.1%	100.0%
总计		计数	73	918	2130	516	156	53	3846
		总体满意程度内的百分比	1.9%	23.9%	55.4%	13.4%	4.1%	1.4%	100.0%

第四章 新闻从业者职业认同现状与理想

根据卡方检验（见表4-3），sig值小于0.05，因此满意度不同对职业声望评价，即职业受尊重程度的感知有显著差别。满意度越高，越能感知到职业的成就感和地位，因此对于职业的受尊重程度的判断也越高。从这个角度来说，职业情感对于职业评价起到正向的引导作用。

表4-3　　　　　　　　　　　卡方检验

	数值	df	渐近显著性（2端）
皮尔森（Pearson）卡方	573.709a	15	0.000
概似比	433.363	15	0.000
线性对线性关联	305.484	1	0.000
有效观察值个数	3846		

注：a.3 数据格（12.5%）预期计数小于5。预期的计数下限为0.81。

事实上，职业评价也会作用于职业情感，以受尊重程度与辞职意愿的交叉分析为例，如表4-4所示，两者呈现显著相关（sig<0.05）（见表4-5），对于职业受尊重程度判断很高的从业者，通常来说，完全没有辞职想法的比例更高。即使是偶尔想想的情况，相比对受尊重程度判断较低的从业者，也会更加少见。

表4-4　　　　　　　　受尊重程度与辞职意愿交叉分析

			目前，你是否有辞职或更换工作单位的想法?			总计
			完全没有	偶尔想想	非常强烈	
你觉得新闻工作者在我国社会中的受尊重程度如何？	很高	计数	3	7	4	14
		你觉得新闻工作者在我国社会中的受尊重程度如何？内的百分比	21.4%	50.0%	28.6%	100.0%
	比较高	计数	47	221	18	286
		你觉得新闻工作者在我国社会中的受尊重程度如何？内的百分比	16.4%	77.3%	6.3%	100.0%
	一般	计数	108	879	115	1102
		你觉得新闻工作者在我国社会中的受尊重程度如何？内的百分比	9.8%	79.8%	10.4%	100.0%

续表

			目前,你是否有辞职或更换工作单位的想法?			总计
			完全没有	偶尔想想	非常强烈	
你觉得新闻工作者在我国社会中的受尊重程度如何?	比较低	计数	23	272	58	353
		你觉得新闻工作者在我国社会中的受尊重程度如何?内的百分比	6.5%	77.1%	16.4%	100.0%
	很低	计数	12	76	39	127
		你觉得新闻工作者在我国社会中的受尊重程度如何?内的百分比	9.4%	59.8%	30.7%	100.0%
	说不清	计数	1	12	9	22
		你觉得新闻工作者在我国社会中的受尊重程度如何?内的百分比	4.5%	54.5%	40.9%	100.0%
总计		计数	194	1467	243	1904
		你觉得新闻工作者在我国社会中的受尊重程度如何?内的百分比	10.2%	77.0%	12.8%	100.0%

表4–5　　　　　　　　　　卡方检验

	数值	df	渐近显著性(2端)
皮尔森(Pearson)卡方	93.208[a]	15	0.000
概似比	79.920	15	0.000
线性对线性关联	56.006	1	0.000
有效观察值个数	1904		

注:a.4数据格(22.2%)预期计数小于5。预期的计数下限为1.43。

由此,认为新闻工作者在社会中受尊重程度越高的人,对于职业的判断和评价越正面,享受到职业所带来的荣誉感越强,其辞职意愿越低,表现出较高的职业忠诚度。

二　职业认知与职业评价

通过两种典型的直接关系看到新闻信息是否真实可靠的职业道德

第四章 新闻从业者职业认同现状与理想

现象，检测其与新闻从业者受信任程度的关联。

第一种现象是，在网上看到网友发布的某个消息，不经采访或核实就编发新闻。认为这种现象在新闻行业中很普遍或者比较普遍的人，往往对记者职业的可信度评价并不高，倾向于选择完全不可信或不太值得信任，参见表4-6。同样的，第二种现象，自己杜撰消息来源（实际没有采访，却在报道中含糊地用"据知情人士""据相关部门"等来表达观点或陈述事实），如表4-8所示，杜撰消息来源现象越普遍，受信任程度判断越低。

表4-6　职业道德与受信任程度交叉分析1

			完全值得信任	比较值得信任	一般	不太值得信任	完全不可信任	不知道	总计
在网上看到网友发布的某个消息，不经采访或核实就编发新闻	很普遍	计数	35	182	193	40	8	7	465
		在网上看到网友发布某个消息，不经采访或核实就编发新闻内的百分比	7.5%	39.1%	41.5%	8.6%	1.7%	1.5%	100.0%
	比较普遍	计数	48	438	385	45	2	11	929
		在网上看到网友发布……	5.2%	47.1%	41.4%	4.8%	0.2%	1.2%	100.0%
	有一些	计数	95	1070	641	43	6	11	1866
		在网上看到网友发布……	5.1%	57.3%	34.4%	2.3%	0.3%	0.6%	100.0%
	没有	计数	67	262	134	11	8	8	490
		在网上看到网友发布……	13.7%	53.5%	27.3%	2.2%	1.6%	1.6%	100.0%
	不知道	计数	9	41	36	1	0	8	95
		在网上看到网友发布……	9.5%	43.2%	37.9%	1.1%	0.0%	8.4%	100.0%
总计		计数	254	1993	1389	140	24	45	3845
		在网上看到网友发布……	6.6%	51.8%	36.1%	3.6%	0.6%	1.2%	100.0%

表4-7　　　　　　　　　　卡方检验

	数值	df	渐近显著性（2端）
皮尔森（Pearson）卡方	223.131[a]	20	0.000
概似比	182.794	20	0.000
线性对线性关联	37.513	1	0.000
有效观察值个数	3845		

注：a. 5 数据格（16.7%）预期计数小于5。预期的计数下限为0.59。

表4-8　　　　　职业道德与受信任程度交叉分析2

			完全值得信任	比较值得信任	一般	不太值得信任	完全不可信任	不知道	总计
自己杜撰消息来源	很普遍	计数	30	105	133	33	7	5	313
		自己杜撰消息来源内的百分比	9.6%	33.5%	42.5%	10.5%	2.2%	1.6%	100.0%
	比较普遍	计数	29	316	295	39	4	6	689
		自己杜撰消息来源内的百分比	4.2%	45.9%	42.8%	5.7%	0.6%	0.9%	100.0%
	有一些	计数	96	1114	708	47	6	15	1986
		自己杜撰消息来源内的百分比	4.8%	56.1%	35.6%	2.4%	0.3%	0.8%	100.0%
	没有	计数	88	369	191	17	7	7	679
		自己杜撰消息来源内的百分比	13.0%	54.3%	28.1%	2.5%	1.0%	1.0%	100.0%
	不知道	计数	10	87	62	3	0	12	174
		自己杜撰消息来源内的百分比	5.7%	50.0%	35.6%	1.7%	0.0%	6.9%	100.0%
总计		计数	253	1991	1389	139	24	45	3841
		自己杜撰消息来源内的百分比	6.6%	51.8%	36.2%	3.6%	0.6%	1.2%	100.0%

由表4-7、表4-9的卡方检验表明，通常，新闻从业者认为违反职业道德的现象越普遍，则其对于职业受信任程度的判断越低。即职业

认知与职业评价呈现正相关，积极的职业认知，能够提升职业评价。

表 4-9　　　　　　　　　　卡方检验

	数值	df	渐近显著性（2端）
皮尔森（Pearson）卡方	252.542[a]	20	0.000
概似比	205.018	20	0.000
线性对线性关联	37.111	1	0.000
有效观察值个数	3841		

注：a.6 数据格（20.0%）预期计数小于5。预期的计数下限为1.09。

总之，职业认知、职业评价、职业情感构成职业认同的不同维度，并彼此相互影响，伴随认知逐渐明晰，评价趋于合理，情感转向积极，认同也在逐步提高。

第三节　职业认同的影响因素分析

研究职业认同的影响因素时，为了方便分析各相关变量对职业认同的影响，最终选取职业认知领域的职业道德与职业情感领域的满意度两个方面，更为清晰地呈现。

一　工作年限与职业认同

新闻从业者工作满意度与工作年限之间的影响并不明显，由图 4-7 所示。在从业前 20 年，满意度变化不大，波动趋于稳定。此后，虽然没有明显的相关趋势，但随着从业年限的增加，从业 23 年到 35 年之间，比较满意的态度波动比较大，从业 24 年出现的最低比 44.4% 与从业 32 年出现的最高比 100% 相差较为悬殊。整体上看，随着从业年限的增加，满意度倾向于正面的评价的占比有所提升并趋于稳定。

一般来说，知识的积累是一个长期稳步提升的过程。大部分的新闻从业者在入行之初，由于以往学校教育和自我学习的积累，已经具备了一定的新闻伦理方面的知识，随着从业年限的增加，在新闻领域

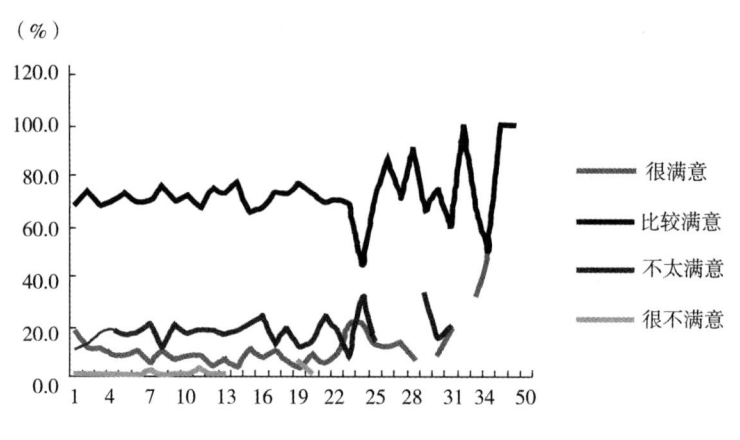

（图4-7 从业年限与满意度相关分析）

的实践越来越丰富，对于新闻职业伦理方面的知识了解程度也有所提高，参见图4-8。

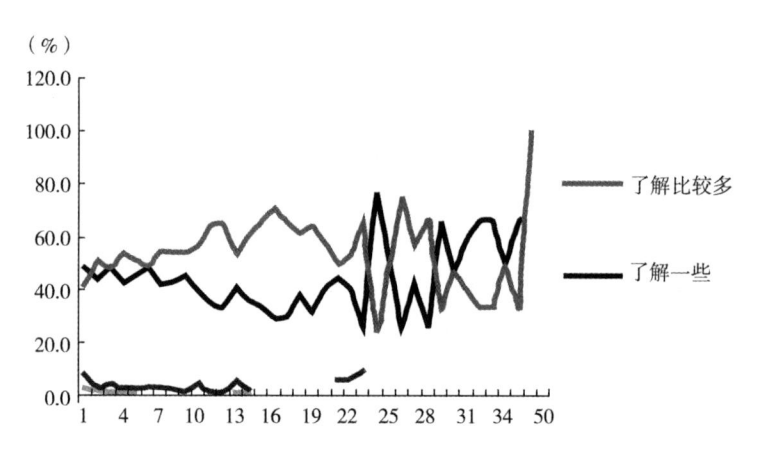

图4-8 从业年限与对职业伦理知识的了解程度相关分析

但是这并不是一个稳步上升的过程，中间会出现反复和回落，这可能与在现实新闻实践中遇到的瓶颈有关，新闻伦理知识与现实新闻失范行为发生冲突时，新闻从业者会面临理想与现实的落差与震荡，艰难抉择，同时现实的残酷也会推翻部分已有的伦理知识，让新闻从业者陷入怀疑，迷茫之中。另外，也可以从一个侧面解释了很多新闻失范现象的原因,并非全部源自对新闻伦理的无知,而往往是迫于无奈,明知不可为而为之。

二 专业背景与职业认同

专业背景对于职业认同有着重要影响。虽然说现在社会上普遍认为新闻行业的准入门槛越来越低,也有更多的多学科背景的人进入。不乏有很多声音认为非新闻专业的人也可以做新闻,而且未必比新闻专业的要差,这使得新闻专业化受到了一定程度的质疑。

然而,调查显示,新闻从业者中新闻专业学生(尤其是本科阶段主修新闻),要比其他专业背景的人,新闻伦理知识了解程度更好。此处,专业的新闻教育背景还是具备一定的先天优势,并且在后续的新闻实践中对于新闻伦理的坚守,新闻职业道德的维护,表现的还是非常积极的。参见表4-10。

表4-10 专业背景与新闻伦理知识了解程度交叉分析

		你觉得自己对关于新闻职业伦理方面的知识了解程度如何?				总计
		了解比较多	了解一些	了解很少	基本不了解	
在本科大专教育阶段主修的专业	新闻传播学	56.9%	40.0%	2.5%	0.6%	100.0%
	其他人文学科	51.1%	45.2%	2.8%	0.9%	100.0%
	社会科学	55.0%	41.0%	3.6%	0.4%	100.0%
	理学和工学	51.3%	42.4%	5.3%	1.0%	100.0%
	农学和医学	50.0%	40.7%	7.4%	1.9%	100.0%
总计		54.2%	42.0%	3.1%	0.7%	100.0%

表4-11 卡方检验

	数值	df	渐近显著性(2端)
皮尔森(Pearson)卡方	23.445ª	12	0.024
概似比	21.464	12	0.044

续表

	数值	df	渐近显著性（2端）
线性对线性关联	7.532	1	0.006
有效观察值个数	3831		

注：a.4 数据格（20.0%）预期计数小于5。预期的计数下限为0.37。

由表4-12和表4-14可知，新闻从业者中，新闻专业的人更多做到了在编辑报道中对消息来源进行采访与核实，维护新闻真实，74%的人都经过采访或核实，略高于其他人文学科、社会科学，比理学工学63%和农学医学57.4%更具有明显优势。同时，77.3%的新闻传播学专业的从业者更加重视客观公正报道，反映事件各相关方的观点或意见，均略高于其他专业的人。

表4-12　　　　　　专业背景与职业道德现象交叉分析1

		过去一年中，你本人负责报道编辑的所有消息是否都经过了采访或核实？					总计
		都经过采访或核实	大部分经过采访或核实	很少经过采访或核实	都没有经过采访或核实	过去一年没报道编辑过消息	
在本科大专教育阶段主修的专业	新闻传播学	74.0%	20.3%	1.3%	0.2%	4.3%	100.0%
	其他人文学科	69.6%	21.9%	1.3%	0.3%	7.0%	100.0%
	社会科学	68.9%	20.5%	2.1%	0.7%	7.9%	100.0%
	理学和工学	63.0%	23.4%	1.3%	0.3%	11.9%	100.0%
	农学和医学	57.4%	31.5%	3.7%	0.0%	7.4%	100.0%
总计		70.6%	21.2%	1.5%	0.3%	6.4%	100.0%

表4-13　　　　　　　　　卡方检验

	数值	df	渐近显著性（2端）
皮尔森（Pearson）卡方	48.118[a]	16	0.000
概似比	45.110	16	0.000
线性对线性关联	35.194	1	0.000
有效观察值个数	3829		

注：a.8 数据格（32.0%）预期计数小于5。预期的计数下限为0.17。

表4-14　　　　　　　专业背景与职业道德现象交叉分析2

		过去一年中，你本人在报道编辑时有没有只采用新闻当事人中某一方的陈述或观点，而没有反映事件各相关方的观点或意见？			总计
		有过	没有	过去一年没有报道编辑过消息	
在本科大专教育阶段主修的专业	新闻传播学	14.7%	77.3%	8.0%	100.0%
	其他人文学科	13.3%	74.9%	11.8%	100.0%
	社会科学	12.0%	73.9%	14.1%	100.0%
	理学和工学	14.1%	69.4%	16.4%	100.0%
	农学和医学	11.1%	70.4%	18.5%	100.0%
总计		13.6%	75.2%	11.1%	100.0%

表4-15　　　　　　　　　　卡方检验

	数值	df	渐近显著性（2端）
皮尔森（Pearson）卡方	35.887[a]	8	0.000
概似比	35.582	8	0.000
线性对线性关联	20.868	1	0.000
有效观察值个数	3826		

注：a.0 数据格（0.0%）预期计数小于5。预期的计数下限为6.01。

三　收入构成与职业认同

新闻人员的收入来源日趋多元化，收入构成发生了变化。单位成员从单位组织中能够获取所需的资源，这是成员对单位产生依赖的机制。但是由于个人社会独立性地位的相对软弱，使得这种依赖是单方面的。彼得·布劳（Peter Blau，1988）曾经系统分析过有关单方面依赖与获得社会独立性的基本条件。

一般来说，人的行为会受到结构性因素、动机和行为所具有的主观意义两个方面的制约和影响。理性选择的利益比较和约束常常与交换性行为相伴相生。韦伯（Weber，1980）指出，一般来说人的行为会受到结构性因素、动机和行为所具有的主观意义两个方面的制约和影响。

还应当考虑的是，当选择性和替代性资源出现时，依赖程度就会受到资源获取方式满意度的影响，并且可能改变不同资源对交换者的相对价值。（李汉林、李路路，1999）如此，个人的依赖程度便可以理解为"服务的价值与可供他们考虑的第二个最好的选择方案之间差异的一个函数"①。

改革开放促进了资源的充分流通，特别是非国有经济的发展，提供了更多可替代性的资源。除去资源之外，在单位组织中，个人对单位的满意度成为影响依赖性的另一个重要因素。因此，对于收入的分析，可以借助以下假设。

（一）资源（收入情况）与依赖性、忠诚度

说明：（1）单位提供资源的能力决定了人们对单位的依赖程度⇒新闻从业者获得的单位外收入比例可以说明其对单位的依赖性强弱，是依赖性大小的一个指标；（2）从单位获得的资源多少影响着依赖性⇒单位内收入多少影响着单位外收入比例。

提出假设：获得的单位内资源越多，对单位的依赖性越大；单位外收入越多，对单位的依赖性越小。

（二）满意度与依赖性、忠诚度

说明：满意度影响依赖性，新闻从业者对单位收入越满意，依赖度越高。

提出假设：满意度越高，依赖性越高。

由此，单位内收入在收入结构中所占比重越多，对收入满意度越高；对单位的依赖度越高，忠诚度越高，也表现出较高的职业情感认同。

新闻从业者如果不能与其所在的组织进行理想中的有效互动，难以完成对专业名望的建构，就容易导致对组织的忠诚度降低。（陆晔、潘忠党，2002）

媒介组织是新闻从业者进行专业活动的载体和场域，在媒介社会学的视野中，新闻专业理念得以实践的重要前提，是媒介组织和新闻

---

① ［美］彼得·布劳：《社会生活中的交换与权力》，张黎勤译，华夏出版社1988年版，第140页。

从业者间的良好互动。这就涉及新闻从业者工作满意度的问题。

满意度研究主要包括三个方面，一是媒介组织为其专业实践提供的工作机会与发展空间，由此帮助新闻从业者获得专业成就上的满足感；二是新闻从业者所获得的肯定与回报，如薪酬和福利条件等；三是工作环境与人际关系：专业成就、物质待遇和人际关系。至于具体这三方面的满意度与工作整体满意度的相关性及影响力有多大，还需要进一步的偏相关分析。

此处，自然会存在一个疑惑，满意度不高，是不是足以动摇新闻从业者继续从事新闻工作的信心？由总体满意度与忠诚度相关的两个问题之间的交叉分析可知，满意度与忠诚度显著相关（sig＜0.05）。

一方面，满意度越高，则面临重新选择职业机会的时候，新闻从业者对于本单位的忠诚度越高，越愿意留在本单位，同时也表现出对于新闻行业的忠诚度，换到其他行业工作的比例也是递减的。参见表4-16。

表4-16　　　　　　　　满意度与职业选择交叉分析

			如果你现在有一个任意重新选择职业的机会，你会			总计
			仍留在本单位	换到媒体行业其他单位	换到其他行业	
对这份工作的总体满意程度	很满意	计数	341	21	37	399
		对这份工作的总体满意程度内的百分比	85.5%	5.3%	9.3%	100.0%
	比较满意	计数	1526	371	833	2730
		对这份工作的总体满意程度内的百分比	55.9%	13.6%	30.5%	100.0%
	不太满意	计数	72	119	463	654
		对这份工作的总体满意程度内的百分比	11.0%	18.2%	70.8%	100.0%
	很不满意	计数	4	14	41	59
		对这份工作的总体满意程度内的百分比	6.8%	23.7%	69.5%	100.0%
总计		计数	1943	525	1374	3842
		对这份工作的总体满意程度内的百分比	50.6%	13.7%	35.8%	100.0%

表4-17　　　　　　　　　　卡方检验

	数值	df	渐近显著性（2端）
皮尔森（Pearson）卡方	713.495a	6	0.000
概似比	789.638	6	0.000
线性对线性关联	644.327	1	0.000
有效观察值个数	3842		

注：a.0数据格（0.0%）预期计数小于5。预期的计数下限为8.06。

另一方面，满意度较高的人，其辞职意愿也较低。对这份工作很满意的人当中，只有12.1%的人离职意愿强烈，27.6%的人完全没有辞职或者更换工作单位的想法，非常坚定对现有工作的忠诚度。而对这份工作很不满意的人中，60%的人辞职或更换工作单位的想法非常强烈，还有34.5%的人偶尔会有离职的想法，属于潜在变换者。如表4-18所示。

表4-18　　　　　　　　满意度与辞职意愿交叉分析

			目前，你是否有辞职或更换工作单位的想法？			总计
			完全没有	偶尔想	非常强烈	
对这份工作的总体满意程度	很满意	计数	16	35	7	58
		对这份工作的总体满意程度内的百分比	27.6%	60.3%	12.1%	100.0%
	比较满意	计数	156	980	68	1204
		对这份工作的总体满意程度内的百分比	13.0%	81.4%	5.6%	100.0%
	不太满意	计数	18	430	134	582
		对这份工作的总体满意程度内的百分比	3.1%	73.9%	23.0%	100.0%
	很不满意	计数	3	19	33	55
		对这份工作的总体满意程度内的百分比	5.5%	34.5%	60.0%	100.0%
总计		计数	193	1464	242	1899
		对这份工作的总体满意程度内的百分比	10.2%	77.1%	12.7%	100.0%

显然，满意度对于忠诚度有显著影响，满意度越高，表现出的忠诚度也越高。

表 4-19　　　　　　　　　　　卡方检验

	数值	df	渐近显著性（2端）
皮尔森（Pearson）卡方	267.330a	6	0.000
概似比	232.714	6	0.000
线性对线性关联	191.955	1	0.000
有效观察值个数	1899		

注：a.0 数据格（0.0%）预期计数小于 5。预期的计数下限为 5.59。

参与本次调查的所有新闻从业者从单位获得的收入（包括工资、奖金、年终奖等，税后实发）平均为 74068.87 元，其中有 1579 人，除从单位获得的收入外，还有其他方面的收入（如劳务费、车马费、兼职收入等），平均单位外收入为 5994.93 元。

据此，41.25% 的新闻从业者会从单位外获得收入，但是总体上看，单位外收入所占整体收入的比重并不高，只有 7.5%。由卡方检验结果，单位外收入多少对于辞职意愿的影响并不显著。而对于工作薪酬水平及福利的满意度则影响着单位外收入的获取，两者的交叉分析表明，对于收入满意度越高，则越少选择获取单位外收入。

表 4-20　　　　　　　收入满意度与辞职意愿交叉分析

			目前，你是否有辞职或更换工作单位的想法？			总计
			完全没有	偶尔想	非常强烈	
工作的薪酬水平及福利	很满意	计数	8	19	3	30
		工作的薪酬水平及福利内的百分比	26.7%	63.3%	10.0%	100.0%
	比较满意	计数	91	399	29	519
		工作的薪酬水平及福利内的百分比	17.5%	76.9%	5.6%	100.0%
	不太满意	计数	73	775	102	950
		工作的薪酬水平及福利内的百分比	7.7%	81.6%	10.7%	100.0%
	很不满意	计数	21	271	108	400
		工作的薪酬水平及福利内的百分比	5.3%	67.8%	27.0%	100.0%

续表

		目前，你是否有辞职或更换工作单位的想法？			总计
		完全没有	偶尔想	非常强烈	
总计	计数	193	1464	242	1899
	工作的薪酬水平及福利内的百分比	10.2%	77.1%	12.7%	100.0%

表4-21　　　　　　　　　卡方检验

	数值	df	渐近显著性（2端）
皮尔森（Pearson）卡方	146.605[a]	6	0.000
概似比	132.014	6	0.000
线性对线性关联	114.613	1	0.000
有效观察值个数	1899		

注：a.2 数据格（16.7%）预期计数小于5。预期的计数下限为3.05。

由表4-20可知，对于收入的满意度越高，则辞职意愿越不明显，从而体现出对单位较强的依赖度。由此建立起收入满意度—收入构成情况—依赖度三者之间的影响关系。

态度影响行为，对于收入的满意度直接影响收入获得方式和行为，带来收入构成多元化，而这在一定程度上又会对依赖度和忠诚度造成影响，形成对职业身份认同的消解。

四　社会环境、媒体环境与从业者个人层面的具体影响

由前面所做的分析可知，对于职业角色、职业道德方面的职业认知，对于职业受尊重程度、受信任程度方面的职业评价，以及在满意度、忠诚度、依赖度方面表现出的职业情感，都会影响到职业认同。此外，从业年限、专业背景、收入水平等具体的情况差异，也会对职业认同产生潜移默化的影响。

12号受访者认为，职业认同的影响因素有以下几个方面：新闻从业者个人的业务素养和专业水平；直接领导的评价与指示；被采访对

第四章 新闻从业者职业认同现状与理想

象的评价与对待态度；社会机构和媒体自身对于新闻从业者的评价认知。14号受访者将职业认同的影响因素归结为两点：第一是大众化的，薪酬、社会地位、社会评价等；第二是非常私人层面的，个人生活经历、受教育经历、个人兴趣等。

事实上，职业认同很复杂，而且不会一成不变，随着年龄阅历增长和同龄人生活轨迹的变化，都会让职业认同变化，所以总是有人提醒记者要"不忘初心"。也许，职业认同不能强求，人各有志，但是做记者的期间，如果有强烈的认同感，会让自己内心更踏实，也会让工作更出彩。

这其实涉及社会评价、个人成就感、薪酬水平、行业前景等很多方面，如果将各种影响因素进行整合，那么从社会环境到媒体环境及各个媒体发展的具体情况，再到新闻从业者个人，环境的变化，主体的差异，需要具体情况具体分析。

首先，从社会环境层面，社会价值观的评价标准，尤其是对新闻从业者的社会评价，是影响职业认同的一个重要因素。社会影响对于受影响的主体来说始终都是很重要的。一方面，社会竞争中对物质利益的看重与追逐，淡化了对新闻记者及其作品的深层价值评判及影响。另一方面，社会环境也褪去了媒体一些过往时代赋予的光环（8号受访者）。尤其是新闻这样一个比较特殊的职业，新闻从业者经常处于风口浪尖上，一个记者或编辑，如果他和他所在的媒体经常遭遇差评，将会严重影响他的职业认同，他会怀疑自己做的事情到底有没有意义（20号受访者）。"以前，新闻是个可以名利双收的职业，赚的不算低，报道也可以被更多人认可，现在十多年过去了，收入没咋涨，报道也不怎么被认可，你说这还会引发多少人的认同？很多人干着干着都觉得自己是个夕阳行业，所处这样一个行业，会有多好的认同呢？"（21号受访者）

其次，是媒体环境。媒体生态环境的变化让整个媒体都处在一种大洗牌的阶段，在这个阶段中，虽然会有一些自由职业者加入，比如一两个人就可以做成的自媒体，而更多的人是要依附于一个媒体作为他从业的一个机构。特别是传统媒体整体处于大改组、大分化的状态中，这对媒体人的影响是可想而知的。（3号受访者）现如今，不少传统媒体人特别是知名主持人和记者，纷纷离开了原来所在的媒体。11号受访者指出，这其中原因很多，但有一点至少是他们觉得去一个新的平台能够更好地实现他们的价值，也就是说他们觉得在传统媒体中他们所能实现的自我价值和社会价值已经在减弱了，这个方面会影响职业认同感，可能是因为不认同了，他们觉得当记者没那么风光，或者没办法实现新闻理想，没有情怀了，所以愿意换到别的岗位上去。

最后，就是新闻从业者个人层面。一方面是新闻理想和追求，所谓成名的想象，这大概可以概括为"名"的指引。"名"就是别人对你的认可。一个记者能做出对社会有用的事情，别人就会对你有赞誉，你觉得自己做了一些对于促进社会进步的事情，从所做的事情当中有所获得，这种职业的成就感和荣誉感是最根本的影响因素。记者也只有拥有新闻理想，重视这种荣誉感，并将其深入内心，才能不去"破戒"，才能走得更远。另一方面，是"利"的诱惑。利，无外乎回报。顾名思义，主要的一部分是物质和财富，生存、养家糊口乃至发家致富，具体到薪酬、福利等。最近两年，太多怀揣新闻理想的人，为了养家糊口不得不跳槽到其他行业。相比金融等领域，做新闻的都成了"新闻民工"。"你看着别人，尤其是你的采访对象生活的那么光鲜，而你自己却差距如此之大，难免心理失衡。我们可以谈理想谈认同，但是首先得保证基本的生活水平，只有满足了基本的生活要求，才能追求更高层次的奉献、追求，否则我还没一个卖煎饼、收破烂的赚得多，我干吗还要干这行？"（21号受访者）此外，还有其他方面的利，比如工作环境的好坏，工作的顺畅程度，干扰因素的多少。当一个好的想法很难得以实现，或者是辛辛苦苦采访的内容因为某些干扰因素被毙掉的时候，职业的自我认同感自然也会很低（10号受访者）。在工作过程中所积累的资源和人脉，也是丰富自我的很好条件，也是一种很好的回报。对于"利"的预期和权衡及实现情况，自然决定了去留的意愿。当然，一个人内在的品质、性格、价值观以及兴趣的指引，也是不能忽视的因素。

第四节　职业认同的理想

通过调查问卷的数据分析，可以还原新闻从业者职业认同的现状，构成不同维度及彼此间的影响关联。然而对于职业认同的理想以及影响因素的深层分析，则需要借助深度访谈，获得更加有效的信息。无论职业认同的现状如何，在新闻从业者的内心构思和价值期待中，都会保存对于职业认同的理想和期待。

一　职业认同的理想实现情况

对于新闻业和新闻从业者应该是什么的回答，呈现出新闻从业者的理想认同期许。然而在现实中，是否都能做到理想中的期待呢？

有的人可以信誓旦旦地回答，做到了理想中的期待，这本身也是对于职业的认可，以及从实际效果中寻找到的自信和荣耀。他们无论在任何情况下都可以守住底线，从未写过有违基本新闻准则的稿件（2号受访者）。他们在新闻业务上能独当一面，在管理上也毫不逊色，会管能管，熟悉新闻生产所有流程，因此能得到别人的认同（4号受访者）。他们基本算是做到了，体现在所写报道的类型、影响力和报酬上（22号受访者）。7号受访者坦言，自己经历过纸媒兴盛的晚期，曾经用报道推动过社会进步，也在社会上引起过轰动，同时也不免因为报道所揭露的问题而遭遇被告。这样的过程，让他经历了自己想做的事情，对自己的工作和理想都是满意的。

19号受访者认为，理想经常变动不居，今天是理想的，可能在后天看，已经是现实或者已被抛弃；今天不是理想的，明天再看，可能竟是奢求。但是就其之前设定的工作理想来看，算是实现了。从本科学新闻学开始，他的理想工作就是能够进入三大央媒（《人民日报》、新华社、中央电视台）之一，现在如愿以偿，他感到很知足。但这些只是过去的理想,任何有点追求的个体,总会在当下的基础之上,展望新的可能、秉持新的理想。因此,理想也总会蓬勃而生。

大部分的人仍然遗憾地宣称,并没有做到理想中的期待,或者只是部分实现了理想,还在摸索中。他们或许不是从小立志做记者,但却在这个行业内慢慢发现和感受到新闻的重要性和情趣。(8号受访者)他们或许是科班出身,痴迷于新闻专业主义,做过许多力所能及的调查性报道,但是仍觉得只达成了一半的理想,未来正面临着怎样让自己在新闻界的影响力提升的最大瓶颈。(9号受访者)还有的人,囿于媒体性质、节目定位、专业能力等方面的问题,加之存在的诸多现实原因和限制,离理想状态还有一定差距。如11号受访者更多的是在做有温度的故事,但是在揭黑报道、调查报道领域,因为所在媒体节目性质和定位,还没有机会触及。

很多受访者从专业能力和素质角度,反思了现实与理想的差距。5号受访者认为达到理想中的状态,必须要对某一个行业和领域的事情很精通,要具备迅速判断真伪的能力。而自己在政策法规、相关行业信息的把握上还欠缺,加之并不是对口专业,所以还没有办法对某个问题特别精通。12号受访者认为自己离理想中的从业人员还有差距。具体表现在:作为一档民生新闻节目的记者,每天采访的内容涉及生活的方方面面,需要用到经济、法律、生物、政治等多个方面的专业知识,还要不断学习补充。另外,她所在的节目,平时社会监督类报道选题较多,这部分报道的采访对象,往往不配合节目采访,必须通过旁敲侧击的方法获得想要的答案。这方面的经验,每天都需要不断积累。14号受访者也坦言,自己的新闻敏感度和文字表达水平不够。在深入采访时,对痛点的捕捉不够有力度,被访对象一句轻描淡写的话里可能藏着很多信息,还做不到"听者有心"的高度集中;另外,感觉客观、真实、利落地写出报道,并起一个出彩的标题,是一件非常有挑战的事情,需要天赋,更需要后天练笔。由于线口过细过杂的关系,16号受访者表示,自己负责的城管局这部分是一个巨大的挑战。与其他的政府部门只需要与一个联系人保持关系不同，市城管局下辖5区，每区又有城管局、城管大队、环卫局、园林局、市政局、数个街道城管办，难免遗漏新闻。此外，记者也是一个要磨炼专业技能的职业，从文本来说，要提高的还有很多。

当然，这其中也有现实因素制约的无奈。17号受访者和20号受访者都从不同侧面反映了虽然知道如何能够达到自身的坚定理想，但是现实操作中却并非易事。19号受访者的工作理想是在既有的岗位上，成为某一领域的专家。他借用了"一万小时定律"，非常认同1万小时的锤炼是从平凡变成超凡的必要条件。成为专家型记者当然也需要这种条件，他的积累才刚刚开始，还差"时间"的"累积"。"时间"讲的是耐性，经得住久久为功；"累积"讲的是心性，做得到为功久久。21号受访者回顾了自己的两个工作经历——交通行业记者编辑、财经类记者编辑，伤感于离期待还是很远的。因为这里没有他所期待的新闻现场，大多数需要依附于一定的理论存在。如果想做好一个报道，最关键的并不是他在现场所观察到的，而是通过收集资料、分析问题、采访专家所梳理出来的。由此，他必须具备深厚的经济学专业知识，否则做出来的东西都显得不够深入。"这对于心心念念跑突发事件的我来说，似乎一切都平台化、虚拟化。或许可能我这个职业生涯也做不到了吧。毕竟这意味着我要跳槽，但是这对于我来说又是一个难以断舍离的事情。"

3号受访者从事新闻行业接近35年，她认为自己还在朝着理想不断努力，还在路上。因为一个媒体人在院校当中的所有的想法都是很单纯、很理想化的，随着从事媒体的不断深入与变化，对于媒体的认知和媒体的职责认识也在不断变化。

路虽远，行则将至；事虽难，做则必成。虽然很多人表示理想中的新闻从业状态并没有完全做到，但至少从未放弃过努力，努力保证客观公正，扶助弱小，调查报道、揭黑报道让真相大白于天下，为人们营造更好的生活和社会环境，"铁肩担道义"的理想信念在现实中仍然时刻催促着新闻从业者。

二　对职业认同问题的认识

新闻从业者究竟怎样认识职业认同问题，职业认同重要吗，看新闻从业者们怎么说。

"很重要""当然重要""非常重要"，这是新闻从业者提及最多的词汇。职业认同，不单是对新闻工作者，对于任何从业者都极为重要（19号受访者）。没有职业认同，根本不可能热爱这个职业（4号受访者）。不论哪个职业来说，只有职业认同，配合度才会高，工作才会推进，跟人打交道，别人不认同你，开展工作就会比较难（5号受访者）。20号受访者也表示，你的作品是直接面向受众的，他们的好评和差评你都看得到，如果没有职业认同，很多工作难以开展。

职业认同是一份工作能够坚持下去的动力（15号受访者）。只有正确客观地认识自己的职业，才能清晰地了解自己拥有怎样的权利，承担怎样的义务，才能更好地指导自己今后的工作。（12号受访者）对职业有认同，才能更好地对职业进行深入剖析，并充满热情。对新闻没有热情从而也不会对职业要求过高。（18号受访者）

正所谓，"干一行爱一行"，如果你连你的职业都不认同的话，又怎么能做好本职工作呢？更不用提去为它奉献了。（21号受访者）职业认同就像人的自我认同一样重要，而且人的自我认同往往和职业认同相关联，所谓要有事业，大概就是这个意思。（22号受访者）

16号受访者从业以来这种体会更加深刻，当她真正发现这个职业工资低、事多、休息时间不固定，如果连基本的职业认同都没有，可能这个队伍将流失的更多。

14号受访者指出，职业认同是根本的问题。职业认同回答了记者"我是谁，从哪里来，到哪里去"的终极问题。如果一个记者职业认同被动摇了，可能离抛弃这个职业不远了。其实工作后发现，薪酬待遇只是一个方面，很多人不是"掉钱眼"里跟着利益走，一份让自己内心宁静的职业，更重要。所以如果职业认同积极而坚定，那这个人的工作面貌和生活状态是非常棒的。

3号受访者是学新闻出身的,她始终觉得这不是一般的职业,新闻记者的饭碗不是一般的饭碗,但是现在有越来越多的人把它等同于一般的职业。所以新闻从业者对于自己职业的认知就更加重要了。她之所以一直强调新闻人的职业性,所谓"职业"二字就与简简单单把它当成一个饭碗有本质的不同了。

更加现实一点,具体到职业前景与所受到的限制来看,17号受访者阐述她所理解的职业认同的重要性。谈到前景问题,身边很多网络编辑觉得做媒体编辑并不是一件很有前途的事情,即使真的到了频道副主编、主编的位置,也是每天十分忙碌。但不得不说,网络媒体的薪酬还是可以维持一个小白领在北京的体面生活的,所以转行的人也并不太多,尽自己努力在"专业性"方面精进,每天都在琢磨怎么起出更好的标题、做出更好的原创,被点击量和转载量激励。可以说,他们并没有什么特别伟大的新闻理想或对自己的媒体人角色有多大的期许,只是秉持着一种为了前途认真做事的态度而已。

当然,也有个别的受访者认为,就现实而言,新闻人的职业认同不是那么重要。因为对很多记者而言,记者只是一个职业,做记者是工作而不是事业。对相当一部分记者来说,他们的行为距离符合对媒体人的基本要求还差得很远。记者能做好基本的工作、对得起自己,媒体人能把自己的工作当成一份职业来对待,尊重基本的职业规范就已经很好了,要求他们都认同这个职业和行业太难了(7号受访者)。一个是媒体人应该放弃一些不切实际的想法。职业认同问题也要两面看,一方面让记者有写作的欲望,另一方面也有可能扭曲的行为,比如为了出风头,大作一些"灰色"文章。(8号受访者)但是我们往往忽略了新闻工作的初衷,如果真的想要在商业和物质方面有所获得,那新闻行业,不应该当作优先选项。从现实困难的角度出发,弱化职业认同的重要性,也是一种无奈之举,透着丝丝悲哀。

在这样的情况下,不是职业认同问题不重要,也许职业认同只能是努力寻求"最大公约数",要求整齐划一是不现实的,也是不可能的。要考虑到媒体环境不一样,从业环境不一样。这个"最大公约数"体现在行业的自律,比如中国记协2009年11月新修订的《中国新闻工作者职业道德准则》,七大条,2238字,还有各个媒体制定的一些规范制度。

三 工作成就感与困难

职业认同的理想是美好的,这在一定程度上与职业成就感相关联,而职业认同的现实则并不一定是一帆风顺的,会受到压力、困境的阻碍。工作中所获得的成就感、所面临的困境,这些情感因素,会直接影响职业认同。

根据调查,新闻工作者在工作中遇到的主要困难排序占比较高的主要是,业务交流机会不足,劳动强度大,绩效考核压力大,工作内容复杂,工作时间长等,均超过30%,如图4-9所示。当然工作实际遇到的问题跟不上知识更新的速度,采访过程中的难度,单位内部的激烈竞争,单位对工作的支持程度不够,人际关系较为复杂,出差太多等,也是新闻从业者工作中会遇到的困难,占有不同程度的比重。

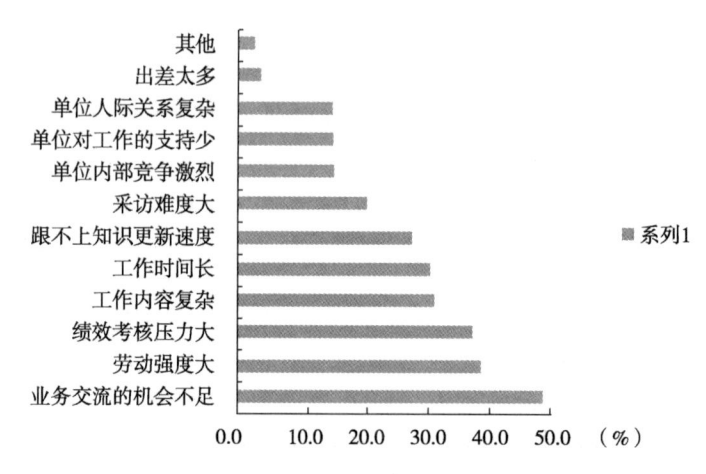

图4-9 新闻从业者在工作中遇到的主要困难

面临整个媒体环境的变化,身处其中的新闻从业者难免会遇到各种困境。1号被访者在描述当前的新闻、新闻工作者和媒体环境时,提到了两个关键词：分化与替代。媒体融合的同时媒体也在分化，融合的前提是分化，是新闻、媒体、新闻从业者的共同体的分化。新闻的分化则是指新闻的内涵、呈现功能、价值等与过去不一样了。过去，新闻代表着新事、大事，谈新闻报道，首先想到的是宣传、引导和教化功能。现在，更多的则是实用化、信息化。

因此，面对变化越来越大的媒体和媒体环境，新闻从业者普遍感到最大的困难是深感能力不足，体现在技术能力、对社会的把握、与采访对象和受众的互动，以及对纯粹的新闻传播规律的掌握等方面。在这样一个信息爆炸的时代，信息的筛选却变得异常无力。最常见的选题和写作，也可以成为困扰新闻从业者的因素。

22号受访者认为最大的困难是选题和写作。找不到合适的选题，特稿选题的要求本身很高，而其所在的媒体又是月刊，要求尤其高，必须找到极致的选题才会被通过。写作上的难度也很大，无论是自我要求还是杂志要求都很高，希望做到业内顶尖。从采访对象方面来看，部分采访对象拨打节目热线要求采访，其实是想利用媒体的地位和影响力达到自己的目的，为自己的利益服务，并不是真的想提供新闻线索。这需要记者的理性判断。也有的被曝光对象因为自身问题，会千方百计阻挠记者采访和了解事实。记者很多时候，需要与被曝光对象斗智斗勇。此时，毅力往往是接近事实真相的关键因素（12号受访者）。14号受访者坦言，最大的困难还是自我的纠结。纠结有两点：第一是去采访，感觉受访者才是真正"做实事"的人，这些行业尖端的人真是用智慧和能力在改变世界，比如某个工程师的一个设计，就让市场上亿万人感受到了便利。但是反观自己，连他们做了什么都写不太清楚，永远是旁观者的角色，心里会想"为什么我不能直接去做那些改变社会的事情"，因为让新闻发挥舆论监督的进程，比较缓慢。第二是对自身无能的纠结，采访不够到位，写稿不够精练，这都是困扰。

整个行业比较辛苦，性价比又不高，商业模式问题以及媒体风气不太好，记者能够发挥的余地较小（5号受访者），这应该是人所共知的。以体制的各种限制为例，即使是做得很好的调查节目，因为要顾及播出后的"负面反应"，因此最终不能够播出；一个好的节目创意不能完全呈现，因为有太多的方面需要考虑；一个简单的问题却因为繁复的体制限制成了一个冗长的程序问题，耗尽精力。（10号受访者）在一些媒体单位，重视"态度"甚于重视"能力"，这也很可怕。（15号受访者）碍于种种限制，最终做出来的东西并不是自己最终想看到的。另外网络媒体同质化情况比较严重，原创内容不多，质量不高。（17号受访者）

20号受访者供职于中央媒体，他认为最大的困难还是作为中央级媒体对于尺度的把握。他所理解的中央级媒体的功能是上情下达和下情上达，既要把党和政府的政策方针传达到每一个人，也要把老百姓的诉求通过报道的方式传达给决策者。上情下达需要考虑话说到几分，必须要让老百姓了解实际情况，了解政府的苦衷，但是话又不能说太满，以免引发悲观情绪和社会恐慌。也正是因为诸多的干扰，让部分新闻从业者鲜有成就感。（2号受访者）

对于大部分记者而言，工作中最大的困难也许还有与编辑和主任对新闻的认识不同，编辑需要呈现的内容前期没有采访到，后期写稿有很大的难度。这可能也是传统媒体的一个弊端，编辑与前方记者的沟通不足，彼此不了解需求与现场情况。有时候编辑过于理想化，一定要做出来的内容无法采访到，会造成很多遗憾。比如16号受访者讲述的例子，一条国家食药监总局下午发布的消息，地方省局的回应就不可能当天拿到，但是编辑会认为省内信息较少，前方记者其实也很无奈。同时，我们会发现，现在新闻单位招聘，很多都是编辑岗位，把人拴在版面之上，没有办法来到新闻现场，只能采用电话采访。这就可能会导致新闻失实，你听到的描述是这样的，但是现场有可能是另外的一种场景。21号受访者，提及曾经遇到的一个发布会，电话采访得知的是Y领导参加，但是实际上Y领导和F领导都参加了，只不过因为对方不认识F领导，所以导致遗漏。如果能够到现场采访，可能就避免了这个失误。因此，在工作中遇到的最大困难就是同时具有着记者和编辑的双重身份,而编辑的身份可能更多,导致其不得不被束缚在版面、时段之上,不能有足够的时间去做记者。这也引发了部分记者对于记者、编辑角色的思考。"我觉得记者和编辑是有明显不同的两个职位,但是我做过的两份工作,都主要以编辑为主,记者为辅。而编辑又因为报纸要定期出版、广播要定期播出,不得不在固定的时间段上下班,也就是'坐班',这就导致我们很难有足够的时间施展。即便是采访,也会囿于时间、精力的限制,不能完好地完成。"(21号受访者)

新闻从业者也面临市场化、商业化的困扰,一旦和"钱"沾边,很多东西都会扭曲(1号受访者)。9号受访者认为困惑和值得提出的问题,还是与经济收入挂钩的。说白了,就是工资少,这个相信大部分从业者都懂。(18号受访者)媒体的待遇确实应该提高。比如《南方周末》10年前的薪酬跟今天几乎没有变化。这也是媒体的一个困境:现在媒体的话语权越来越式微,广告收入也随之下滑,媒体的生存困境导致从业者的生存压力越来越大。

面临新媒体的冲击,传统媒体的新闻从业者还受到自己和别人的职业认同感的困扰。尤其是传统媒体逐渐没落后,报纸如何发展的困惑。(4号受访者)另外则是新媒体的冲击带来的人才流失。一个行业吸引不了最优秀人才就会出现恶性循环。如果说,去了另外一家媒体还好,但是很多都是转行了,做公关之类的工作。有的做了自媒体,但其价值观和真正的媒体已经相去甚远,虽然表面上像是媒体,但其实已经不是在做新闻。(8号受访者)

媒体人对新闻的激情在下降,这会直接影响到职业认同。媒体中见到的最有激情的人可能是实习生,而实习生努力工作写稿很大程度上只为了找工作的功利目的。部分媒体人的职业成就感都在被消磨(7号受访者)。一些新闻从业者因为所处的媒体影响力有限,不像一些强势媒体有那么大的影响力,所以会让从业者觉得当自己在呼喊的时候,或者表达有价值的信息的时候,到达率和影响力有限,能收到的反馈有限,没法从反馈中进一步深入和不断完善自己。11号受访者用了一个形象的比喻，这就是假设你向河里面投入石头，结果你听见的响不足够大，就会有失落和无力感，也很难在下一次报道中形成经验。在她看来，记者也是需要这种积累的，曾经做过什么有影响力的报道，所带来的信心、满足感和成就感，这对职业认同是有很大帮助的。

生活中只有5%的比较精彩，也只有5%的比较痛苦，另外的90%都是在平淡中度过。而人都是被这5%的精彩勾引着，忍受着5%的痛苦，生活在这90%的平淡之中。也许，对于很多新闻从业者而言，回想起来，最大的困难可能很难说。大概工作中的常态，就是在风平浪静之间略起些微澜。有些事情，当时觉得难关重重、牢骚满腹或者委屈憋闷，但慢慢做、点点突破，至少也总会有个差强人意的结果。"就我的工作而言，每次编辑、策划、改稿、校对，你是否付出了全力？是否穷尽了一切可利用的手段提升稿件质量？一回两回要求自己容易，但当没有外部激励时，这种坚持，就是对自身素质和毅力最大的考验。"（19号受访者）

也许，最大的困难，恰恰是用什么样的态度来面对每天的平平淡淡，身处这种境况，你是否能够不改初心地依循着自己的价值，坚守着自己的底线？是否能够稳定心性，真正主动负责地应对庸常。

在工作中获得、寻求成就感，对于克服困难、增强职业认同感，是非常有帮助的。成就感的获得来源体现在多个方面，自己所在的媒体有影响力，自己的稿件、声音对大家产生影响（1号受访者）；在报道重大突发事件的时候，作为舆论的监督者，推动某些事情进步或者得以解决（5号受访者）；帮助更多的人解决问题（6号受访者）；一些展示社会不公、弱者困难处境的报道能够产生一定的社会影响（20号受访者）；一篇好的作品受到认可，能获得职业尊严和荣誉（9号受访者），等等。还有很多从业者的成就感源于对集体、对所在媒体的贡献和影响。通过努力，使自己所在节目收视率有所提升，在观众心中品牌认知度提高；自己所在媒体在观众心中是为百姓排忧解难的良好形象，观众的肯定和对节目的期待，是自己全身心投入工作的动力。

第四章 新闻从业者职业认同现状与理想

(12号受访者)15号受访者从业七年来,做过调查记者、经济记者、夜班编辑、主播、新闻节目策划、评论员,但是仍然对职业常葆新鲜,"我这种经历让我觉得不空添岁月,另外,能实现一些社会责任,比如做调查记者的时候,揭露真相,还百姓公道,推动一些问题解决,这是金钱不能比拟的成就感;最后,这份工作暂时还能给我一份相对体面的生活"。

对于21号受访者而言,最大的成就感在于可以在第一时间在第一现场见证、报道新闻,"有一种我经历、我见证、我记录的自豪感"。尤其是在重大事件、突发事件爆发后,能够给等待新闻的读者、听众、观众传递消息,会很有成就感的。"我相信对于很多记者来说,能够获得独家的新闻,比获得一笔奖金拿到一笔工资还要有成就感。"另外,记者会接触、采访到各行各业的人,会经历不同的故事,与不同的人打交道,在分享中增加了自己人生的厚度。当然,能采访到一些知识渊博的有识之士,总是能满足一些虚荣心的。

具体来说,几位受访者结合自身的工作经历,生动地再现了这种成就感。11号受访者在广播媒体工作,她认为成就感一方面体现在更加贴近时代脉搏,感觉在大事件的现场。比如她的职业生涯中就赶上了2008年奥运会、上海世博会、中非合作论坛、2014年APEC峰会。作为媒体工作者的好处就是有机会亲身见证历史事件的整个过程,比一般受众能有机会更深入的理解、接受和感受,人生就是一种体验,工作带来的这种体验就是一种成就感。另一方面,新闻工作者可以见不同的人,可能是名人也可能是普通的有故事的民众,了解他们的人生故事,发现他们身上的闪光点,思想和智慧。另外,能够利用你所在的媒体去帮助弱势的人,比如基层群体,他们没有机会为自己发声,你的采访报道可以帮助他们发声,表达他们的需求和愿望。还能帮助到更多需要帮助的人,11号受访者本人在采访中就接触到患癌症有救助希望的孩子,通过媒体和自己掌握的采访资源,帮助这个孩子联系到了救助机构。

10号受访者感慨道,当看到自己辛辛苦苦采访、写稿、编辑的东西作为一个成品、一期节目在电视上播放的时候；当看到节目后面滚屏上出现自己的名字的时候，会有一种最单纯、最直接的成就感。因为不是所有工作都可以最后有这样一个"成品"出现的，很多工作都是在琐碎和流程中度过，所以新闻工作最后的成果无论是一篇文章、一条新闻还是一期节目，都会带来比较强烈的成就感。但这还只是最简单的成就感，更深层次来说，因为新闻报道或电视节目是要在媒体这个平台上呈现，当报道内容被播放之后，引起的相应的社会反响，或是对于一个个人、一个企业、一个行业甚至是一条政策产生了影响的时候，当看到自己的工作推动了某一个方面哪怕一点点的改变和进步的时候，会有更加强烈、更深刻的成就感。因此，对她来说，这种成就感是能够坚持高强度和压力工作的最直接动力。

14号受访者提起成就感，滔滔不绝。首先，作为职场菜鸟，在社会分工中找到了一席之地，新鲜感和归属感构成了成就感的一部分。每当写完一篇稿件、排完一次版，都觉得自己是有所贡献的。这算是社会分工中的角色认同吧。其次，从新闻记者身份来讲，确实发现自己的报道能够让一些不被关注的地区被关注到，一些好的经验被推广出去，比如经济模式、生态模式等。当意识到自己所做的工作是为了"让社会更好一些"时，每个月拿到工资单，会踏实些。最后，从求学经历来看，学习六年新闻然后成为记者，从个人内心认同觉得，是顺理成章的就业选择；而进入中央媒体后，浓厚的新闻氛围和价值观相近的同行，让她感觉做记者是"叶落归根"的踏实感。因为是一群相似的人在为了相似的目标努力，如果学习新闻，但是立刻从事了金融等工作，可能不会融入这么快。另外，中央媒体的记者很受尊重，不管是中央机构还是地方，对方尊重你、认可你也是成就感的一部分。

"病患或者伤残的报道对象通过我的报道获得了救助，或者自己的报道成为热门新闻，上了热搜榜，或者做出一篇不错的封面故事报道。"16号受访者2015年7月写过一个会写歌并且内心纠结的城管；同年11月独家采访了一位被传"跑路"的驾校老板并写了他的浮沉故事；同年12月写了一位7年前因喝三鹿奶粉患肾结石的结石宝宝，现在病情变为肾衰竭的故事,还获得了当月其所在报社的普通新闻奖。对他来说,成就感一方面来自新闻报道确实帮助到需要帮助的人,另一方面来自报道新闻的有用性和来自新闻所造成的社会影响力。

记者和编辑确实是令人兴奋的一个行业,尤其是在我国转型期,新闻从业者能经历非常多的历史画面,是一个有吸引力的职业。如果你把它当作个人的事业,能给你带来很大的满足感和回报(8号受访者)。作为一个职业的媒体人,在中国的现阶段还是一件很荣幸的事。无论是在改革开放的初期,还是现如今加快完善社会主义新阶段,职业媒体人在社会当中还是很有价值的。尽管遇到很多的挑战,比如新媒体的发展对于传统媒体人提出了很多课题,催促其职业能力与职业认知不断变革、不断深化,但这种挑战本身也有意义和价值。一个职业如果总是处在缺少变化、缺乏挑战的状态中,那它的生命力也就很有限了。(3号受访者)

另外,很多记者把推动社会进步视为主要的成就感来源,当下这种成就感似乎比以前更难实现了,而且很多人会感觉到成就感没有以前那么强烈了。从业多年的新闻工作者,大多经历过纸媒比较辉煌的时期,那个时候做出好的报道,确实让很多新闻从业者感知到自己对社会产生的影响。7号受访者举例,那时候写出一篇好稿子,会在门户网站上放半天,同行们会纷纷打电话来询问新闻线索做追踪报道,社会各方面都会给予报道很高的关注。但现在这种情况则比较少见了,新闻从业者也在反思,为什么独家的、深度的、能引起社会广泛关注的报道越来越难做出来?这主要有两方面的原因:一方面,由于做这类报道的回报变小了很多。今天信息碎片化的趋势使得人们对严肃新闻的需求有所下降,你可能花费很多的时间精力去挖掘一个事件,但是受众的注意力越来越分散,热点更替太快,人们对单个新闻报道和事件的关注度大大降低了,这就使报道的影响力和它带来的物质回报都大不如前。另一方面,现在的新闻环境也改变了,新闻规制下选题有很大的局限。

总结起来,成就感一方面源于自我认知,另一方面源于外界评价。

自我认知的成就感主要是所做的策划、专题、特刊等内容中含有自己独特的想法,并被领导肯定且付诸实践。如将穿越元素、动漫元素、原创同人小说写作等自己所感兴趣的题材,与春运等大事件或者中秋等节日进行融合,从而生产出相应的文字策划与作品。外界给予的成就感,如作品多次获得单位好新闻奖。(18号受访者)对于入职时间不长的媒体人来说,这种成就感与在校期间又有很大的不同,可能并不会来得那么频繁、至少不是那么剧烈。22号受访者提及,就编辑岗位来说,做一回好策划、成一组好稿子、起一个打眼的标题或者校对出文章中重大的错误,在刚入职的时候,都会产生成就感。但这种感觉已经跟学生时有很大不同了,它不依赖于考分、论文、师长等来自外界的肯定,更多的时候依赖自我的认同,毕竟新闻工作与考试或发论文不同,些微进步并不外显,外在的考评虽有但绝非像在学校一样及时且充分。这种成就感更多的是,依照当时自己的水平,是否尽到最大力,做出的东西能不能过自己那道关,要对得起自己的良心,负得起该当的责任。而随着工作时间的增长,这种碎片化的成就感就会慢慢淡去,成就感的获得慢慢地转轨到更深的层次。比如一开始追求报道的影响力,现在从事特稿写作,希望有好文本,希望有文学价值。每一次的尝试,是否较自己以往的思路、范式有所突破?或者是否在自己以往的思路、范式上有一点点的增益?改变河岸轮廓的,总会是潜水深流;改变工作面貌的,长久看,自当是能力、眼界的提升以及深耕厚植的炼造。(19号受访者)

第五章 新闻从业者职业认同建构的逻辑[①]

认同具有可塑性,亨廷顿主张通过寻找对立面建立认同,从"敌人"的想象中寻求自身的形象[②]。吉登斯和马丹尼也指出认同借助外在因素来完成自身的建构。(邓维佳,2010:35)涂尔干(2000:42)将认同与"集体意识"相关联,认为认同其实是把共同体中不同的人团结起来的内在凝聚力。由此,无论是出于主动的建构,还是接受被动的塑造,有限制的身份认同总是建立在对集体记忆的呼唤之上。(阿尔弗雷德·格罗塞,2010:3)

新闻从业者的职业认同是如何建立的,又处在怎样的变化之中,这种变化是丰富了还是消解了职业身份的选择和职业行为的坚守。体制性矛盾、职能性矛盾、理念性矛盾在历史与现实,自我认知与社会评价,各种结构性因素中复杂交织,形成职业认同建构的特殊图景。

布尔迪厄(2007:3)认为,只有深入一个经验的、具有历史处境的、现实的特殊性中,才能理解社会世界最深刻的逻辑。本章试图从新闻社会学、职业社会学的视角出发,通过勾画媒体变革和新闻生产实践的厚重描述,考察其中各种权力关系的运作特征,探究和理解

[①] 本章的 22 名受访者来自笔者所作的深度访谈,采用匿名的方式,按照受访者接受访谈的时间顺序排列,并用阿拉伯数字统一编号。

[②] 参见〔美〕亨廷顿《我们是谁? 美国国家特征面临的挑战》,程克雄译,新华出版社 2005 年版。

新闻从业者职业身份认同建构过程及其所面临的各种规范和社会关系之间的协商。

第一节 时空逻辑:历史与现实

一 历史传统: 文人论政、知识分子、立言报国

在我国,新闻从业者职业认同的发展与历史发展同步,有着一段特有的心路历程。历史的传统和文化,其中所涵盖的思想和精神,对现如今职业认同问题产生了深远的影响。因此,以史为鉴,追本溯源,从历史的角度进行挖掘和观照,能更真实地反映新闻从业者职业认同的传统和发展脉络,从而科学合理地解释当代职业认同中的很多问题。

中国传统文化尊崇士大夫,他们是传统社会中知识分子的前身,位居"士农工商"四民社会之首。阎步克指出"士大夫"兼具知识分子和职业官僚的双重角色。[1]

鸦片战争,西方的船坚炮利,打破了士大夫的传统理想。王韬作为中国开眼看世界的第一人,同时也被黄旦先生高度评价是"为中国新闻思想的发展奠定了第一块基石"[2]。王韬早年科举失败,仕途不顺,一度陷入茫然。直到人们在19世纪70年代关注到他在洋务方面的社论和著述,才让他感觉到了些许欣慰和价值。

王韬创办了《循环日报》,将报纸作为"熟刺外事,宣扬国威"的工具,欲以"日报立言",被林语堂誉为"中国记者之父"[3]。应该说他是通过报纸实现了"通达",然而,王韬晚年对自己的一生进行了细致回顾,但是对自己的评价却是"少为才子,壮为名士,晚年当为魁儒硕彦"[4]。他的身份认同更多的是现代知识分子,才子名士,而

---

[1] 参见许纪霖《二十世纪中国知识分子史论》,新星出版社2005年版。
[2] 黄旦:《王韬新闻思想试论》,《新闻大学》1998年第3期。
[3] 林语堂:《中国新闻舆论史》,刘小磊译,世纪出版集团2008年版,第82页。
[4] 王韬:《韬园尺牍·与杨醒逋补明经》,载朱维铮《求索真文明——晚清学术史论》,上海古籍出版社1996年版,第103页。

非职业报人。也就是说他并不认同自己的职业身份,越到晚年越希望成为当世大儒。总体来说,他的观念仍然受到传统价值观的束缚,即使已经具备东西方文化视野,但本质上还是传统的士大夫。

作为戊戌变法的重要代表人物之一,梁启超虽然并非职业报人和记者出身,但是依然在客观上创办了有影响力的报纸,同时带动了一批人,也在客观上提高了报业的地位,为新闻业成为独立事业,记者成为独立职业起到了重要的推动作用。"迨梁启超出而办报,社会对于记者之眼光,乃稍稍变异。"[1]

黄远生是民国初年新闻记者的"巨擘",被戈公振赞誉为"报界之奇才",也是公认的真正意义上的职业记者。他曾留学日本5年,汤尔(曾任北洋政府教育总长)认为在中国有报纸的52年间,只有黄远生和邵飘萍是能担得起新闻外交的人。[2] 事实上,黄远生早就已经意识到记者的职业修养问题,并推崇独立自尊的神圣职业,提倡人格主义。[3] 但是这种精英主义的疾呼,还是无奈于整个社会的时代背景和政治环境,因此他的新闻记者角色并没有带来完全意义上的职业身份认同,他在《忏悔录》中还是悲观地谈到,自己是一个消极的人,并对自己这几年所从事的新闻事业的结果表示悲观。[4]

1916年,邵飘萍首创新闻编译社,成为《申报》驻京特派记者。在之后的两年,邵飘萍招揽志同道合的人创办了《京报》,并促成北京大学新闻学研究会的成立。1923年,邵飘萍参与了《新闻记者公会简章草案》的起草工作,经北京新闻记者公会筹备会通过。[5] 张季鸾称赞邵飘萍的第一功绩"即在提高访员地位,增进新闻纪事之信用"[6]。高度认可其对北京报纸进步所做的贡献。由此可见,邵飘萍为新闻职业化所做的努力。随着报纸创办的数量越来越多,一些有影响力的大

---

[1] 戈公振:《中国报学史》,上海古籍出版社2003年版,第123页。
[2] 参见邵飘萍《实际应用新闻学》之《汤序》,京报馆1923年版。
[3] 参见黄远庸《忏悔录》,载黄远庸《远生遗著》第1卷,文海出版社1986年版。
[4] 参见黄远庸《忏悔录》,载黄远庸《远生遗著》第1卷,文海出版社1986年版。
[5] 参见方汉奇《邵飘萍选集》下册,中国人民大学出版社1988年版。
[6] 张季鸾:《追悼飘萍先生》,原载《京报》1924年4月24日。

报逐渐吸纳人才，社会精英、知识分子、各种有影响力的人物开始加入这个职业之中，职业环境大为改观。邵飘萍在长期的新闻实践中积累了丰富的新闻经验，加上留学日本期间，吸收了诸多由日本转译的西方新闻观念，并在这样的过程中逐渐确立了自己的兴趣和价值。邵飘萍把新闻事业作为自己的兴趣并愿意终生相付，他在给妻子修慧的信中曾说："欲以新闻记者终其生，世不仕王侯。"[①] 邵飘萍在谈到其著作《新闻学总论》时，也称"百无一嗜，惟对新闻事业乃有非常趣味，愿终生为之"[②]。这一点从《京报》办报理念中更能找到依据，邵飘萍坦言创办《京报》并非出于政治目的，而只是个人对新闻事业的热爱，"欲以《京报》供改良我国新闻之试验"[③]。总之，"铁肩担道义，妙手著文章"，邵飘萍在职业角色上终身坚守新闻记者，在职业身份认同上也更加自觉，并通过自己的实际行动推动了新闻职业化，职业规范、职业操守等渐渐开始成为职业同人的共同认知。

此后，《大公报》的创始人之一张季鸾逐渐走入新闻人的视野。他获得密苏里新闻奖章，始终认定自己是职业报人，没有政治上、名望上的野心，不求名，不求财，也不求权。[④] 张季鸾对新闻职业保持着敬畏感，坚守职业精神之义，不辱报业，品行无亏，"勉尽报纸应尽之职分，恪守报人应守之立场"[⑤]。张季鸾为职业报人规定了严格的职业独立、职业操守和职业精神，即《大公报》"不党不卖不私不盲"的办报方针。从三位主政者，到报纸记者群，已经初步形成了这种职业意识形态。张季鸾认为新闻学所教的技术和知识只是做记者的工具，根本在于对人类大众有深厚的同情，而这种仁慈义侠的精神才是新闻记者的根本。[⑥] 张季鸾虽然按照商业经营报纸，但是仍然为"尚能保

[①] 华德韩：《邵飘萍传》，杭州出版社1998年版，第49页。
[②] 华德韩：《邵飘萍传》，杭州出版社1998年版，第166页。
[③] 邵飘萍：《京报三年来之回顾》，原载《京报》1922年10月10日。
[④] 参见张季鸾《本社同人的声明》，原载重庆《大公报》1941年5月15日。
[⑤] 张季鸾：《本报复刊十年纪念之辞》，原载津、沪《大公报》1936年9月1日。
[⑥] 参见王文彬《报人之路》，三江书店1938年版。

持文人论政的本来面目"① 而自豪。可见在其职业观念深处,埋藏着传统知识分子的救世济民,并随着特定的时空变迁而得到彰显。

中国传统文化和报业发展中的新闻思想与经验,成为新闻从业者职业认同的养分,被后来的新闻从业者能动地编织,形成新闻专业文化和职业认同的独特景观。

"文人论政"便是独特的新闻文化和优良传统。王韬将"文人论政"上升为神圣的权力,代表民间言论自由和意志的要求。梁启超援引西方报纸对公众舆论的影响,对他来说从事新闻工作就是为了实现变法自强的理想。著名的新记《大公报》正是以文人论政所著称,在这一时期文人论政也到达顶峰,张季鸾在《本报同仁的声明》一文中明确指出文人论政正是中国报业的特色之所在。

中国新闻从业者在职业价值方面有着基本的追求,"以促进社会改革为己任","先天下之忧而忧",具有浓郁的知识分子色彩。(喻国明,1998:10)历史上,中国的新闻从业者大多是专业化的文人,他们不但以文人所具有的文化资本赋予存在的正当性,同时也由此找寻作为专业人士的职业认同与自我认同。

二 现实新闻实践发展: 宣传、倡导、建设与瞭望之间

列宁曾说,报纸是集体的宣传员、鼓动员和组织者②。毛泽东强调:"报纸的作用和力量,就在于它能够使党的纲领、路线、方针、政策、工作任务和工作方法,最迅速最广泛地同群众见面。"③

中华人民共和国成立初期,社会主义改造逐步完成,新闻业逐渐发展成为党和政府的喉舌,政治宣传成为媒体的主要职能,新闻从业者也自然而然地扮演着宣传者的角色。但在"文化大革命"时期,出现了一种近乎疯狂的异化宣传。

"文化大革命"结束后,中国的新闻事业拨乱反正,记录社会发

---

① 张季鸾:《本社同人的声明》,原载重庆《大公报》1941年5月15日。
② 参见《列宁全集》,人民出版社1986年版。
③ 《毛泽东选集》(第四卷),人民出版社1991年版,第1318页。

展进步，成为一股专业的力量。新闻从业者以饱满的热情投入重大事件的新闻报道之中，每一次重大的社会变革，都会看到他们的身影。1978年《光明日报》有关真理标准的大讨论。1980年《工人日报》对"渤海二号"特大事故的揭露，实现了批评报道的三个突破。1987《中国青年报》的调查性报道《红色的警告》《黑色的咏叹》《绿色的悲哀》，成为中国灾难新闻报道的里程碑。李大同在《冰点故事》里曾写道："新闻的使命在于'影响'当代而不是'记录'当代。"这时新闻从业者成为建设者的身份。

20世纪90年代以后，市场化媒体的出现使得中国新闻业专业化的进程加快步伐。随着1994年中央电视台开播《焦点访谈》，1996年推出《新闻调查》与《实话实说》，舆论监督成为传媒的重要功能之一。面临转型时期的各种社会问题，新闻从业者积极投身舆论监督的大潮之中，涌现出一大批调查性报道记者和揭黑记者。调查性报道也愈来愈成为行业标杆，凸显记者的专业伦理与技能。尤其是在群体内部，普遍认为调查记者的职业水准、伦理及规范应比常规报道记者更高。（白红义，2013：12）新闻从业者成为名副其实的监督者。

20世纪90年代中后期中国新闻界的整体转向，代表着给予职业立场的一批媒体人对新型话语空间，以及话语表达方式的选择，是"这一代记者职业意识的觉醒"。

随着市场经济体制的逐步建立，受众的媒体需求和要求明显提高，促使新闻事业在体制层面和实践方面都要进行调整和改革。作为新闻事业行动者的新闻从业者，自然需要适应这种改革，走入新的职业化进程，用更加职业、更加专业的方式，重新审视新闻工作。尤其是接受过良好教育的、新一代具有职业精神的记者，勇敢而自觉地揭露市场化改革与社会转型中的负面问题，他们善于从中国与西方的优良新闻传统中汲取力量。

随着互联网技术的日臻成熟，尤其是伴随着社会化媒体的崛起，新的传播渠道和方式也在逐渐改变着新闻从业者的角色。舆论监督变得更加便利，如微博反腐，周久耕的天价烟，"躲猫猫"事件，杭州

"富二代"飙车案,湖北邓玉娇案……新闻从业者逐渐成为社会进步的瞭望者。

此后,在汶川地震等一系列重大突发事件中,新闻从业者的职业意识被前所未有的激发出来,同时对于新闻职业伦理的关注也空前提高。灾难报道中如何界定自己的身份,新闻从业者记录者、观察者的角色被更多的期待,记者只需客观记录事实,提供平衡观点的两方,受众有能力作出判断。新闻专业主义所强调的客观、公正、真实被重新加以重视,陆晔、潘忠党(2002)指出中国新闻专业主义的主要源头来自党和人民的耳目喉舌的党报传统、西方新闻理念的影响以及儒家士大夫以天下为己任的议政传统。

近年来,随着媒体竞争加剧的现实压力,转型期的各种物质利益的诱惑,有偿新闻、新闻敲诈屡禁不止,在更深层面上考验着新闻从业者的职业认同。也许作为一种社会化的职业,基本的职业道德规范才是更加现实的问题。

由早期的文人论政,浓郁的知识分子情怀,到党的新闻战士,宣传喉舌,再到市场机制下的职业新闻人,新闻从业者在传统与现代之间,将传统知识分子的入世精神,新闻专业主义范式以及党性原则,融合为共享的职业规范。

通过对历史与现实的梳理,不难发现,中国新闻从业者职业认同的形成和发展受到了各种文化和现实因素的影响,具体表现在:传统文化(文人论政,立言报国);西方新闻思想(新闻专业主义);民主诉求;党的领导和市场经济,并且在这样的发展过程中始终存在认知与认同的矛盾交织。

第二节　评价逻辑:内在与外在

一　自我认知危机

随着新闻从业者社会声望、经济地位等逐渐走低,新闻工作者对其职业的社会地位和专业化程度的自我认同也开始呈现下降趋势。新闻从业者褪去光环和荣耀，感到更多的是现实中的无力、迷茫和无奈，面对低回报、高强度、亚健康等现实困境，加之来自外界环境的束缚和高压，越来越多的新闻从业者开始自黑，进行自我贬损。一方面表达了对现状的不满和发泄，另一方面也是一种象征性的调侃，以达到自我慰藉。

伴随着市场经济的深入，价值观变得多元复杂，无私奉献、劳动光荣的传统价值观变得弱化，收入多少直接用来考察一个人的价值，评判一个人的成功。于是功利主义倾向明显，在利益的驱使下，职业荣誉感和认同感也会降低。

二 社会评价走低

1919年，德国社会学家马克斯·韦伯曾经这样评价记者这一行业，他认为新闻工作者和政治家、律师有着类似的命运，不仅缺乏固定的社会归属，而且受到的评价也不高。公众似乎对于那些不负责任的新闻工作者的表现以及由此产生的恶劣影响，念念不忘。现如今，虽然时空移换，但是仍然可以用来描述当下中国新闻从业者的处境。

现实社会中，公众对记者的负面评价与记者对自身的新闻荣誉感存在明显的落差。这种自我与他者之间的认知差异，不是现在才产生的，而是贯穿整个新闻史的发展实践。一直以来，新闻记者的形象总是起伏不定，正负交织的。在英国，记者曾被蔑称为"包打听"；在美国，更是被戏称为"扒粪者"。

根据2015年《中国青年报》社会调查中心对不同职业社会声望的调查，排名最高的职业中并没有记者，前五名依次是科研人员、大学教授、工程师、医生和律师。并且有78.9%的受访者对自己职业的社会声望判断较低，41.3%的受访者甚至不愿意让自己的子女从事自己的职业。[①] 根据前文调查结果的分析，也能看到，新闻从业者对于

---

① 参见周易《78.9%受访者对自己职业社会声望评价不高》，《中国青年报》2015年5月25日第7版。

社会受尊重程度、受信任程度等社会评价的判断并不高。

社会评价问题,实质上是媒体记者与社会大众的关系问题,它就像跷跷板一样。在大部分新闻从业者眼中,社会上对于他们的评价并不高。虽然对于新闻从业者的评价从来没有像现在这样如此多元过,有一部分人很讨厌记者,但也有很多人愿意利用记者达成诉求,社会评价好坏参半(5号受访者)。虽然对主流媒体新闻从业者的评价往往趋于正面,比如有新闻职业道德,公信力、影响力较好(4号受访者)。但是社会上对于媒体的评价总体不高(3号受访者)。"由于受制约较严重,新闻从业者的价值被严重低估了,有些人跟我说过他们对媒体人的失望,一些维权的事件,媒体并不能发挥什么作用,而公益组织反倒更能体现出力量。"(17号受访者)

直到现在,社会上对新闻从业者的评价总体上是降低了,或者说记者祛魅化,光环基本消退(1号受访者)。也就是说这种总体评价是具有贬低性的,比新闻从业者的真实状况恶劣。人们认为媒体人素质低、没底线(7号受访者)。社会上对新闻从业者的评价在逐渐走低(20号受访者)。

近年来,随着新闻记者队伍的扩张,从业人员的素质良莠不齐,加之在业务能力、职业道德、新闻伦理方面出现的偏差,大大破坏了新闻从业者在社会大众中的形象。所以,社会评价褒贬不一,新闻从业者也表示理解。"比如在我所在的媒体,明令禁止有偿新闻,有很严厉的处罚措施,基本没有人敢以身试法,但是应该也有一些收钱写稿或写软文的从业者,所以评价应该不会高。对于我自己接触的采访对象来说,你帮他解决了问题,他会给你送锦旗;没有解决问题,可能会觉得你收了官员的贿赂,记者不是万能的,之中也有委屈。"(15号受访者)

"与很多采访对象的交流中我都发现,社会对于新闻从业者的评价多是喜欢炒作、搞大新闻、采访不扎实的负面评论。政府部门既爱又怕媒体,他们担心一举一动都被曝光。"16号受访者认为,这样的观点虽然偏狭,但也有一定的道理,至少说明很多新闻从业者的职业行为和职业操守并不到位，采访粗糙、想制造爆点，还有些派出实习生采访，个别的新闻从业者给采访对象留下了非常不好的印象，也会影响到其他的新闻从业者工作，很多人心里就会有反感或者排斥。"从客观来说，社会上部分人对新闻从业者的不良印象，来源于新闻腐败，包括有偿新闻、滥用采编权利威胁利诱等。这与当前社会大环境有关。"（18号受访者）

在新闻从业者的眼中，社会评价存在明显的两极化，部分人认为其是行业良知，而部分人对其毫无认同感。"价值上要么是良心，要么是渣滓；社会地位上来说，就是'小编'。我个人都无所谓，觉得也都正常，庸人无咎无誉，而'咎'与'誉'非常分化的时候，说明公众期待和现实有差距。"（22号受访者）

此外，现有的社会评价中，即使是正面的评价，大概也有诸多的偏颇。社会上对新闻从业者的评价为：无冕之王，具有较大的权力，是一个可以直接监督权力机关工作人员日常工作的职业。这样的评价并不全面。记者具有监督权，但没有凌驾于法律之上的特殊权力。由于现代社会，社会监督的方法更多，很多被采访对象对于记者的地位，不像以往一样重视。记者的采访经常受阻，这与人们觉得记者可以披荆斩棘一路直接取得任何新闻的真相这一认知，有很大的不同（12号受访者）。

三 社会评价与自我认知的平衡

职业声望是人们对职业的社会评价，属于职业社会学的研究范畴。马克斯·韦伯把职业声望作为社会分层的标准之一。职业声望既包含社会评价，即社会公众如何看待特定的职业，也包含自我评价，即从业者对所从事的职业在社会系统中位置的判断。[①] 李强（2000）的研究证明，社会转型期存在相互冲突的社会规范和价值观念体系，这是

[①] Larso, M. S., *The Rise of Professionalism: A Sociological Analysis*, Berkeley: University of California Press, 1979, p. 200.

导致职业声望评价产生分裂的根本原因,而对于一个成熟的职业,良好的职业声誉是维持职业社群垄断地位的要素。

职业社会声望就像一个人的口碑,通常情况下,职业的社会声望越高,则公众的认可程度越高,从业者的职业认同感也会相应越高。[①]心理学家马斯洛（Maslow）提出了人的需求层次论,从生理、安全、社交到尊重及自我实现,都是存在需求的,并且这些需要之间是逐级递进的。其中尊重需要就明确指明了社会的认可,他人的尊敬。这些内心的需要是否被满足,直接影响到从业者对于自己职业的肯定或怀疑,也就是说,人们渴望通过社会给予的理解和尊重,提升工作热情,调动工作积极性。因此,社会尊重程度对于新闻从业者职业认同感水平也具有一定的影响作用。

一方面新闻从业者履行崇高职责,发挥舆论影响重新强调职业的意义所在；另一方面如果可以获得来自公众的真诚认可,无疑是对记者职业的最高褒奖。越是低谷的时候,"理想"和"坚守"才越有价值。世界永远在变化,最重要的是懂得什么是不变的。因此,新闻从业者需要重视社会评价,并善于从社会评价中汲取养分,坚定信念,重拾荣誉感,形塑更好的职业认同。由此,新闻从业者需要探寻如何在社会评价与自我评价之间建立起一种关联,即面临种种负面评价,新闻从业者该如何自处,又该如何应对?

也许,很多社会评价让新闻从业者一时难以接受,"很诧异现在大家对新闻工作者的评价并不是那么高,甚至很差"。每当出现一个有争议的新闻事件时,网上都会出现很多骂记者的言论。21号受访者感慨道,起初在选择媒体这一行业的时候,记者被称为"无冕之王""喉舌",那时候觉得记者和光鲜、责任等词挂钩,但是现在这些似乎逐渐式微,更强大的评价是负面的、质疑的,甚至是否定的。

虽然很多时候,这种负面评价让新闻从业者感觉有些过火,但仔

[①] 参见周易《78.9%受访者对自己职业社会声望评价不高》,《中国青年报》2015年5月25日第7版。

细想来，负面社会评价并不是空穴来风的。我们并不排除因为个别新闻从业者的失职和过错，带给整个行业的污点，一条臭鱼腥了一锅汤。但不能否认，一部分媒体人确实存在素质问题，耸人听闻的报道，收受红包、贿赂的行为，工作态度的问题，等等。（7号受访者）也在一定程度上反映出媒体公信力的问题。此外，媒体环境的变化也是导致对新闻从业者的评价出现下滑的重要因素。当年，都市报崛起的时候，社会舆论的焦点，都被传统媒体把控着，它们能引导公众和社会的关注点。比如，《南方周末》记者报道的孙志刚事件，能引起全社会的关注和讨论，最终推进法制发展的进程。而现在，在新媒体环境下，所谓的"风口"不在新闻媒体的报道上。在互联网环境下，社会的舆论关注点转换太快，新闻的保鲜期太短，对一些新闻媒体报道出来的社会事件，大家都比较麻木了。加之，微博、微信的崛起分散了传统媒体的话语权，大众不再盯着媒体报道的事情，而仅仅把新闻当成一种饭后的谈资。在以前，媒体报道的一些新闻事件，能引起人们积极地投身于推动社会进步的实践中去，而现在的新闻很少再引起这样的轰动。所以，现在新闻记者的社会评价和影响力正在下降，一大批老记者也开始离开传媒行业，开始转行创业。（9号受访者）

人们的这种评价和不满更多的是因为眼下的这种新闻体制，人们的信息知情权没有完全得到满足造成的。（10号受访者）社会公众比较喜欢那种群情激昂的调查性报道，会引起很大的反响，认为做调查报道的记者才是好记者。这确实存在一个职业理解方面的问题，每个记者所负责的领域不同，在栏目属性、媒体个性、气质各方面也有很大不同，不可能要求所有的记者都去当战地记者，都去做揭黑、调查报道，所以这种评价很难有一个统一的标准。事实上，每一个记者都是为其所在的媒体服务的，即使是常常被戏称为狗仔队的娱乐记者，他们某种程度上也是很敬业的，只是他们的媒体要的就是这样的内容。

很多时候，因为媒体工作本身的属性，受关注度自然比其他职业要高一些，对于新闻工作者这样的社会评价无可避免。就像医患矛盾引发的对于医生的恶评，但不能否认大多数医生都是在努力地治病救

第五章 新闻从业者职业认同建构的逻辑

人。因此需要正确认识、看待社会评价。一是社会进步的表现，社会公众过去仰视媒体、仰视记者，现在平视甚至俯视媒体和记者，说明社会大众更自觉自主了，知识水平和民主素养更高了，地位更高了。二是媒体记者应为此高兴，社会进步，有媒体记者很大的功劳，也是媒体记者的职业追求。当记者干什么，不就是为了社会进步，让人民群众实现当家做主吗？这是媒体发展所经历的一种常态，是一种进步，虽然媒体引导话语权的能力式微了，但是对社会来讲这是进步的。作为公民，大家就应该关注自己的生活，对公共事件过度的参与热情其实是在体制不健全的情况下产生的。每个公民都把自己的生活搞好，整个社会就好了。三是高兴之余也应该忧虑。随着技术进步、社会进步、大众进步，社会扁平化、信息扁平化的趋势，媒体记者过去拥有的先天的信息收集、挖掘、传播、引导等优势不再，媒体记者的进步落后于社会整体的进步，记者自身出现了能力危机、职业危机，导致社会对媒体记者的信任危机。当然不仅是新闻记者，教师、医生等很多职业都存在这样的问题。

社会评价是客观存在的，如何面对这样的评价，则是主观可为的。21号受访者对于这些评价就并不认同，他承认这个行业确实经历了一些虚假新闻，一些为了捕捉眼球而采取的出位手段，但是这些只是少数的害群之马。如果以个别来否定全部，实在是有所冤枉。"当然，这也是给我们敲响了警钟。尤其是在网络社会，信息传播速度相当快，传播面也相当广，因此在你监督别人的时候，你的报道也在被各种网民监督着。所以你不得不更加谨慎、专注地对待你的报道。也只有做好了本职工作，才能赢得别人的尊重。我也看到许多做得很出色的新闻从业者，他们依然被尊重，被推崇。"

20号受访者认为，社会评价是一件与时俱进的事，互联网时期媒体不再垄断信息资源，公信力自然不如以前那么高。至于社会热点问题，互联网的特质就在于多元化，观点的多样性甚至出现冲突不是一件坏事，铁板一块才可怕。

互联网时代让可敬的记者更可敬，让无耻的记者原形毕露。以前一个记者可能"养在深闺人未识",报纸见报后也就被人们遗忘了。但是现在,新媒体转发文章后,记者的名字就会被广泛传播,写得好,更多人叫好;写得差或者偏激,更多人叫骂。所以社会对新闻从业者的评价,因为网络而不断走向两极和放大。"我觉得这种评价给记者职业身份带来了更大压力。也就是记者更被置于众目睽睽之下,所以更要谨言慎行,凭良心报道,写出一些有价值的稿子。"(14号受访者)

  这种社会评价的多元,从另一方面来看,未必不是一件好事。社会上对新闻从业者不再迷信,摆脱了单一化的一律看待,开始去中心化,尤其是在媒体的比较鉴别中,将新闻从业者与其所在的媒体挂钩,形成特色化的评价。这是现实媒介格局的客观变化所引起的自然反应,随着传播手段的便捷和多元,舆论场、话语权的竞争更加激烈,受众有了更多的可能接触到观点龃龉的新闻,会培养其媒介素养,增强其对新闻真相的辨识力。19号受访者提到了舆论上的"人民日报"现象,即媒体转载新闻的时候,总爱加上这个抬头,这是党报的观点值得舆论重视、在舆论场有分量的表现。"以前是主流新闻就是舆论,现在是主流媒体引导舆论,这样的变化,我觉得挺好。前不久知乎上流传,有不少愤青到了外国之后,才发现还是中国的月亮圆。有比较才有鉴别,有比较才能明白哪种观点更值得我们去爱。"那么,新闻从业者的社会评价,相信也会在比较中趋于理性、客观、全面。

  自我认同与社会认同之间是相互影响、相辅相成的。作为一个传播者,如果你自己都不认为自己在干一件特别有意义的工作的话,又怎么可能去影响到更多的人?当你自己都不认同自己的工作是有意义的时候,又如何做出意义来?如何让别人看到你工作的意义?只有当你认为自己做的事是有意义的,你才会认真、努力地去做。新闻从业者也是如此,如果仅仅把这个工作当成一个谋生的手段,或者像很多人称呼自己的那样,是一个"码字工",而没有强烈的责任感和身份认同感,不仅仅对于新闻工作很难做到投入、认真,甚至还有可能因为外界的评价和诱惑造成内心的认同混乱。11号受访者在给学生做培训的时候也会经常强调职业认同的重要性,她说:"有时候你做新闻工作者没有自 high 的本领，没有对任何事情都充满探奇的心理，总是觉得这个也不重要，那个也没意思，那个没什么可说的，那还做新闻记者干什么？哪怕你去参加一个你觉得不是特别有意思的东西，那你也应该在那个场合去发现有价值的信息，这个更能显得职业的素质和本领，源于职业认同的内在动力。"

总之，新闻从业者的自我认同，体现在对职业角色和社会角色的定位之中，同时需要在自我评价与社会评价之间找到一种自洽的逻辑平衡。

第三节　结构逻辑：宏观、中观、微观

一　宏观：媒体环境与文化

从话语权力到新闻专业主义再到媒体环境与文化，都对职业认同提出了更为严峻的挑战，新闻从业者需要适应不断变革的媒介环境，同时根植于媒体文化，形塑职业认同。

(一) 言论表达与网络信息安全

新媒体冲击所带来的危机感日益加重，不仅抢先发布新闻，争夺新闻来源，而且新闻生产方式新颖，备受青睐，更为重要的是新媒体深刻动摇了传统媒体的人力资源，越来越多的人跳槽到新媒体。

在全民皆记者的时代，人们可以自主地使用便捷的新兴媒介进行新闻传播活动。近年来，互联网技术日臻成熟，社会化媒体快速崛起，互联网的平台极大地扩展了言论表达的空间，从微博反腐到公民监督政府，再到媒体对于司法的监督，社会共识逐渐凝聚，正能量得到有效传播。然而，如何平衡舆论与司法公正，如何避免对隐私权、名誉权、著作权、商标权等其他权益的侵害，个体的遭遇和命运引发普遍争议与担忧。(周建明、胡晓娟，2014)

面临社会转型期和矛盾凸显期的双重夹击，特别是自媒体时代所带来的"人人皆记者"的局面，打破了信息来源由报纸、电视等传统媒体的垄断，也是互联网管理的核心治理区域。

网络空间为传媒安全带来了一些新的问题、风险和挑战。云计算、大数据、移动互联网的发展,让相对独立分散的各个模块深度关联,形成全新的网络空间。在这个空间中,边界正变得模糊,责任已难以划清,管理困难重重。互联网空间中不时出现的虚假新闻、淫秽色情信息以及泄露隐私等网络信息安全问题,危害公序良俗和社会公共利益。(胡晓娟,2016)

新媒体传播的及时迅速,虚拟社会情绪的聚集宣泄,负面信息的核裂变式扩散,给主流媒体舆论引导带来了极大的困难。

随着全球化的不断推进,国际社会开放程度日益提高,作为文化全球化的组成部分,信息的全球传播,让媒体的作用日益凸显。权威、专业、大型的跨国媒体机构总是能够对事件作出快速反应,告知事件的缘由和进展,传播态度和观点,积极引导舆论。

有专家评论说,媒体正以"某种我们无法界定的方式逐步影响着我们的社会"。可见,媒体在监督社会、舆论引导中的重要意义,但同时我们也不能忽视,媒体的这种影响包含着潜在的危险,是"无法界定"或者是"难以预料"的,由此不能忽视由传媒引发的安全问题。传媒业的发展与国家安全和国家的综合国力都有着极为密切的关系,而其中传媒与国家安全则是众多传媒安全问题中最为复杂,最难处理,也必须谨慎对待的问题。[1] 新闻从业者需要进一步做好网络舆论引导工作,有效利用大众媒体制造社会共识,切实维护网络媒体安全与国家安全。

(二)传媒公共性:作为社会公器的职责

传媒的公共性,指的是传媒作为社会公器服务于公共利益的形成与表达的实践逻辑[2]。新闻从业者更善于通过公共责任的理念来强化专业地位的正当性。当然,现实中,新闻媒体与新闻从业者也总是被视为一股公正的力量,并在发挥社会舆论方面被寄予极大的希望。

---

[1] 参见胡晓娟《2014年中国传媒与国家安全、社会安全和文化安全的实践概括》,载李舒东《传媒安全蓝皮书》,中国广播影视出版社2015年版。

[2] 参见许鑫《传媒公共性:概念的解析与应用》,《国际新闻界》2011年第5期。

传媒的公共性体现在具体的新闻实践发展之中。近年来，这种公共性的趋势越发明显。这主要体现在报道议题方面，环保领域、医疗改革、弱势群体等牵涉普通民众利益的议题得到了更多的关注，更具公共性，代表社会利益，具有公共表达的色彩。而在报道对象方面，新闻的消息来源中，出现了越来越多基层大众的身影。此外，还有被广泛采用的调查性报道方式，专家消息源及评论性文章。（李艳红，2007）

传媒公共性的理念，在新闻生产实践中不断被强化，成为职业观念。新闻从业者高度认可媒体作为社会公器的价值，并以社会评价和认可作为职业成就感的重要来源。然而，政治立场把握和资本钳制的压力制约了媒体的表达，也增加了记者的职业风险。

阿伦特最早提出公共领域的概念，后经过哈贝马斯的发展，使公民和理性成为其重要的两个属性。但公共领域的前提必须是承认公众是多样化的，并且公众具备的只是有限理性。钱蔚认为中国新闻业的变迁主要由政治、市场与公共领域三方博弈形成。[①]

由此，当代中国市场化的媒介实践既不是真正意义上的公共领域，也不是传统意义上单纯的宣传工具，其运作的实际效应要复杂且多变的多，这是由复杂的媒介制度景观所决定的。（白红义，2013：78）这是让许多新闻从业者困惑的地方，也直接影响到其职业作用和价值的发挥。

作为社会公器的媒体在发挥其自身传播信息功能的同时也要兼顾社会责任，维护党、国家、社会和民众的利益，因此要合理行使权利，而非权力。以国家和社会利益作为根本出发点。

对于新闻从业者来说，需要在更广阔的空间内找到价值存在感和职业荣誉感，在这样的媒体环境中，对于新闻专业主义的保护和坚守，成为职业认同的内部动力。在西方，新闻业是公共领域中非常重要的制度安排，被有效地理解为民主的另一个代名词，"新闻媒体这份职业存在的目的就在于使那些拥有权力的权威人士感到恐惧、焦虑和有

---

① 参见钱蔚《政治、市场与电视制度》，河南人民出版社2002年版。

所敬畏"①。

(三) 互联网群体传播的逻辑

互联网早已成为我们所处时代的标志，尤其是对于新闻业而言，大大提升了媒介本身的价值和影响力，它不仅是一种媒介，一个渠道，更为关键的是一种重构世界的结构性力量。

100多年以前，勒庞的预言正在变为现实，伴随着互联网技术的发展，媒体格局逐渐从主流媒体的大众传播独尊时代，步入众声喧哗的互联网群体传播时代。群体传播是一种集合行为，集合内部是平等的，但其信源具有不确定性，同时伴有自发、交互等特点。从作为传播主体的人的角度去界定这个时代的本质，认知传播形态的变化，群体传播推动了传播方式甚至人类生产方式和生存模式的变革。互联网使得群体传播突破了空间和技术的限制，重新创造了一个"物理空间"，低廉的成本，无时不在的便捷，尤其是社会化媒体技术，人们可以轻而易举的链接、介入一个或多个群体，体验多重角色与身份，由此带来病毒式传播而引发的核裂变传播。(隋岩、陈一愚，2015)

由此，群体传播时代对新闻从业者的职业认同提出了更为严峻的挑战，新媒体的迅猛发展，传媒变局的加剧，新闻从业者的职业感知具体而深刻，职业认同危机复杂而强烈。(胡晓娟，2021)

首先是信息生产方式的变革。以往，撰写新闻的权力主要集中于职业化的记者手中，大众媒介传播的一对多模式，适应了工业化时代的规模和效率。在传统的以生产者为中心的信息生产模式中，新闻媒体和记者假想着受众的身份和偏好，并把自以为重要的信息制作并传播给他们。

群体传播时代，新闻从业者不再是信息唯一的生产者，受众可以自己发掘、制作、传播信息。所谓权威的优质内容提供者，逐渐失去受众的信任。这给媒体及新闻人的打击是毁灭性的，读者流失，盈利

---

① 参见［美］迈克尔·舒德森《为什么民主需要不可爱的新闻界》，贺文发译，华夏出版社2000年版。

第五章 新闻从业者职业认同建构的逻辑

模式失灵,媒体格局重组,曾经的权威和荣誉,受众的仰望与信任,广告商的青睐与追捧,正逐渐被新的信息获取入口所打压。

其次是资源获取方式的变革。受众获取信息从以往按照空间的阅读场景划分,转变为按照时间切割。处于移动状态的受众,有着大量碎片化的时间,其阅读行为从"慢"到"快",他们不再是一无所知,而是无所不知,他们不仅要了解发生了什么,更需要知道为什么。他们不再关心消息来源的重要性,转而关注获取方式的便利程度。

媒体的注意力经济建立于其作为信息传递的重要渠道之上,通过培养潜在的消费群体,最大限度地吸引用户的注意力,才能获得广告商的青睐,愿意为这份注意力去付费。而如今,媒体被嵌入更多的终端,其与受众的联系和黏性变得不再牢固。受众可以从多种渠道获得信息,信息并非被传者所垄断,甚至传者有时候还需要依靠受众获取新闻信息,在群体传播中寻找舆论的偏向,通过网络舆论推动现实媒介议程。

最后是受众与传者地位的改变。信息流动的新法则,重构了整个世界的连接方式,在信息的获取与传播中,信任比以往任何时候都更加重要。受众的时间与信任才是信息世界的稀缺资源。大众媒体报道新闻权力的合法性和正当性正是来自大众的信任代理。

群体传播使得每个人都是一个节点,每个人都站在宇宙的中央。真实也好,时效也罢,新闻信息的权威性正在下降。更重要的是,传受之间的信任关系解除,受众对于传者的依赖性降低,由垄断、尊崇到平等、合作,受众真正成为新闻传播意义的源头而非终点。

媒体环境与文化重塑新闻从业者的职业认同,对于话语权的追寻,对于媒体公共性的维护,以及对于群体传播逻辑的遵从,使得新闻从业者必须面临新闻、政治、市场的多重力量参与博弈,并赋予彼此以张力与活力。

二 中观:媒介制度与管理

(一)事业单位,企业管理

改革开放以来,我国媒体一直实行事业单位,企业化管理。事业

· 133 ·

单位使得媒体获得了体制上的保障，从这个意义上来说，党性是新闻工作的客观属性，体现出新闻的倾向性、阶级性和政治性。党媒姓党，需要接受党的领导，承担党和政府的宣传任务，同时新闻传媒也是国有资产，归全民所有。由此形成了社会主义新闻事业以党报为核心，多种类共存的、百花齐放的传媒格局。企业化管理，则需要在媒体经营与管理上按照市场规律去运作，面临市场竞争，接受市场和受众的考验。

由此，传媒兼具公共性和商业性双重属性。一方面，新闻传媒是社会公器，提供公共空间，信息资源归全民共享，具有一定的传播效力，能够代表舆论，促进公共问题的解决与公共利益的实现，承担社会责任。新闻传媒作为一种特殊的文化产业，并不能完全等同于物质产品生产，需要避免少数人利用新闻传媒损害公众利益进而谋取私利。另一方面，新闻传媒需要遵循市场规则运作，以受众为中心，重视体验与反馈，通过竞争积极优化产品质量。同时，商业竞争也会带来内容低俗和娱乐化倾向，趋利避害，利润至上，罔顾公众利益尤其是损害弱势群体利益，有损新闻伦理和职业道德。

经历了30多年的媒介转型，体制在变，身份也在变，媒体和新闻从业者从单一的"党和人民的喉舌"转变为更加多元的角色要求，主要体现在作为政治宣传与舆论引导，作为企业的盈利要求以及公众期待的舆论监督功能。

过分追求商业性，就会损害公共性，背离了社会公器的本质和要求；而一味强调公共性，又极容易忽视市场规律和受众需求，脱离公众，进而丧失竞争力与影响力。新闻从业者常常需要思考如何平衡双重属性，这不仅决定传媒专业的追求，更需要国家政策的引导、法律道德的约束以及公众舆论的支持。

(二) 弹性雇佣制度

经济转轨时期，传统媒体人事制度进行了改革。伴随着改革的需要，为应对不断发展的用工需求，媒体大量招募社会人员，倾向于使用廉价的劳动力，在聘用制基础上采用劳务代理或劳务派遣的人事管理方式，普遍采用弹性雇佣制度。如此一来，不仅解决了媒体组织档案管理的成本，也挣脱了事业编制对新闻劳动力的限制。这种弹性雇佣制度，适应了新闻作为商品化的生产，但随之而来的却是身份地位的重构及职业认同的混乱。

聘用制、合同制、免费劳动力的实习生群体，构成新闻从业者的主体，成为主要的生产力。王维佳（2011：5）就此判断：越来越多的既没有稳定工作岗位，又缺少基本社会保障的年轻记者为了生产新闻而疲于奔命，这已经成为他们的一种生存状态。新闻从业者与其所在的媒体、组织之间的关系，越来越离散。（陆高峰，2010）于是，"新闻民工"涌现，新闻从业者的社会声望、经济地位下降。曹晋（2012）认为，弹性雇佣使得从业者的劳动被重新界定，更多地表现为临时性，随意性和可替换性，这种弹性雇佣的劳动力也因此迅速遭遇贬值。

本次调查中，新闻从业者与所在单位的人事关系，主要的两种形式即劳动合同制和事业编制，其中以劳动合同制居多，占比55.0%，事业编制占37.6%，只有6.2%的人属于劳务派遣制，0.4%的人属于借调/兼职，还有0.7%是其他情况。参见图5-1。

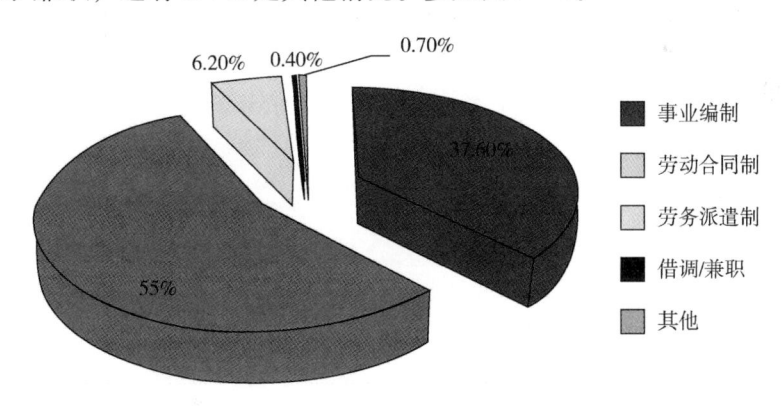

图5-1 新闻从业者人事关系情况

弹性雇佣制度，还会带来不规律的工作时间和巨大的工作强度，新闻工作者的工作时间已经远远超过《劳动法》规定的8小时工作制，而且还没有任何加班奖励。

据调查，周一到周五，正常工作日期间，超过半数的新闻工作者，即56.7%的人平均每天工作时间超过8小时，10小时、12小时甚至超长工作时间的情况也比较多，经常熬夜甚至通宵的大有人在。如图5-2所示。

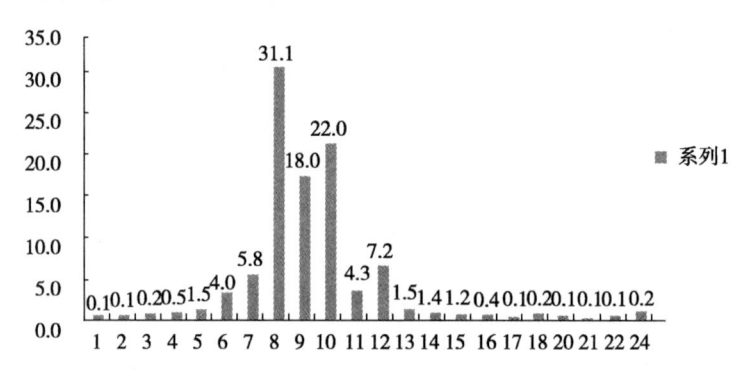

图5-2 工作日每天工作时间统计

而周六、周日的休息时间，依据图5-3的数据可知，只有0.6%的人真正能做到不工作，其余99.4%的人都要进行不同时长的工作。加班1—5小时的居多，占比均超过10%，其中加班2小时的最多，有

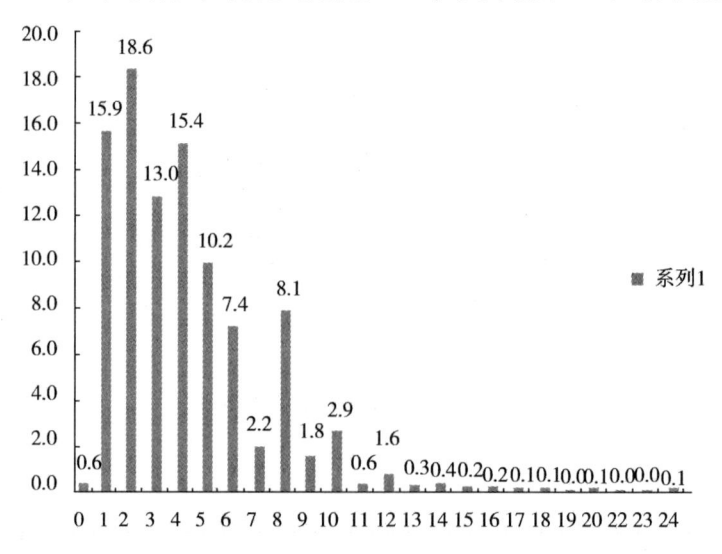

图5-3 双休日每天工作时间统计

18.6%的人。甚至有29.7%的人周末加班时间达到工作日8小时甚至以上的工作时长。

加班是常态，24小时待命更是记者的真实生活写照。一天中除去基本的睡眠时间，以及上下班的通勤时间，留给一日三餐及处理家庭问题的时间被严重压缩，每一个媒体人都在超负荷运转。超负荷的工作强度，带来了普遍的压力，加上工作时间不规律，也会影响到生活和健康情况。

新闻从业者的职业特征客观上会带来内在和外在的压力。工作特性和规律所造成的加班加点、高强度自不必说，"无冕之王"无形中被赋予一种与政治权力一样的力量和期许，也难免会受到各种压力。

据分析，新闻从业者的优越性之一在于可以知道别人所不知道的东西。探究秘密容易带来两种极端心理：一种结果是探究失败，遭遇了挫折，丧失获知一切的优越性，缺乏事业上的动力，也难有建树，普遍生发受挫心理。长此以往，愤懑的情绪得不到有效释放，就会忧郁、压抑，日积月累，影响身体健康。另一种则是探究成功，成就感所带来的不满足于现状，在更强烈的好奇心驱使下，进取心和事业心增强，不断向更高的目标前进。这在一定程度上也反映出新闻从业者的身份焦虑，媒体人需缓解身份焦虑。现代社会精英文化强调出类拔萃，个人在自我实现的支配下容易急功近利，产生过度疲劳。新闻从业者日常的工作可以接触到很多精英人士，备受鼓舞，同时也给自己过高的要求，过分强调短期内的自我实现，容易处于一种紧绷和焦虑的状态。媒体人也需要摆正心态，重新审视自己，找准定位。52.5%的新闻工作者表示压力较大，18.5%的人已经感受到这种压力非常大，参见图5-4。对于身体健康情况的认知，也有相当一部分从业者并不乐观，37.9%的人觉得健康状况一般，18.1%的人表示不太健康，也有2.5%的人非常不健康。

根据《中国媒体人"双心"健康报告（2017）》显示，70.3%的媒体人患心血管相关疾病的风险为潜在增加、高和极高，同时，超过

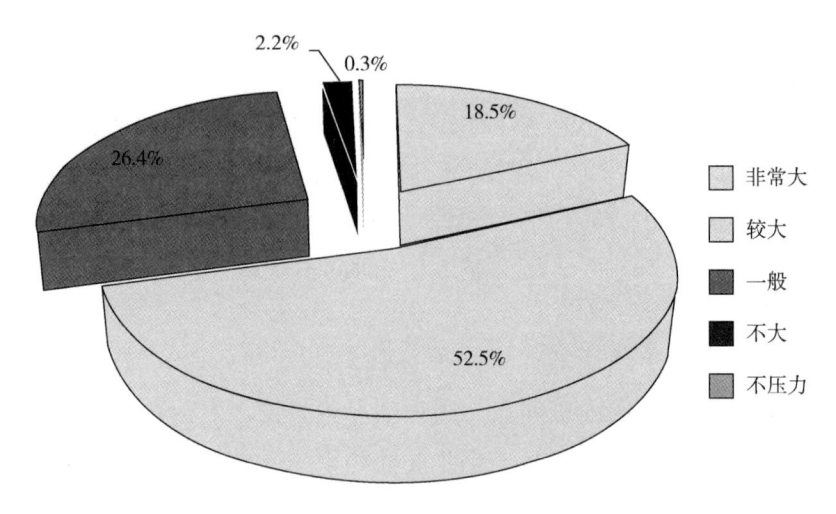

图 5-4 新闻从业者的压力情况

30%的媒体人心理健康监测结果异常,且41—50岁的媒体人发生焦虑、抑郁的比例最高。[①] 因为工作性质与习惯的原因,媒体人长期伏案创作,面临各类突发事件需时刻保持高度紧张,快节奏、疲劳、睡眠不足、压力过大等,都会加重其心理负担与焦虑。

此外,用工制度双轨制,造成了新闻从业者之间的不平衡,弹性雇佣与事业编的铁饭碗形成鲜明对比,同工不同酬现象客观存在。另外,付出与收获的不对等也对新闻从业者造成困扰。很多时候,辛苦采访、精心撰写的稿子由于某种原因不能公开发表,所有为之付出的时间精力和成本付诸东流。

而基本的福利得不到保障也会让很多新闻从业者较为被动,降低新闻工作的积极性,甚至在采访过程中产生的其他费用不能得到报销,还经常存在倒贴现象。23.9%的新闻从业者需要自己负担一部分外出采访的费用,3.5%的人需要自己全部承担外出采访差旅费,如图5-5所示。

---

① 参见《中国媒体人"双心"健康报告(2017)》,中华儿女新闻网,http://www.cnpeople.com.cn/xw/kx/26088_ 20171107120301.html,2017年11月7日。

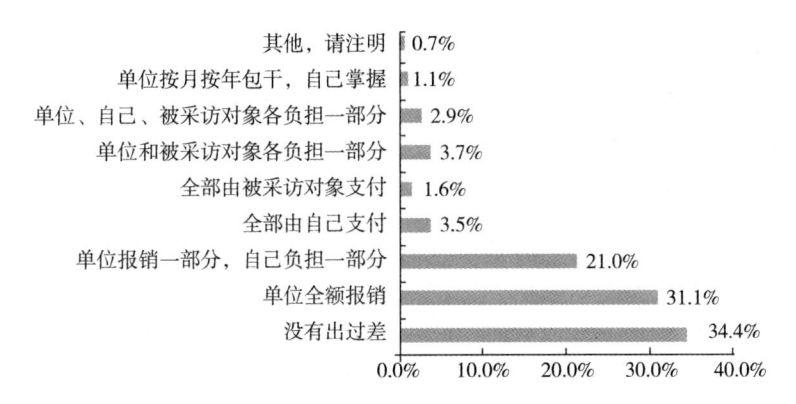

第五章 新闻从业者职业认同建构的逻辑

报销方式	比例
其他，请注明	0.7%
单位按月按年包干，自己掌握	1.1%
单位、自己、被采访对象各负担一部分	2.9%
单位和被采访对象各负担一部分	3.7%
全部由被采访对象支付	1.6%
全部由自己支付	3.5%
单位报销一部分，自己负担一部分	21.0%
单位全额报销	31.1%
没有出过差	34.4%

图 5-5 新闻从业者外出采访差旅费的报销方式

（三）薪酬评价体系

薪酬体系改革的基本逻辑，使得媒体在绩效考核中普遍采用"计件工资"制度，虽然在一定程度上激发从业者努力工作，但客观上也强化了新闻从业者的劳工特征，成为名副其实的"码字工"。只有通过不断地发稿，呈现作品，才能获利。这样难免也会刺激个体的逐利取向。微薄的报酬难以为继职业尊严，残酷的竞争渐渐泯灭专业主义。对于满意度的调查也表明，新闻从业者不太满意的地方主要体现在工作的薪酬水平及福利和未来发展空间方面。

知名媒体人陈晓守在中山大学的一次演讲中提到，职业新闻人在与资本的博弈中，永远处于弱势，更多的是一个码字机器的角色，依靠稿费生存，需要荣誉感支撑，并依赖理想前行。确实，新闻行业需要理想和信念的支撑，但是也不能为了理想主义的坚持，而放弃对自身基本权益的捍卫。当现实的困境一步步逼近，当新闻记者沦为"新闻民工"，在从业生态的急剧恶化面前，理想主义、人文情怀只不过是一种奢谈罢了。与新闻从业者利益直接相关的是收入水平和绩效考核制度，这集中体现了媒体人与媒体机构的市场化劳动雇佣关系。此处，生存伦理被引入工作情境之中，超越了职业伦理本身。①

---

① 参见夏倩芳《"挣工分"的政治：绩效制度下的产品、劳动与新闻人》，《现代传播》2013年第9期。

· 139 ·

（四）收入结构

收入水平本应该在一定程度上体现工作价值、个人价值，对从业者形成正面的肯定和激励。但是新闻媒体采用工分制的绩效考核体系，使得新闻从业者在"质"与"量"的矛盾中辗转难耐，往往陷入一味追求量的积累，成为码字为生的机器。另外，在生存和收入压力情况下，也衍生了其他方式，收入构成产生了微妙的变化。

长期以来，新闻行业存在这样一种说法，"三流记者能写稿，二流记者勤跑会，一流记者拉广告"。诚然，收入水平往往与新闻从业者的社会地位、成败标准、职业成就相联系，但是社会现实的复杂，却让收入所反映的情况出现了错位。

一方面，我们会发现，中国媒体的事业属性，企业化管理，直接导致薪酬体系的诸多弊端。有学者指出目前中国传媒业薪酬结构僵硬，以学历、职称、行政职务作为标准，而不是根据能力及绩效，对个人价值重视不够。（魏宁等，2015）显然这种薪酬结构，不能有效激发新闻工作者的热情和动力。另一方面，对于新闻这类的文化产品，其本身的价值就是见仁见智的，似乎难以完全参照公司化的标准去支付报酬，这就难免出现上述刻板印象。

新闻行业是一个高薪职业吗？还是入不敷出、朝不保夕呢？记者的收入情况到底是怎样的，是否像大家羡慕的那样光鲜？

现如今，激烈的媒体竞争更多的在于人才竞争，在社会主义市场经济条件下，工资薪酬成为人才流动的一个关键因素，丰厚的报酬往往能够吸引更优秀的人才。尤其是新闻从业者，一般拥有较高的学历，是典型的白领阶层，他们有着较高的收入期望，同时也有着较高的社会声望期待，以此维护自己的社会形象。另外，新闻从业者作为理性的经济人，关心的无非是劳动收入、职业前景、工作状态等基本问题。收入直接关系到人才的引进和流失问题，必须引起重视。因此，新闻从业者的收入水平是本书需要关注的基础问题。

无论新闻从业者整体的收入水平如何，更多媒体同行似乎都会选择一边抱怨一边工作，为什么？其中一个重要原因在于，新闻从业者并不是完全依赖一种收入,其收入结构中还存在单位外的收入成分,兼职或其他收入。通常媒体人的主要收入是工资+稿费,但是本职工作以外的收入,却很少在统计范围之内,也恰恰是这部分收入大概可以弥补媒体人收入偏低的窘状。

新闻职业具有其特殊性,在社会分工中担负着特定的社会职责,耳目、喉舌、信息提供者、社会守望者、第四种权力……太多的标签,模糊了新闻本来的面目。媒体不仅具有舆论监督和社会动员的能力,还承担不可推卸的社会责任,保障人民的知情权、表达权、监督权和参与权。记者向来有"无冕之王"之称。新闻从业者的职业背景和社会知名度,往往使得其在本职工作之外更容易获得其他收入,比如记者拉赞助、代言广告、司仪主持等"走穴"行为。另外,由于媒体工作时间自由、工作弹性大,新闻从业者通过自身努力获得单位外收入较为便利,加上新闻从业者一般具有较高的学历和技能,适应能力强,是高产出的脑力劳动者,从而使这种情况在新闻从业人员中比其他职业更为常见。

当然这种现象有其存在的社会背景,是体制转型所带来的"并发症"。随着媒介产业化、市场化的推进,中国新闻媒介的双重属性"事业化单位、企业化管理"得到更加充分的体现。在新闻改革过程中,新闻从业者的职业身份、工作生活环境都发生了很大变化,势必对其物质利益和精神心理造成影响,进而影响他们的工作状态。市场经济下媒体产业化运作,伴随商业主义、经济利益对新闻职业道德的侵蚀,新闻从业者时常处于两难的困惑与迷茫之中。

事实上,2019年最新修订的《中国新闻工作者职业道德准则》第四条第四款明确规定,新闻报道与经营活动分开,编辑记者不得从事创收等经营性活动。[①]

因此,大多数新闻媒体提出记者不得兼职的要求,主要目的是保证

---

① 《中国新闻工作者职业道德准则》,新华网,http://www.xinhuanet.com/politics/2019-12/15/c_1125348618.htm?baike,2019年12月15日。

记者们全力以赴地投入本职工作，提高工作质量，减少新闻失范现象的发生。这种要求无可厚非但是忽略了记者兼职更深层次的含义，新闻从业者要想真正做到客观、独立、平等地对待各类社会现象，就必须避免与媒体以外的其他企事业组织发生直接利益关系。（陈力丹等，2010：32）记者兼职可能导致与其他组织、群体、利益集团发生直接利益关系和冲突，影响新闻真实、客观。其实新闻从业者兼职问题更应该从保护记者职业认同、避免与其他利益组织的冲突、更好地履行媒体职责角度加以考虑。

虽然已经有相关规定，媒体也会明确要求记者不得兼职，但现实往往是记者兼职情况仍然广泛存在。目前，从学术角度探讨记者兼职问题的比较少见，学者周宁（1994）较早地警惕记者要做好自己的本职工作，指出"既当记者又要下海不可取"。赵丽静的硕士论文《略论转型期记者兼职之问题》也重在对记者兼职进行界定和分类梳理。[①]此外，记者兼职问题在大部分的研究中，被划分到有偿新闻的范畴，这恐怕值得商榷，毕竟记者兼职问题需要区别对待，并非所有的兼职收入都是非法的收入，这也区别于有偿新闻。但是不可否认，现如今记者兼职收入已经成为记者收入的重要组成部分。

然而，要减少新闻从业人员的兼职，改变他们从单位外部获得收入的情况，除了采取限制性制度之外，还需要更深入地理解单位外收入对新闻从业人员的含义以及它的产生机制，知己知彼，从根本上找出解决问题的有效办法。

记者的收入结构可以多元化，记者的社会劳动需要得到认可，既包括物质回报方面，也包括精神激励方面，社会认可、职业声誉等。物质激励与精神激励同样重要，充分享受实现自身价值的满足感、工作成就感和社会认可度。但是不可忽视的是，收入结构与依赖性、忠诚度之间的关联；同时，还需要重视收入满意度对职业认同的影响。

---

① 赵丽静：《略论转型期记者兼职之问题》，硕士学位论文，中国政法大学，2011年，第10页。

三　微观：从业者的"四感一德"

"无冕之王"的光环退去之后，新闻从业者的社会美誉度降低，收入支撑艰辛，逐渐让变革时代的新闻专业主义、职业认同问题成为不可承受之重。对于从业前景的不确定性和迷茫，也会让新闻从业者陷入从未有过的价值低谷。新闻从业者在坚守职业伦理和社会责任，为公众大声疾呼的同时，自身的权益往往得不到保障，甚至整个从业生态出现恶化。

认同与坚守，源于精神的激励，即职业荣誉感、成就感、责任感与归属感。

一个人，只有认识到职业的责任感，才能肩负起使命，在嘈杂的社会现实中找到归属感，才能有所支撑。当一个人在自己的职业岗位上游刃有余，为社会做出贡献，实现自我价值的时候，这份职业就给他带来了满足感，这也是职业荣誉感得到最好的体现。职业荣誉感的价值不言而喻，有无职业荣誉感直接影响职业社会作用的发挥，最终也关涉到职业人的个体命运。具体来看，荣誉感激励热情投入，孕育责任使命，催生自律道德，坚定理想信念。

如果职业人的荣誉感淡化，则很难保证其对工作的热情负责，对社会的责任义务，这也在一定程度上影响到责任感和职业操守。其造成的不良后果，一方面严重打击了职业人的工作积极性，个人发展受阻；另一方面也会影响正确的职业价值观，阻碍社会和国家的进步。

在社会学的视角下，职业荣誉感与职业地位和职业声望相关联。职业本没有高低贵贱之分，"三百六十行、行行出状元"便是最好的证明。而如今评判标准已经悄然发生变化。涂光晋认为，人们的职业荣誉感会受到趋利的价值导向、社会分配制度不均衡、舆论导向等因素的影响[1]。

---

[1] 参见冯华《媒体析职业荣誉感：理想渐远　职业仅成谋生手段》，中国社会科学网，http：//ex.cssn.cn/dzyx/dzyx_jlyhz/201409/t20140926_1343230_1.shtml，2014年9月26日。

社会主义核心价值观，将爱岗敬业作为一个重要部分提出，更加强调了职业荣誉感的意义。职业不仅是满足基本的生存需求，养家糊口那样简单，更重要的是实现人生价值的载体。在职业荣誉感的激励下，全心投入，成就理想。同时，做好本职工作，也自然会赢得充分的尊重，促进职业荣誉感和幸福感的提升。

职业道德，直接拷问新闻伦理，是在心理层面对新闻从业者职业认同的最有力的保障。道德的力量更多地依赖媒体和新闻从业者的自律。社会转型期价值多元，媒体行业出现了很多新闻失范现象，假新闻、有偿新闻、新闻敲诈，让新闻从业者陷入伦理危机。

尽管对于很多从业者来说，新闻职业伦理规范早已烂熟于心，但新闻实践中的各种"违规"现象依然存在，显示出认知与实践的错位。同时，因为喉舌定位、第四种权力之争等，社会对媒体功能的认知也存在刻板印象，导致部分新闻从业者对职业的错误理解。《读库》出版人张立宪在描述自己过去的记者生涯时提到，年轻记者遇到红包的时候，会让他认为这个职业是挣钱和安抚虚荣心的一个工具，偏离了职业的本质，"新闻成了一种可以变现，可以转换成自己利益的一种资源"[1]。

"新闻失范"后果不堪设想，媒体和媒体人需要加强道德自律，经得起诱惑，守得住底线，珍惜话语权，并在道德重塑的过程中，强化职业认同。

---

[1] 熊蕾、[美]朱迪·波罗鲍姆：《变脸》，新华出版社2009年版，第154页。

第六章　新媒体环境下重塑职业共同体

第一节　新媒体与职业共同体

一　新媒体时代职业认同问题

转型并轨、改革变局，职业新闻人在市场经济以及新媒体冲击之下，伴随着社会地位和评价发生的微妙变化，在绩效考核、新闻生产、从业生态等方面承受着巨大压力，职业认同陷入重重困境。新媒体时代，人人都是记者的局面，新闻职业的边界再次被模糊。公民记者的影响力日益挑战职业记者的公信力和专业身份。新闻专业主义所描述的记者形象也面临着与时俱进的迫切任务。新媒体时代，新闻从业者在职业荣誉和光环渐渐褪去之后，面临职业功能逐渐被取代的质疑，表现出了对职业前景的迷茫和困惑。

新媒体时代，职业认同问题的研究具有现实的紧迫性和重要意义。新闻从业者作为市场经济体制下的一种社会职业，传媒作为第三产业的重要组成部分，媒体作为党和政府的喉舌，职业认同直接关系到传媒社会责任的发挥，尤其是舆论监督功能，对社会公平正义的维护，联系公众与权力组织的纽带。此外，加强新闻从业者的职业认同对新闻事业的持续健康发展具有重要意义，职业认同程度的高低受到记者对自我发展意识强弱的影响，又反过来影响记者专业技能和情感的发展，影响工作满意度以及对职业压力的认知。（李维国，2014）

职业认同对新闻从业者来说起着社会黏合剂的作用，职业认同使得新闻从业者成为职业共同体并维持共同体身份。

新媒体时代，职业认同出现了哪些变化，未来又将面临哪些不确定性，本章想要通过对微博中职业共同体的研究，在共同体建构方面为强化职业认同提供现实依据和参考。

二 职业共同体研究

职业共同体，是指群体成员分享某些共同的特质，一起维持着特定社会实体的联系与互动。共同的语言、知识、理想、气质等，使得那些受过某项专门教育的职业人构成了一个独立的共同体。

展江（2010）认为对新闻自由的共同追求和对新闻职业化的共同规范是新闻职业共同体的特征。职业共同体的构成要件，应该至少含有身份、独特的社会功能、法定的自治性、共享的价值观。有学者指出，新闻职业共同体必须具备的几个维度和功能包括，职业归属感、价值共识、集体抗风险能力、职业伦理规范等。[1]

肖燕雄、肖苇杭（2013）的研究表明，职业共同体至少应该包括信仰共同体和知识共同体。职业共同体是知识、价值、利益共同体，作为一种组织力量，有助于职业的自我管理，提升整个行业的专业化水平和伦理水平，推动本行业与政府及有关行业进行博弈，进而维护本行业的整体利益。不同于行业协会的形式，这是虚拟的舆论监督合力。具体到职业共同体与职业伦理的关系，有研究者认为前者的形成及社会功能的实现与后者互为表里。职业伦理的确立创造了职业群体，为了维护群体的延续与特质，职业从业者必须遵守职业伦理。（王天定，2012）

迈耶斯（Meyers，2003）根据不同语境下，新闻从业者可能做出的行为，将新闻学研究分成四类：个体的、组织的、机构的、文化的。

---

[1] 参见张志安《互联网、调查记者及职业共同体——"数字化时代的调查性报道"研讨会述评》，《新闻记者》2012年第1期。

第六章 新媒体环境下重塑职业共同体

并认为前三类是传统学派，第四类是文化学派。具体来看，个体的新闻学研究将新闻作为记者个体的产品；而组织的新闻学研究则聚焦于新闻工作的社会组织，以此来考察新闻业，包括各类新闻生产研究，如新闻组织的常规、标准、价值等；第三种探究的是新闻机构和其他的社会机构之间的相互关系；第四种则采取了更为广阔的视角，将新闻作为文化的产物，新闻从业者视作文化的阐释者。

新闻学领域文化学派研究梳理，最初源于探讨新闻业（新闻记者）在生产和形成社会共同体记忆的角色机制。埃亚尔·赞德伯格（Eyal Zandberg，2010）认为，集体记忆通过对个体和社会关系的界定，使共同体的自我想象得以保存并不断流传。同时，新闻业作为记忆机构的主导性角色存在，其职业共同体也有着相应的集体记忆、职业想象和边界。对新闻从业者职业权威获得的研究也是一个重点方向。如翟利泽（Barbie Zelizer，1993），主要运用叙事（narrative）、话语共同体（discursive communities）和文化（culture）研究从业者如何通过新闻职业特有的"叙事权力"来建立职业权威和职业认同。迈耶斯（Meyers，2003）进一步借用了"阐释共同体"的概念，考察了以色列的新闻记者如何通过过往的集体记忆来界定职业共同体的动态过程。

这里笔者找到了职业共同体与职业认同联系的一个节点，一系列涉及职业意识和职业共同体领域的理论问题，某种程度上正是文化研究路径的具体尝试。通过对新闻学领域"文化学派"研究的梳理不难发现。充当"文化阐释者"的新闻记者，具有面对一般性公共议题的"外部"阐释和寻求赋予与自己职业共同体相关事件以意义的"内部"阐释的双重角色。如此看来，新闻记者的这种双重角色本来应该更利于对自身共同体符号的维护和意义阐发，但是记者对一般事件的常规报道（外部）往往遮蔽了他们自己作为"阐释共同体"（内部）的形成过程。这也是促成本章研究的一个重要原因。由此，群体内互动在职业身份认同建构中发挥着不可替代的作用，新闻实践以及同行的集体讨论协商，内化为职业规范。

第二节　微博中职业共同体的建构

一　"记者节"媒体微博分析

2000年11月8日起,"记者节"正式确立,成为在中国继教师节、护士节之后,以职业命名的第三个节日。"灵魂工程师""白衣天使""无冕之王",职业节日带有更多的赞誉和肯定。

"记者节"不仅肯定了记者的价值和作用,提供了一个正当的机会让记者去享受职业的荣光,同时也对记者提出了"三省吾身,砥砺自我"的要求。因此,"记者节"的设立为新闻从业者重塑自身形象提供了良好的契机。

近年来,新闻媒体和从业者借助"记者节"这一特殊时刻,在微博平台分享情感,不仅体现出职业理想与现实之间的矛盾和张力,同时分享新闻从业者的责任与担当,从职业共同体的视角建构话语,应对传媒变局中,新媒体带来的重重压力。

"记者节",微博平台的"狂欢"已然成为独特的新闻景观。虽有抱怨与失落,但也越发唤醒对新闻理想的坚守。从中可以窥探出新闻从业者在维护职业认同、重塑职业共同体、维持职业正当性方面所作出的努力。

媒体是新闻共同体的原生环境,决定了新闻从业者对其的依赖。但是现实中,职业共同体很难介入,并且相比于网络虚拟环境的松散,群体行为受到一定的限制和收敛,特征并不明显。因此,本书选取媒体的微博平台进行观察、分析。

2014—2015年,在媒体融合上升为国家战略层面实践的前两年,新闻从业者所面临的挑战更为显著,"记者节"话语也更为集中。通过新浪微博(新闻媒体和新闻从业者使用最多,活跃度最高的社会化媒体平台)进行检索,关键词设为"记者节",检索时间范围分别为2014年11月8日的0时至23时,2015年11月8日的0时至23时。

在2014年的检索结果中,得到有效样本63条,涉及54家媒体,

第六章　新媒体环境下重塑职业共同体

参见表6-1。在2015年的检索结果中，抽样由认证为媒体的用户发表的微博，共得到样本28个，其中《重庆晨报》发的两条微博，内容为"记者节"座谈会及颁奖，《成都晚报》策划的"扒出那些你不知道的低调美女编辑"，《成都商报》获奖评选，《第一财经周刊》"说出你对一财君的爱"，新浪无锡一起倒计时，以上5条内容与主题无关，排除在外，共获得有效样本23条，涉及20家媒体（存在同一家媒体发表两篇微博的情况），参见表6-2。

表6-1　　　　　　　　2014年"记者节"媒体微博分析

媒体微博	转发	评论	主题
央视新闻	8216	1099	新闻理想和职业规范
人民日报1	5961	1040	节日仪式和祝福
新周刊	1962	533	新闻理想和职业规范
央视新闻	1193	253	新闻理想和职业规范（名记者激励）
新华视点1	724	273	娱乐自嘲和象征性调侃；新闻理想与职业规范
中国新闻网	673	127	新闻理想和职业规范；节日仪式和祝福
人民日报2	553	208	新闻理想和职业规范
新闻晨报	507	108	节日仪式和祝福
人民网1	502	117	新闻理想和职业规范
中国新闻周刊	407	138	新闻理想和职业规范
头条博客	363	214	节日仪式和祝福；职业困境、压力与风险
京华时报	300	51	新闻理想和职业规范；职业困境、压力与风险
凤凰卫视	198	63	节日仪式和祝福
中国日报1	191	29	新闻理想和职业规范；节日仪式和祝福
中国篮球	187	50	职业困境、压力与风险；节日仪式和祝福
人民网2	176	88	娱乐自嘲和象征性调侃；职业困境压力与风险
新华视点2	162	159	新闻理想和职业规范（个体记者视角）
新华视点3	146	107	节日仪式和祝福；职业困境、压力与风险
成都商报	140	36	新闻理想和职业规范；节日仪式和祝福
新浪江苏	138	22	新闻理想和职业规范
环球时报	98	63	新闻理想和职业规范

续表

媒体微博	转发	评论	主题
新浪娱乐	96	53	新闻理想和职业规范；节日仪式和祝福
扬子晚报	95	38	节日仪式和祝福；职业困境、压力与风险
新京报1	75	24	娱乐自嘲和象征性调侃
北大新媒体	74	5	新闻理想和职业规范
新浪体育	63	45	新闻理想和职业规范；节日仪式和祝福
新京报2	59	12	新闻理想和职业规范；节日仪式和祝福
新浪科技	57	25	新闻理想和职业规范；节日仪式和祝福
羊城晚报	54	20	节日仪式和祝福；娱乐自嘲和象征性调侃
新浪广东	53	7	职业困境、压力与风险
新华国际	52	15	新闻理想和职业规范；节日仪式和祝福
中国之声1	51	54	节日仪式和祝福（致敬）
新浪四川	51	34	节日仪式和祝福
生命时报	46	9	节日仪式和祝福
新浪陕西	44	28	节日仪式和祝福（个体记者事迹）
齐鲁晚报	42	11	节日仪式和祝福；职业困境、压力与风险
新快报	42	30	新闻理想和职业规范；职业困境、压力与风险
辽沈晚报	41	26	节日仪式和祝福；娱乐自嘲和象征性调侃
手机新浪网	37	13	新闻理想和职业规范；节日仪式和祝福
中国之声2	35	28	职业困境、压力与风险（离去，创业，坚守）
新华视点4	32	11	新闻理想和职业规范（应对消极情绪，不抱怨）
南京零距离	32	14	节日仪式和祝福；职业困境、压力与风险
春城晚报2	26	19	娱乐自嘲和象征性调侃
中国新闻网	24	16	节日仪式和祝福
新浪山西	22	6	新闻理想和职业规范；职业困境、压力与风险
大河报	21	12	新闻理想和职业规范；节日仪式和祝福
中国青年报	18	8	新闻理想和职业规范；节日仪式和祝福
环球网	16	4	节日仪式和祝福（致敬）
中国日报2	16	7	新闻理想和职业规范
中国足球报道	15	20	节日仪式和祝福；职业困境、压力与风险
潇湘晨报	13	7	新闻理想和职业规范；职业困境、压力与风险

续表

媒体微博	转发	评论	主题
北京青年报	12	1	职业困境、压力与风险；节日仪式和祝福
中山日报	12	7	娱乐自嘲和象征性调侃；新闻理想与职业规范
华商报	11	16	节日仪式和祝福；职业困境、压力与风险
新浪浙江	10	7	新闻理想和职业规范；娱乐自嘲和象征性调侃
环球资讯广播	9	1	节日仪式和祝福；娱乐自嘲和象征性调侃
晶报	9	9	娱乐自嘲和象征性调侃
经济之声	7	5	职业困境、压力与风险
新浪湖北	7	2	娱乐自嘲和象征性调侃
计算机世界	6	8	职业困境压力与风险；娱乐自嘲和象征性调侃
今日一线	2	1	职业困境、压力与风险
春城晚报1	2	2	娱乐自嘲和象征性调侃
河南商报	2	2	新闻理想和职业规范

由表6-1、表6-2的对比可以看出，2014年"记者节"媒体微博数量明显高于2015年"记者节"，显得更为活跃。2014年"记者节"恰逢APEC会议，新闻从业者大有作为，在重大事件现场中的记录、传播作用更加明显。此外，2014年涉及的媒体范围更广，无论是在媒体级别、类型还是区域上。而2015年，"记者节"微博发布主要集中在中央媒体及地方主流媒体。

围绕媒体关于"记者节"所发的微博的内容，进行主题编码。2014年"记者节"微博可以分为几类：①职业困境、压力与风险（19篇，30.16%），新闻人对所从事的工作面临的各种不为人知的困境的表述；②新闻理想和职业规范（31篇，49.21%），重申新闻理想信念，明确自身的规范性角色以及职业规范操守等；③节日仪式和祝福（32篇，50.79%），通过仪式化的方式表达节日祝福或从业感受；④娱乐自嘲和象征性调侃（13篇，20.63%），另类方式表达从业的无奈及各种钳制。

同样地，2015年"记者节"微博的情况分布如下：①职业困境、压力与风险（9篇，39.13%）；②新闻理想和职业规范（8篇，

34.78%）；③节日仪式和祝福（7篇，30.43%）；④娱乐自嘲和象征性调侃（2篇，8.70%）。

表6-2　　　　　　2015年"记者节"媒体微博分析

媒体微博	转发	评论	主题
人民日报1	8582	1263	节日仪式和祝福；职业困境、压力与风险
央视新闻1	2489	274	节日仪式和祝福
央视新闻2	1600	378	职业困境、压力与风险
新周刊	1597	544	新闻理想和职业规范
人民日报2	648	423	新闻理想和职业规范
新闻晨报	584	121	新闻理想和职业规范
中国新闻周刊	208	80	新闻理想和职业规范
新华视点	146	66	节日仪式和祝福；娱乐自嘲和象征性调侃
中国之声1	145	193	职业困境、压力与风险（你想对记者说？）
中国之声2	101	74	娱乐自嘲和象征性调侃
南方日报	94	22	职业困境、压力与风险
羊城晚报	83	31	职业困境、压力与风险
财经网	81	103	职业困境、压力与风险
环球时报	75	105	节日仪式和祝福
南方人物周刊	60	11	职业困境、压力与风险
新浪四川	54	15	新闻理想和职业规范；节日仪式和祝福
南方日报	48	33	节日仪式和祝福；职业困境、压力与风险
大河报	19	29	新闻理想和职业规范
中国企业家杂志	18	11	节日仪式和祝福；新闻理想和职业规范
晶报	15	13	新闻理想和职业规范
法制晚报	12	28	节日仪式和祝福
新华国际	10	4	职业困境、压力与风险
新安晚报	3	0	新闻理想和职业规范

相比之下，2015年，单纯的节日仪式和祝福类的内容有所下降，而职业困境、压力与风险话题表现得更为突出，跃居首位。这表明"记者节"在某种程度上，越来越成为新闻从业者抱怨职业困境、发

泄职业压力的时刻。

新闻从业者的压力与风险究竟有多大？无论酷暑寒冬，新闻发生，他们总在现场（《央视新闻》）。24小时待命，365天"在线"。亚健康、高死亡率也如影随形（《中国之声》）。他们，风雨兼程，常加班熬夜；他们，在战火硝烟中奔走（《人民日报》）。他们常年奔波在外，表面光鲜亮丽，其实冷暖自知，被保安拦过，被球员斥过，被领导捋，被教练呛，熬夜是家常便饭，写稿马不停蹄。（《中国篮球》）这大概就是新闻从业者的常态。

辛苦、高危、忙碌、亚健康、艰难、殉职等关键词被重复使用，参见表6-3。新闻从业者的工作更多的用熬夜、加班、战火、孤独、拼搏、一线、薪资不高、剩男剩女等来描述。

表6-3　　　　职业困境、压力与风险主题词频分析

职业困境、压力与风险	
2014年	2015年
主要关键词：风雨、加班、战火、殉职、严寒酷暑、亚健康、孤独、拼、抢、高危	辛苦（7），高危（6），忙碌（5），亚健康（5），艰难（4），殉职（3），勇气、熬夜、尊严、剩男剩女、出差、蹲守、赛跑、拼搏、一线、薪资不高等

2006—2013年，全球近600名记者殉职，平均每周就有1名记者殉职（《北京青年报》）。2014年，全球135名媒体人因公殉职。记者一直是高危职业，安全问题似乎成为新闻人在"记者节"最基本的冀望。记者很孤独，这个行业一直排在光棍排行榜前几位。调查显示，九成记者编辑处于亚健康状态（《羊城晚报》）。

千山万水只等闲，受苦受累不言弃，心中无怨亦无悔，镜头捕捉情与感，笔下记录是与非，借问世间谁英雄，众所周知是记者。（《中国足球报道》）

也许，公众很难理解为了抢新闻记者有多拼，这个行业所承受的各种压力与风险也非常人所能理解，风中红旗漫卷，路上青春跌宕。（《南方人物周刊》）"记者节"，微博上的牢骚抱怨，更多的其实是在

客观呈现职业困境与压力中的抱团取暖。

此外，2014年，娱乐自嘲和象征性调侃还占有相当数量的比重，到2015年，这种自嘲已经有所减退。这种娱乐性的自嘲、调侃，折射出新闻从业者面临职业困境时的一种无奈。

微博中的职业共同体的建构，通过"记者节"这一特殊的职业节日，在带有仪式感的氛围中凝聚共识。一方面，通过理想的召唤，坚定信仰，鼓舞精神；另一方面，通过对现实困境的吐槽，甚至是自嘲和调侃，发泄不满情绪，调解心理状态，在轻松的氛围中减压，抱团取暖。无论是自我神圣化，还是戏谑化甚至是悲情化，都是出于互相温暖的需要，为孤独前行的新闻人壮胆。在这样一个建构认同的过程中，更多地体现为感性到理性的回归，即在正确认知基础上的认同。

二 微博中的职业共同体

对于职业共同体，西方的主流观点只承认法律职业共同体和医生职业共同体，认为这样的群体拥有认同的标准：首先，接受过难度较高的、较一致的职业训练；其次，拥有一套独特的话语体系；最后，利益诉求、价值观、伦理观的独特性。（傅剑锋，2010）在中国，对于新闻职业共同体，按照这样的严苛标准，最初只被承认在深度报道记者中间产生。但是随着媒体改革和新媒体技术的推进，媒体之间的等级、界限逐渐被打破，共同的生产范式、操作记忆、伦理价值形成，再加上面临外部多样化需求与内在一致性标准的矛盾调和以及外部环境的压力与困境，共同的使命感、评价体系也逐渐建立起来，并逐渐整合为职业共同体。

职业共同体的力量不容小觑，如何发挥其在促成和提高职业认同方面的影响力，这是本书需要关注的问题，但是首先必须解决职业共同体的构成因素及评判标准问题。

刘于思（2013）验证了接近理论和同质理论在记者微博链接网络中的适用性。因为工作性质的相同，同事关系，共同话题等都容易形成连接关系。如此，新闻从业者微博中的职业共同体存在着行业行动

第六章　新媒体环境下重塑职业共同体

情感层面的专业认同以及功能层面的资源协作。

瑞典隆德大学史雯副教授认为职业共同体，包括价值共识、社会交往、行动协作等多个层次[1]。新闻职业共同体，浓缩着记者共同的精神追求，不仅是文化上的共识，更是对于职业规范的共同遵守，有效发挥支援和自律功能。从业者强烈的职业荣誉感使得职业共同体拥有足够的凝聚力和向心力。此外，郭恩强的博士论文，从传播的仪式观角度研究中国新闻共同体中《大公报》的职业意识[2]。作为历史分析与文化视角，以一个报刊为中心，细致研究了中国近现代的新闻共同体。但是考虑到中国新闻职业共同体的形成表现为一个历史的过程，还需要有更多的现实观照。陈明洋曾说，中国新闻共同体的焦点在于人民的知情权以及对权力的监督，要做好这份监督工作，所需要的坚持、机智、勇气以及专业主义精神，使他们无愧于新闻的职业身份。[3]

从2001年开始，《南方周末》推出"年度传媒致敬"，表彰年度值得尊敬的传媒作品和人物，并附以点评。肖燕雄、肖苇杭（2013）根据《南方周末》近十年的"年度传媒致敬"，探讨其意图建构的中国新闻职业共同体。认为其评选标准很好地诠释了职业共同体的三个构成要素：新闻信仰共同体体现在新闻的价值上，对应着新闻理想的实现；新闻知识共同体体现为报道方式上的突破；而新闻利益共同体则是传媒运营理念上的突破和利益的创造。文章指出新闻职业共同体的建构需要内外兼修。而对于《南方周末》而言，既想超越社会的控制，市场的制约，专心走"学院式控制"之路，却又偏颇地理解和践行了这种内涵和要求，表现得过于依附现实。

新闻职业共同体不仅对记者群体发挥内部功能，而且对社会与政治进步也会产生良性的外部功能。内部功能具体体现在：精神鼓励，

---

[1] 参见张志安《互联网、调查记者及职业共同体——"数字化时代的调查性报道"研讨会述评》，《新闻记者》2012年第1期。

[2] 参见郭恩强《重塑新闻共同体：新记〈大公报〉职业意识研究》，博士学位论文，复旦大学，2012年。

[3] 参见《南方周末》编辑部编著《读懂中国——中国传媒读本·2010》，上海书店出版社2011年版。

技术交流、资源共享、风险分担与互助、制约机构利益、惩戒业内败类与行业自律。外部功能则主要有抑制钱权干涉、改善舆论的公信力、扩张公众知情权、推动制度改善。

然而，新媒体环境下，职业共同体的形成和建构又有很多新的不确定因素。记者职业身份与社会身份在新媒体时代变得越发模糊，甚至出现重合的部分。2012年2月，美联社的员工率先在网络上发布了报社记者在"占领华尔街"运动中被捕的消息，立即得到美联社的严厉批评，"你们的首要任务是为美联社工作，而不是推特"。西方国家有具体的规定，无论是记者开设个人的社交媒体账户，还是在社交媒体上发布重要信息，都必须经过上级授权，同时将个人社交账户和工作账户区别开来，进行不同的身份认证等。[①]

新闻从业者如何利用好新媒体的问题长期存在争论。新媒体时代，通过在公共事件中的积极表现，新闻从业者在微博上能够最大限度地吸引受众，获得更多的粉丝和名望，提升专业成就感。职业媒体记者身份，自带的光环和专业化视角，具有较高的"议程设置"能力。通过对记者或媒体职业身份的利用，新闻从业者以积极行动的政治身份出现在公共舞台上。在微博上，新闻从业者在各种社会角色中漂移，身份建构成了一种策略意义上的东西。（卞清，2012）另外，职业记者在社交媒体提供的观点，以及树立的形象，与在传统媒体上有所不同，更加有个人的见地、思考和特色，塑造属于个人的新闻品牌。也许，过去记者的成名需要更多地依赖于其所在的媒体，而社交媒体中，只要是高质量的新闻，无论通过怎样的渠道，都能获得外在于媒体的个人品牌。受众网络而不仅仅是媒体开始对记者的声誉、可靠性和专业性作出评判和认可。

三 职业精神的指引

在媒体微博中，新闻理想和职业规范，一直是人们较为关注的话

[①] 参见南方报业传媒集团新闻研究所著《南方传媒研究30》，广东南方日报出版社2011年版。

题，两年来始终占据前两位。通过表6-4的词频分析，新闻理想这一主题下，更多被强调的是责任、使命（5）；理想、初心（4）；坚守、守望（3）；真实、真相（3）。

表6-4　　　　　新闻理论和职业规范主题词频分析

新闻理想和职业规范	
2014年	2015年
责任、使命（10）	责任、使命（5）
坚守、守望（7）	理想、初心（4）
理想、梦想（6）	坚守、守望（3）
真实、真相（6）	真实、真相（3）
尊严（6）其他：（2—4）记录、可爱可敬、勇气、孤独、一线、身影、时间、名记者、历史	其他（1—2）：新媒体、荣光、记录、公正、参与者、改造者、观察者、记录者、良知、信仰、爱心、正义

然而现实中，占据中国新闻社群核心的二元对立话语体系却始终是理想与现实之间不可调和的冲突。一方面，新闻从业者笃定要恪守媒体的社会责任，坚信作为社会公器的媒体要服务于公众利益。另一方面，现实中却又常常遭遇来自政治、经济、媒体环境、伦理道德等各个方面的现实冲击，"虽然高危、虽然长期处于亚健康，但却守望一份社会责任"（新华视点）。若为理想故，媒体纷纷选择了更多的正能量激励。

"新闻的生命是真实，记者的使命是传播真相。新媒体时代，记录事实、追求公平正义、推动社会发展，仍是每个新闻人最根本的职业要求。"（《人民日报》）"我们忠实于事实，忠诚于理想。背负着向真相掘进的使命，我们是观察者、记录者，也是参与者、改造者。"（《新闻晨报》）"记者笔下有财产万千，记者笔下有毁誉忠奸，记者笔下有是非曲直，记者笔下有人命关天。"（《中国新闻周刊》）"每一笔都是时代的注脚、历史的追光。"（新浪四川）"可以有不说的真话，但绝不说假话。"（《新周刊》）他们都在重申新闻理想和职业规范，在真实、良知、爱心、正义、公正等专业主义的激励下，重拾新闻从业者的荣光,重温理想,坚定信仰。于是我们看到,记者节已经不仅仅只是一个职业的节日。它提醒新闻从业者,不忘初心,使命在肩,勇往直前!因为"正义与责任,梦想和担当,一直未曾远离"(《中国企业家》);它激励新闻从业者,"为了明天的历史,我们坚定不移,始终如一,用脚步丈量民生,用信念守望理想"(《新安晚报》);"面对迷惑,请永远记得:有坚守,才有作为;有信仰,才有担当"(《人民日报》);"我们之所以不断前行,是因为总有一种力量它让我们泪流满面,总有一种力量它让我们抖擞精神,总有一种力量它驱使我们不断寻求'正义、爱心、良知'"(《大河报》)。

责任来自良知,坚守来自信仰!唯愿新闻同行初心依旧,征途不止。这就是新闻理想的力量。

《新周刊》《中国新闻周刊》连续两年选择发送相同的内容,虽然意义很重要,但是形式上似乎缺乏创新。"记者节"的新闻理想激励,需要有更多的创新和力量。相比之下,榜样的力量也不容忽视。2014年,一批名记者的故事砥砺更多的人前行,人民网就选择史量才、范长江、邹韬奋等名记者的故事激励现在的媒体人,同样,央视新闻也在回望历史和怀念前行者中让同行们感受新闻的力量。一名优秀的记者,必须拥有"不唯书、不唯上、只唯实"的坚守,以及"吹尽黄沙始到金"的韧性(《环球时报》)。当然,现实中更有千千万万的年轻人为守护真相、记录历史而不懈前行。《京华时报》、新浪体育、新浪科技,纷纷选择个体新闻从业者的事迹切入。此外,新闻理想的激励中,来自李普曼、狄更斯等经典的名人名言,也能达到直抵人心的力量。2015年,《晶报》发起的"新闻学子眼中的记者",也让新闻学子与新闻从业者之间建立了更加紧密的联系,这不仅是他们心中对新闻从业者的理解,也是对未来职业规划的一份期许,新闻教育中的新闻理想问题更应该得到充分的重视。

四 职业良知的呼唤

新闻职业规范应该表现为一整套严谨的、明确的、可操作的实践指南。基于复杂现实，经过多方权衡的新闻从业者的共识，是全体工作者共同的信仰、价值观和理念。现实中这种条款、规范往往反映的是那些控制主体的利益取向，而不是职业共同体的利益取向，更别说其应该代表的社会公众的利益要求了[①]。

然而现实中，虚假新闻、有偿新闻、新闻寻租、新闻敲诈、当越来越多的新闻失范现象发生在新闻界的时候，我们不禁想问，这个行业怎么了？职业共同体的抱团取暖，不仅分享着这个行业的荣光，更必须要承担着这个行业的污点和诟病。"新闻失范"，无异于饮鸩止渴，自绝后路，对新闻价值观构成极大的威胁。

新闻价值观的坚守，离不开职业良知的呼唤以及媒体自律，对受众和真相负责，在重大事件中不失语、不缺位，永远捍卫新闻真实，媒体与媒体人应当寻求拐点中的契机，创造一个健康而纯净的新闻界。无论社会价值观如何多元，媒体的价值观都不能受到扭曲，无论何时，都不能随波逐流，不能假公济私，都要遵从新闻传播基本规律，遵守职业道德，要尊重自己的职业，尊重社会责任和权利。

重塑新闻理想，提高职业认同，是保证新闻核心价值的源头活水。

第三节 "记者节"话语分析中的从业者形象与职业认同

为了解近几年"记者节"微博话语的持续影响，本节以微博平台为文本来源，分别选取了几家较有影响力的媒体"记者节"博文，样本选择时间跨度在2016—2020年，剔除与主题不相关的4个样本（主要内容为记者当日活动记录、节日预告、相关知识分享等）后共获得有效样本42个。样本来源主要分为两大类，一类是以《人民日报》和央视新闻为代表的党媒、官媒的记者节案例报道，共计30篇。另一类是以《南方周末》《新京报》《三联生活周刊》为代表的市场化媒

---

① 参见杨保军《新闻道德论》，中国人民大学出版社2010年版。

体的"记者节"案例报道，共计12篇。

信息技术的迅速发展为传媒业赋能，使得传媒环境发生了翻天覆地的变化，而身处其中的专业媒体与记者在这股发展浪潮中一时却无所适从，开始出现困惑、矛盾、焦虑。尽管技术在不断进步，新闻产品也变得越来越好，足以吸引受众的眼球，但媒体与记者的职业焦虑仍然难以掩盖。专业媒体对行业有何认识？对大众又是如何塑造记者形象？对行业未来又抱以何种态度？这些问题，直接关系到记者的形象与职业认同，同时也可以在"记者节"的仪式性纪念话语里寻得答案。记者该如何应对新媒体环境和技术的迅猛发展，提升职业认同感，媒体又该向社会展现什么样的记者形象才能提高社会评价及认同，这些问题与当下的媒体生态息息相关并值得探讨。

根据臧国仁在《新闻报道与真实建构：新闻框架的理论与观点》一文中提出的新闻生产框架的高、中、低三个层次。高层次意义往往是对某一事件主题的界定。中层次结构主要包括主要事件、先前事件、历史、结果、影响、归因、评估等。除了有关上层、中层结构外，框架仍需透过语言或符号表现，包括由字、词等组合而成的修辞与风格，这是低层次结构。[①] 2016—2020年"记者节"报道也可分为高层次新闻框架、中层次新闻框架和低层次新闻框架。

一 高层次新闻框架：主要议题设置与呈现

高层次框架主题及文本数量如表6-5所示。

表6-5　　　　2016—2020年"记者节"文本表现主题分析

主题	高层次框架	相关文本数量
构建社会价值	①战争、救灾、抗击疫情、重大事件现场 ②辛苦的工作状态	26

[①] 参见臧国仁《新闻报道与真实建构：新闻框架理论的观点》，中华传播学年会论文集，1998年。

续表

主题	高层次框架	相关文本数量
宣传专业规范	③新闻专业主义 ④传统媒体式微 ⑤自我勉励与反思	14
强调组织合法性	⑥党性与新闻性的结合	2

（一）构建社会价值

记者常常奔赴各种现场收集信息，诚如2020年"记者节"《南方周末》所言："当你看到我的时候，我和新闻在纸上，你看不到我的时候，我和新闻在路上。"在战争前线、救灾现场等重大事件现场永远也少不了记者的身影，因此这类议题在样本中出现次数最多。

媒体往往会选择重申"一直在现场""不辞劳苦"两个维度来构建记者的社会价值。此类议题在样本中所占的比例也最大，达到61.9%。媒体通过记者节纪念博文重申自身作为"记录者"的媒体形象和价值追求。如《人民日报》官方微博在2020年"记者节"写道："他们不惧风险、深入一线，记录中国抗疫的点点滴滴，传递温情和力量。"

媒体的价值通过特定的社会服务内容和独特的社会影响力实现，报道新闻是媒体的首要功能，往往深入现场才能为读者传送更真实、客观的信息。记者工作的特殊性对其身体素质提出了更高的挑战，记者不仅要随时待命，高效高强度工作也是常态。这也意味着记者的工作常常伴随着辛苦、奔波、劳累，难以避免。2019年"记者节"，《人民日报》发布图文微博，向记者致敬"你们辛苦了！""加班熬夜，通宵赶稿，日夜奔波……只要新闻发生，他们总会第一时间出现；一支笔、一台摄像机，他们甘居幕后奉献，又冲在危险前沿。"

2019年"记者节"，凤凰李淼曾发布过一条微博："记者节，说说我的一个日本同学，某大报，男记者。之前写过。他刚入行时，半夜23点半刚要回家，上司很吃惊，问他'你去哪里？'他说，'想回家睡觉'，上司平静地说，'还有很多需要采访的工作啊！'有次他胃痉挛站不起来，给上司打电话报告，上司说，'你采访后就可以回家了！'

那个采访至少 5 小时。"

常态化下的"不辞辛苦"在面临非常风险甚至是生命危险时，变得更加难能可贵。2016 年"记者节"，《人民日报》发布博文"无论酷暑寒冬，只要新闻发生，他们总在现场；有人说他们光鲜亮丽，但更多人甘居幕后，用镜头揭露黑暗，用笔尖书写真相；去年，全球共有 115 名记者被杀害，但他们从未退缩……今天，第 17 个记者节，将敬意与祝福送给新闻工作者，辛苦了，愿安好！" 2016 年 11 月 7 日，《新京报》发布图文显示去年全球 115 名记者工作中被杀害，"11 月 8 日，是中国记者节。联合国教科文组织本月初公布的最新报告显示，2015 年共有 115 名记者在工作中遇害，而过去 10 年，这个数字达到 827，相当于每 4.4 天就有一名记者遇害。报告指出，827 名记者中大约 35% 是在阿拉伯国家遇害，其次是亚太地区。2015 年，发生记者被害事件最多的是叙利亚和伊拉克。去年全球 115 名记者工作中被杀害"。

（二）宣传专业规范

媒体选择通过"传统媒体式微""自我勉励与反思""新闻专业主义"三个维度的议题宣示记者和媒体的专业规范。在当前议程设置和舆论引导的主阵地逐步从传统媒体转向以微博、微信为代表的新媒体平台，传统媒体对当前的媒介环境和局势的认知在其"记者节"纪念博文里真情流露。如 2016 年记者节，《新京报》发布社论指出，存在与尊严，是时间对真记者的回敬，"第 17 个记者节如期而至。当下时节，没事唱衰一下传统媒体、调笑几句新闻人，早就成了流行姿势。人类需要真相，权力需要约束。对真相的逼问和挖掘永远是社会的刚需。新闻不会凋零，只是以另一种方式在期待我们。存在与尊严，是时间对真记者的回敬"。2019 年记者节，《新京报》发布社论，"……去现场，不仅是记者特有的'仪式感'，更是寻找信息增量的必修课。即便是 AI，都无法替代很多事实还原需要的心力。而像侦探一样去挖掘现场的蛛丝马迹，尽可能多地采访知情人士，在信息间形成交叉印证……这看似'笨拙'的操作规范里，藏着对记者对事实的敬畏……"

媒体作为特殊的社会服务机构，可以说具有一种隐性的社会约束力，对媒体自身工作方式的反思不仅是学界关注的话题，随着自媒体的发展，媒体和记者的边界被泛化，也由此导致越来越多不规范的行为或事件的发生，媒体和记者的形象逐渐被污名化，这种现象也引起了媒体和记者们的重视。越是在艰难的时刻，记者越应该时刻用职业道德、职业素养提醒自己，不断进行反思与修正。所以在2017年"记者节"，《人民日报》的博文，既是一种提醒也是一种勉励，"记者节"，无须一味自我感动，"记者节又至，向每位新闻工作者致敬。但我们深知，可以抒情，无须煽情，更不能矫情。有志向的记者不会沉湎于过去的荣光，一味自我感动；自我严格要求的记者，会继续俯下身、沉下心，将新闻写在大地上，推出更多有思想、有温度、有品质的作品"。

在新闻泛化的时代，对于记者新闻专业性的坚守重获重视。《新京报》的舆论监督和调查性报道较为出色，在揭露社会黑暗的同时也引起了社会对其工作方式的讨论。对新闻专业主义的坚守是一个永恒的行业议题，也是记者在工作中勉励自己的信念。2018年"记者节"，《新京报》发布微博，"可能每一个记者都有过梦圆的欢欣，也有过梦碎的痛苦，一个真记者，从来不会因为一时之变放弃对专业主义的坚守。而有了新闻专业主义的加持，不论是传统媒体记者，还是自媒体的内容创作者，都能为社会发展进步贡献一份光和热。在变局中坚守，在坚守中秉持公义，记者身上的光亮，将永不褪色。记者节：光在，亮在，人在"。

通过三个维度的建构，媒体表明自身的专业性及初心不会因为数字化、智能化而有所动摇，而是会在舆论环境更加复杂的当下守好专业主义的阵地，维护新闻媒体及记者的尊严。

（三）强调组织合法性

党的十八大以来，习近平总书记十分重视党的舆论引导工作，并多次对专业媒体的新闻工作作出指示，引起媒体对新闻工作的党性原则及记者的党性修养的重视。同时，媒体也不断通过"做党和人民信赖的新闻工作者"等话语来构建自身的党性，体现党性和新闻性的一种结合，是媒体塑造自身组织合法性，构建职业权威的一种表达。

2016年"记者节",《人民日报》微博发布博文,"在第17个中国记者节到来之际,习近平在会见中国记协第九届理事会全体代表和中国新闻奖、长江韬奋奖获奖者代表时强调,要抓好落实,把中央主要媒体和各级媒体越办越好,为党和人民作出更大贡献,做党和人民信赖的新闻工作者"。

二 中层次新闻框架:符号意义选择与构建

基于对样本的内容分析,本文将2016—2020年"记者节"期间媒体关于记者形象的报道作为主要事件,将报道中涉及的报道倾向、报道形式作为主要分析类目。

(一)报道倾向

报道倾向能够反映出媒体的报道态度和立场,此处将报道倾向区分为三个层面,分别为积极态度、中立态度和消极态度。

如表6-6所示,官方媒体报道倾向为积极态度的有25篇,占比绝对优势。以《人民日报》和《央视新闻》为代表的官方媒体,在微博平台上的粉丝数量都已经破亿,拥有巨大的影响力。而他们对记者节的报道多为向记者工作内容和专业精神致敬的内容,强调记者在现场、在路上,做真相和正义的守护者、记录者。如《人民日报》2020年"记者节"提到:"今天是第21个中国记者节。在特殊的2020年,无论抗击疫情前线,还是脱贫攻坚一线;无论抗洪救灾战场,还是重大工程现场,都能看到记者身影。他们脚下有泥,眼中有光,肩上有责任。新闻工作者当用心讲述中国故事,记录伟大时代。共享荣光,更当坚守理想与担当!"

表6-6　　2016—2020年"记者节"文本报道倾向分析

报道倾向	官方媒体	市场化媒体
积极	25	5
中立	6	4
消极	1	1

第六章 新媒体环境下重塑职业共同体

《央视新闻》经常在记者节当天发布带有"记者节"标签的博文，号召网民转发致敬记者。如《央视新闻》2018年"记者节"发文，"地球不爆炸，记者不放假，宇宙不重启，记者不休息。风里雨里节日里，记者不在新闻现场，就在赶往新闻现场的路上。尽管，追寻真相的道路不平坦，或许还要面对困厄、危险与恐惧，记者仍在坚守！书写真相，永远不会过时！今天，记者节，致敬记者！"

由此可见，官方媒体主要通过对记者的新闻专业规范和辛苦的工作内容加以强调，有意无意地完成了符号体系的建构，试图唤起社会对记者这一职业的敬意。官媒"记者节"的报道中表达中立态度的微博有6篇，主要内容是领导人在"记者节"的讲话、"记者节"媒体活动的安排以及记者工作内容的知识分享等。其中，仅有一篇基调总体偏向消极，强调记者的牺牲与记者工作环境的恶劣与艰难，如《人民日报》2016年的一篇微博用"记者"与"记着"两个词提醒，"11月8日，中国记者节。很多人觉得记者风光、神秘、高知高薪，可你知道吗，国内9成以上媒体人处于亚健康状态。2016年以来，平均四天就有一名记者因向公众提供新闻与信息而丧生。今晚的夜读收录了很多真实的故事，这些故事能告诉你，记者是什么。"

关于强调记者牺牲的微博，样本中官媒的报道共有5篇，其中4篇都在讲述记者的牺牲，强调了对这一职业的敬意。只有1篇夜读文章，通过故事讲述与数据陈列，借沉重的叙事风格，从反面歌颂了记者的牺牲与奉献，同时也呼吁人们对记者的生命健康及所处工作环境的关注。

市场化媒体的样本中，报道倾向呈现积极态度的比中立的仅多1篇。其中呈现积极倾向的微博，也是通过对记者的节日祝福和致敬来建构的。如《新京报》每年都会通过社论的形式来强调记者的专业精神和责任。市场化媒体中表达中立态度的微博主要通过趣味性的语言来分享记者工作的内容和形式。《新京报》2020年记者节，发布了这样一篇文章，"记者出门要多久？摄影记者陶冉说，年初，他从睡梦中接到随医疗队前往武汉采访的通知，到塞满行李箱出门，只用了不到半小时。他就像自己的相机电池一样,永远满格待命。我们常说新闻是'跑'出来的,在时间有限、事件不等人的情况下,随收随走的记者背包、行李箱里,都装了什么必不可少的东西?今天是第 21 个记者节,我们来翻翻记者们的包。"通过这种有趣的形式,勾起了读者的好奇心,记者的包里有什么?做记者最怕什么?引导人们深入体验记者的工作日常。

(二)报道形式

报道形式能够看出媒体对记者形象构建的程度和方式。报道形式一般为图片、视频、直播等。在进行分类时,带有文字的视频或者直播未界定为文字形式,因为文字主要是为视频和直播所作的说明,起着辅助说明的作用。

如表 6-7 所示,相较于市场化媒体,官方媒体采用较多的图文和视频的报道形式。市场化媒体除主要采用图文的形式外,如《三联生活周刊》的 4 篇博文全部是图文形式,另外采用较多的还有专栏文章形式,如《新京报》有 3 篇是采用了社论的形式。

表 6-7　　2016—2020 年"记者节"文本报道形式分布

报道形式	官方媒体	市场化媒体
图文	18	5
专栏文章(社论、评论)	2	4
视频	11	1
直播	1	0

官方媒体使用的图文形式大多通过文字描述记者辛苦的工作、敬业和奉献精神,配以有趣活泼的漫画形象的图片。这种形式能使其更加贴近受众,从而吸引更多的受众群体,增强传播力和影响力,也有助于在大众心中构建记者吃苦、奉献的职业形象。在官方媒体发布的视频作品中,时长大多保持在 1 分钟左右,这也符合当前社交媒体平台上受众快速阅读的习惯,且每个视频都能达到 200 万以上的播放量。这种形式能够降低传播的门槛,扩大传播范围。

市场化媒体的图文形式以轻松、趣味性的致敬活动为主,如《南方周末》2018年"记者节""霸屏活动","如果你进南方周末,会是一位编辑、校对、设计、运营,还是总编辑?来测测吧:网页链接。回答3道题,你可以成为我们的'荣誉员工',还有机会登上南方周末所有线上线下平台……共118个席位,欢迎参与霸屏记者节话题,提高入选概率!"这种通过将记者照片放在一起的形式激发了读者的兴趣,将趣味性和致敬活动有机结合,让人们很容易了解到新闻人的工作特点,也深刻领会了记者的风采。

《新京报》的3篇文章采用了社论的形式。社论属于新闻评论的一种形式,是报纸编辑部就某一重大问题发表的评论。《新京报》2016—2020年的记者节社论文章,核心思想仍是强调记者的价值以及对传统新闻价值的坚守。通过分析《新京报》记者社论文章的遣词造句,我们能够发现传统媒体逐渐与新媒介技术磨合过程中的阵痛感。如2016年的记者节社论强调存在与尊严,是时间对真记者的回敬,"第17个记者节如期而至。当下时节,没事唱衰一下传统媒体、调笑几句新闻人,早就成了流行姿势。人类需要真相,权力需要约束。对真相的逼问和挖掘永远是社会的刚需。新闻不会凋零,只是以另一种方式在期待我们。"此篇社论在强调记者对真相的挖掘,传统媒体对社会的重要性,体现了传统媒体人面对新技术冲击的一丝丝倔强。2019年的社论强调记者专业力量的重要性,"记者节"20年,事实有穿透时间的力量,"2019渐入尾声,秋色还正浓。11月8日,第20个中国#记者节#如约而至。社会需要事实,去廓清偏见和谬误。在当下,你我都有摄像头、麦克风,一则视频只需半个钟头就可火遍全网。新闻就在'云端',何必奔赴远方?但'有图未必有真相',很多视频也不过提供了单一视角,而事实总是复杂而立体,还原事实需要专业力量。去现场,不仅是记者特有的'仪式感',更是寻找信息增量的必修课。即便是AI,都无法替代很多事实还原需要的心力。而像侦探一样去挖掘现场的蛛丝马迹,尽可能多地采访知情人士,在信息间形成交叉印证……这看似'笨拙'的操作规范里,藏着对记者对事实的敬畏。"而2020年,《新京报》的"记者节"社论直接讴歌记者的职业精神:用记录去丈量纷繁的世界,"尤其是在今年,大时代的风暴眼,更照鉴出新闻工作者坚定如一的眼神与大道直行的脚步……年初,新冠肺炎疫情突然来袭,社会陷入停摆,空气里充满紧张。在这样的时刻,如同白衣执甲的战士,一群记者,拿起纸笔与镜头,走进未知,记录核心现场,传递疫情信息,缓解了公众的信息饥渴,增进了社会安全感。那些逆行在武汉街头的记者,那些靠着泡面度过许多日子的记者,那些向家人隐瞒行踪的记者,也是战疫现场一道道风景线。……新闻记者之所以为记者,就在于我们能以客观理性的报道,去呈现这个社会的真实;用不偏不倚的声音,去塑造这个社会的三观;用一颗对得起信任的真心,去触摸这个时代的精神。唯秉持客观、公义与真诚者,方为真记者。"

由此可见,在当前日新月异的媒介环境下,传统媒体人也面临着职业焦虑,在坚守传统新闻价值的前提下,需要主动思索如何应对新媒介技术的挑战。这些社论文字的基调也表明了当前媒体对记者提升自我以应对媒介融合时代媒体发展困局的决心,反映了传统媒体对于传统媒体行业以及记者职业发展的忧思与求变。

三 低层次新闻框架:隐含形象再现与延伸

将收集的42条文本内容进行统计整理,高频词汇统计如表6-8所示。通过将高频词与媒体所建构的记者形象相匹配,选择出现频次较高的词语,如守望(坚守)、记录、追寻、践行、现场、真相、公平、正义、责任、好记者、辛苦、致敬。

表6-8　　　　2016—2020年"记者节"文本高频词汇统计

形象塑造	低层次框架	频次
记者社会风云记录者形象	①守望(坚守)	5(17)
	②记录	16
	③追寻	8
	④践行	3
	⑤现场	23

续表

形象塑造	低层次框架	频次
记者社会理性坚守者的形象	①真相	22
	②公平	8
	③正义	9
	④责任	3
社会公平正义守望者的形象	①好记者	10
	②辛苦	12
	③致敬	36

根据统计结果可知，样本主要从三个方面建构了记者形象。

第一是通过守望（坚守）、记录、追寻、践行、现场等词的共现，表现了记者的职责所在、时代使命，体现出记者社会风云记录者的形象，引起记者同行的共鸣，提升记者的职业认同感。如《人民日报》2020年"记者节"发布的视频文案致敬所有好记者，"2020疫情来袭，有这样一群人，他们不惧风险、深入一线，记录中国抗疫的点点滴滴，传递温情和力量。他们，是新闻工作者。他们，在枪林弹雨中坚守阵地，在黑暗冤屈前守望正义，在岁月变迁里记录时代。记者节，致敬新闻背后的他们，辛苦了！"

第二是通过真相、公平、正义、责任等词的共现，塑造了记者社会理性坚守者的形象，呼应受众心中对记者职业责任的期待。如《人民日报》2018年"记者节"发布的微博视频，"枪林弹雨中，他们坚守战场前线；地震台风时，他们赶赴灾难现场；黑暗冤屈前，他们守望公平正义；岁月变迁里，他们记录时代风云。记者是种理想，一心'铁肩担道义'；记者也是高危职业，2018年截至目前全球86名记者遇难……记者节，致敬所有好记者：辛苦了，愿平安！"

第三是通过好记者、辛苦、致敬等词的共现，体现记者职业的不易与危险，与记者同行进行了理解式互慰，意在肯定记者职业贡献，提高社会对记者的评价。如《人民日报》在2019年"记者节"发布微博图文,"加班熬夜,通宵赶稿,日夜奔波……只要新闻发生,他们总会第一时间出现;一支笔、一台摄像机,他们甘居幕后奉献,又冲在危险前沿。记者的哪点最让你尊敬?今天记者节,向他们致敬。"

由专业媒体发布的样本材料,通过致敬式赞扬、不忘初心式鼓励、理解式互慰等表达,强化了记者社会公平正义守望者的形象;凸显了记者在维护社会稳定,不辞辛苦敢为理想献身的形象;在肯定记者职业意义的同时也回应了社会公众对于记者职业角色的期待。记者个人表达样本多数是在感慨记者工作的不易、勉励自己不忘初心的同时认同自己的职业身份。

四 记者形象与职业认同

(一) 光环加赋,行业信心缺失

由前文所做的文本分析可知,针对记者身份的荣誉加持是出现频次最多的。

记者职业颇为特殊,不仅社会影响大,而且从工作内容看,也需要具备无私、公正、奉献等精神。传统上,媒体似乎十分善于为自己的记者增加职业光环,"无冕之王""守望者""逆行者""幕后奉献者",等等。

但随着时代的发展,记者职业的社会形象与工作内容与以前大有不同,而媒体在塑造记者形象时依然沿用固定的标签与描述,通过无数的光环与赞誉加身,来保持记者社会形象的正义性与无私性,却忽视了新闻职业与记者本身的独特魅力。

新媒体技术作为一种解构性的变革力量,不仅从外部颠覆了长期以来的信息传播方式,重塑了媒体的生态环境,也冲击了新闻业长期形成的职业化新闻生产流程(原则)、职业理念和精神。职业环境的细微转变下沉到记者个体身上可能就会是巨大的心理落差,尤其给传统媒体从业者带来了一种无所适从的茫然感和挫败感,行业信心缺失。

(二) 职业角色缺位,记者形象单一

通过分析上述样本可以发现,其内容指向的记者角色多是社会新闻记者，而对一些在大众眼里较为冷门领域从业的记者形象描写较少。将记者形象一概用"枪林弹雨""深入一线"等词语来描绘，难免有些以偏概全。职业角色的缺位不仅会让大众对记者形象产生误解，难以引起其他领域的记者共鸣，也难以起到鼓励与安慰的作用。同时，媒体所塑造的记者形象较为单一，其传播效果未必是加强，反而有可能会令社会公众对记者形象产生刻板印象，引起受众的逆反心理，不利于协调记者与社会的关系。

（三）反思与关切，媒体与记者的职业焦虑

媒体在记者节发出对媒体、对记者之问，是难得的反思与关切。人工智能时代，智能媒体与大数据的迅速发展使记者开始焦虑职业的可替代性；传统媒体式微也使得新记者、老记者开始焦虑未来出路；而新闻的泛化、记者职业身份边界模糊也使得记者反思起职业意义；不断出现的、针对记者的负面公众舆论也令记者的职业荣誉感降低。媒体对行业及记者职业的反思与关切恰恰体现了行业与记者本身的焦虑。

（四）顺势而为，党性与新闻性的结合

党的十八大以来，以习近平同志为总书记的党中央高度重视党的新闻舆论工作。2016年习近平在党的新闻舆论工作座谈会上表示，做好党的新闻舆论工作，事关旗帜和道路，事关贯彻落实党的理论和路线方针政策，事关顺利推进党和国家各项事业，事关全党全国各族人民凝聚力和向心力，事关党和国家前途命运，对专业媒体的舆论引导工作提出了更高的要求，也促使媒体反思自身的舆论工作并将该精神传达给记者。

实际上，新闻业的公共性和社会性决定了记者的职业特性，他们不仅是专业的信息生产者和传播者，也是舆论建设者和引导者，更是公共利益的维护者和社会安全的保护者。新闻从业者身上更具备了一种理性指引下的豪情壮志、俯仰天地、悲天悯人与大彻大悟情怀。"为民发声""社会监督""时代的担当与使命""记录历史"这些都是他们绕不开的深层职业情结。

第七章 新闻从业者职业认同向何处去

第一节 新闻从业者职业认同的研究结论及启示

一 职业认同问题的重要性

虽然,有的新闻从业者认为,就现实而言,新闻人的职业认同不是那么重要。更倾向于把记者看作一个职业,新闻是工作而不是事业,从现实困难的角度出发,弱化职业认同的重要性,但是多少显得有些无奈。也许新闻从业者职业共同体越分化,媒体环境越复杂,职业认同就越难,也就越有必要。在这样的情况下,不是职业认同问题不重要,而是需要在协调与均衡中坚定其作为核心价值的追求。

大部分新闻从业者都认为职业认同非常重要,强调新闻的职业性和专业性,没有认同,何谈热爱?没有认同,面临艰难的环境,就会容易退缩,应对各种诱惑的时候也会难耐寂寞。新闻、媒体、新闻从业者职业共同体越分化,职业认同就越难,也就越有必要加强关注。

此外,笔者认为职业认同直接影响职业底线、职业价值和职业动力。就新闻从业者来说,有偿新闻、有偿不闻、失实报道等,都是职业底线出了问题;当一天和尚撞一天钟,不求无功但求无过,明显是职业动力不足;不安心、不尽心,一心总想往外飞,虽然站着新闻岗位,却总把升官发财当作目标,把利益交换作为捷径的人,典型的是职业价值出了问题。归根结底,缺乏职业底线、价值和动力的人,都是职业认同的程度还不够。

二　职业认同的三个构成维度

（一）职业认知、职业评价与职业情感

新闻报道应该做到客观、真实，告诉受众发生了什么，从专业角度分析原因，提供对策，使人们更好地认识世界。在一般意义上来说，新闻工作是一种普通的职业，新闻从业者就是敬业的新闻劳动者。但是从专业角度来看，新闻行业具有自身的特殊性，与其他行业不同，新闻从业者是专业的舆论建设者。

对于新闻伦理领域存在的负面现象，新闻从业者并未回避，有基本的认识和判断，并且了解程度较高。新闻从业者普遍认为，违反职业道德现象在新闻行业中确实存在，但是却笃定自己在这方面做得足够好，也就是说评价个体行为时，都认为自己做到了职业道德的要求，但是评价他者行为时，这个群体中职业道德问题却是普遍存在的。

在职业评价维度，新闻工作者普遍认为自己在社会中受尊重程度一般或比较低。相比于其他行业，横向比较，新闻记者受信任程度处于中等偏下水平；纵向比较，新闻记者受信任程度也并不高。此外，研究发现，面对公众的负面评价，新闻从业者采取主动隔离的策略，将自己与其他从业者鲜明地加以区分，保持了强烈的职业自尊。

大多数新闻工作者对工作总体上还是比较满意的，但具体到工作中，薪酬水平、福利和未来发展空间满意度不高，工作的满意度直接影响忠诚度。忠诚度主要体现在从业年限、流动性和跳槽意愿方面。新闻从业者媒体工作时间主要稳定在从业初期到20年之间内，其中从事媒体相关工作5年及以下的占比最高，从业年限在逐渐缩短，资深新闻工作者（从业时间11年以上）比例在下降（由10年前的48.4%降至33.6%）。如何在时间规律面前，保证从业黄金时间段的前几年内奠定好对于职业的热爱和忠诚，是至关重要的。虽然并不一定采取行动，但是部分新闻工作者有潜在的辞职想法，一旦有重新择业的机会，超过1/3的人会跳出媒体行业。此外，近半数的人并不愿意让子女继续从事新闻工作。满意度与忠诚度会直接影响新闻从业者的行为模式。

新闻从业者辞职、跳槽，考虑的现实问题，来自对家庭的责任、职业前途的渺茫以及新闻行业的暗淡前景。新闻从业者普遍会把离职、跳槽作为一种转型的机会，无论是否离开媒体行业，都表现出对新单位的高度认可和向往，认为那里更契合他们的理念和气质，是实现新闻理想和职业认同的一种行为策略。

现如今，媒体人离职转型越来越多，既有从传统媒体跳到新媒体，也有直接离开传媒行业，然而，离职却并不代表"逃离"，无论他们是否还在媒体行业，都在关注这个行业到底还有怎样的发展空间，动摇的也许从来都不是理想本身，而只是实现理想的方式与手段。

（二）各维度之间的相互影响

职业认知、职业评价、职业情感构成职业认同的不同维度，并彼此相互影响。伴随职业认知逐渐明晰，职业评价趋于合理，职业情感转向积极，职业认同也在逐步提高。

一方面，职业情感对于职业评价起到正向的引导作用。满意度越高，越能感知到职业的成就感和地位，对于职业的受尊重程度的判断也越高。另一方面，职业评价也作用于职业情感，对于新闻从业者社会受尊重程度认知越高的人，其对于职业判断和评价越正面，享受到职业所带来的荣誉感越强，从而表现出较低的辞职意愿和较高的职业忠诚度。

此外，职业认知与职业评价呈现正相关，积极的职业认知，能够提升职业评价。新闻从业者认为违反职业道德的现象越普遍，则其对于职业受信任程度的判断越低。

（三）职业认同的人口特征

1. 工作年限与职业认同

虽然新闻从业者工作年限对于工作满意度的影响并不明显，但整体上看，随着从业年限的增加，满意度倾向于正面的评价的占比有所提升并趋于稳定，同时对于新闻职业伦理方面的知识了解程度也有所提高，但也存在回落和反复，表现出理想与现实之间的冲突和震荡。

2. 专业背景与职业认同

专业背景对职业认同具有重要影响，新闻从业者中具有新闻专业背景的人，对于新闻伦理知识的了解程度更好，并且在实践中，在坚守新闻伦理、维护职业道德方面表现得非常积极。相比之下，新闻专业背景的人更加重视消息来源的采访与核实，维护新闻真实，追求客观平衡报道，能够反映事件各相关方的观点或意见。由此可见，新闻职业的专业性与价值。

3. 收入构成与职业认同

本书认为，单位收入是新闻从业者的主要生活来源，其在收入中占据的比重显示了新闻从业者对单位的依赖程度。获得的单位内资源越多，单位内收入在收入结构中所占比重越多，对单位的依赖性越大。另外，满意度影响依赖性，满意度越高，辞职意愿越不明显，面临重新选择职业的机会时，对本单位和本行业的忠诚度也越高，依赖性越高。

总体上看，这种依赖性的高低取决于客观上新闻人员从单位获得的收入，以及主观上他们对收入的满意度。对于收入的满意度直接影响收入获得方式和行为，带来收入构成多元化，而这在一定程度上又会对忠诚度造成影响，形成对职业身份认同的消解。

三 职业认同的理想丰富且坚定

在理想召唤下对于新闻从业者角色预期更符合"铁肩担道义"。新闻从业者应该是社会的监督者、瞭望者，为国家、民族和社会的命运负责。虽然理想与现实存在差距，新闻从业者还在朝着理想不断努力，还在路上，至少他们从未放弃过努力。

对新闻工作者的定义，有很多不同的看法。结构功能主义者说其是"航船瞭望者"，承担社会有机体的一种功能，对社会"平衡"负责；在符号互动论者眼中，新闻工作者更主要是文化工作者，他们使用着社会共同拥有的符号，并且在传播当中，不断创造新的语词、符号、概念体系等，促进社会的进步；对社会交换论者来说，新闻工作者和社会上其他一切职业一样，新闻工作只是多种选择中，最大化自己利益的抉择。

新闻从业者理想中对于职业角色是有憧憬和预期的，敬业的劳动者、舆论的记录者、有道德和责任感的参与者。对角色的认知，新闻从业者一方面注重榜样的力量，另一方面特别强调职业责任与伦理。无论是体制内记者坚持底线，体制外记者冲破束缚，还是调查性报道、揭黑记者的形象，都希望能够尽可能地独立于政治、经济、文化之外，从人性角度做新闻，当好社会的瞭望者、观察家、监督员和减压阀。

现实中，存在职业角色与社会角色的冲突与调和，社会角色认知经历了巨大变化之后开始出现回归新闻记者职业本身的趋势，新闻从业者更倾向于将职业角色定位为传播者和推动者，而非营利者或宣传者，这就是一种混合式职业认同，新闻从业者如何扮演职业角色，很大程度上表现为他在新闻实践中怎样实现自身对角色的期望。而对于自我认同的理解，又会深刻影响到如何扮演记者的职业角色。职业记者要常常面对作为一个"社会人"与代表其所在媒体的"媒体人"双重身份矛盾所带来的尴尬，只能选择适当地扩大自己的价值体系中与媒介价值观重合的那一部分。

四 职业认同影响因素日趋多元

具体量化分析表明，对于职业角色、职业道德方面的职业认知，对于职业受尊重程度、受信任程度方面的职业评价，以及在满意度、忠诚度、依赖度方面表现出的职业情感，都会影响到职业认同。其他影响因素还包括新闻从业者的从业年限、专业背景、收入结构等具体差异。而将各种影响因素进行整合会发现，在社会环境层面，市场化的要求与社会公器的坚守，抉择艰难，来自政治环境的束缚，社会价值观多元化造成的混乱以及新媒体环境带来的诸多挑战，都在无形中重构职业认同。其中，社会评价是影响职业认同的一个重要因素。媒体环境的变化，无论是传媒内部环境还是技术环境，都对新闻从业者职业认同具有潜移默化的影响。对于新闻从业者个人来说，成名的想象，对于"名"的成就感追求，以及收入、资源、人脉等"利"的追寻，则直接作用于职业认同。

五 职业认同的建构逻辑存在不同视角

（一）时空逻辑：历史与现实维度

我国新闻从业者职业认同的形成和发展受到各种文化传统和现实因素的影响，具体表现在：传统文化（文人论政，立言报国）、西方新闻思想（新闻专业主义）、党的领导和市场经济，并且在这样的发展过程中始终存在认知与认同的矛盾交织。文人论政、立言报国的文化传统，被中国新闻从业者能动地编织进职业认同，同时吸收西方新闻专业主义，在中国的现实环境中，平衡各种角色。现实新闻实践的发展，让新闻从业者经历了职业认同中从宣传、倡导到参与、瞭望、建设的转变，在不断受到教育的同时也在理想的激励下，反思各种角色之间的界限，在传统与现代之间不断徘徊，形成新闻专业文化和职业认同的独特景观。

（二）评价逻辑：内在与外在维度

新闻从业者的社会评价明显存在两极化倾向，并且总体上社会评价出现下降趋势，令人担忧。此外，自我评价也出现自我贬损倾向，新闻从业者表现出前所未有的焦虑与迷茫，在职业角色和社会角色的定位之中艰难摇摆。然而，社会评价多元化本身就是一个常态，未必是件坏事，在各种比较与鉴别中，社会公众逐渐摆脱对于新闻从业者的迷信与过分期待，开始去中心化，这在一定程度上减轻了新闻从业者的角色压力。

自我认同与社会认同之间是相互影响、相辅相成的。自我职业认同感与社会评价是职业社会声望的两个重要维度，社会评价越高，自身的职业认同感也越高。反之，只有自我评价坚定才不会因为外界的评价和诱惑造成内心的认同混乱。自我评价的提升，有助于通过自身实际行动扭转社会评价。

在新闻理念、话语和时间的整体互动之中，来自社会和业界的媒介批评成为新闻从业者用来维护职业规范、引导职业身份认同的实现方式。通过各方的激烈博弈、对话，对坏的行为采取主动隔离、划清界限、趋利避害，有助于记者更好地协调自身地位，确立并分享统一的职业规范，由此构建专业权威以加深职业身份认同。①

新闻从业者应该在努力做好本职工作的同时，强化职业认同，重拾荣誉感，重视并正视社会评价。

（三）结构逻辑：宏观、中观、微观的结构框架分析

从结构框架角度入手，职业认同的建构受到宏观、中观、微观三个层面的影响。

宏观层面，媒体环境与文化重塑新闻从业者的职业认同。首先，面临言论表达空间的逐步扩展与成熟，网络信息安全问题更为复杂，考验着新闻从业者的立场、能力与素养。其次，传媒的公共性理念确实应该不断被强化，新闻从业者应该高度认可媒体作为"社会公器"的价值，并在坚守这种角色的过程中，获得职业成就感和认同。最后，群体传播时代带来的信息生产方式、资源获取方式、受众与传者地位的变革，对新闻从业者的职业认同提出了更为严峻的挑战，需要在专业化领域寻找价值存在感和职业荣誉感，激发职业认同的内部动力。

中观层面，主要是来自制度与环境的影响。首先，事业单位，企业化管理，造成新闻从业者职业角色的游离与混乱。其次，弹性雇佣制度使得新闻从业者的劳动价值遭到贬低，社会声望和经济地位也随之下降，工作强度大、时间不规律、健康受影响、付出与回报不平衡等现象，严重影响职业认同。再次，薪酬评价体系在一定程度上也强化新闻从业者的劳工特征，成为名副其实的"码字工"，一味地追求量的积累，刺激个体逐利取向。微薄的报酬难以为继职业尊严，残酷的竞争渐渐泯灭专业主义。最后，收入结构日益多元化，尤其是兼职、外快等单位外收入比例的提高，会影响到新闻从业者对单位的依赖感以及忠诚度。

---

① 参见谢静《建构权威·协商规范——美国新闻媒介批评解读》，复旦大学出版社2005年版。

微观层面,有赖于新闻从业者的"四感一德",即坚定职业归属感与责任感,强化职业成就感与荣誉感,坚守职业道德,在心灵和情感层面体认职业认同。

六 微博等社会化媒体中的职业共同体有效形塑认同

从文化研究路径入手,职业共同体与职业认同联系的一个节点,即充当"文化阐释者"的新闻记者,具有面对一般性公共议题的"外部"阐释和寻求赋予与自己职业共同体相关事件以意义的"内部"阐释的双重角色。通过对重要的公共事件的集体阐释,新闻从业者达成彼此连接,由此所制造的共享话语也就可以成为解读他们如何看待自己的标志。由此,群体内互动在职业身份认同建构中发挥着不可替代的作用。微博平台,在共同体建构方面为强化职业认同提供现实依据和参考。

通过对"记者节"微博中的主题及高频词汇分析,从不同的记者形象中感受职业认同的深刻变化。"记者节"已经不仅仅只是一个职业的节日,在某种程度上,越来越成为新闻从业者抱怨职业困境、发泄职业压力的时刻。同时,也是孤独前行的新闻人坚守理想,继续前行的勇气,它提醒新闻从业者,不忘初心,使命在肩,勇往直前!微博中的新闻从业者职业共同体存在行业行动情感层面的专业认同以及功能层面的资源协作,并且在共同体建构认同的过程中,更多地体现为感性到理性的回归,即在正确认知基础上的认同。

微博中,表达方式更加感性化,内容也呈现碎片化,这与媒体人的职业规范存在一定的矛盾。在这个充满竞争与挑战的社会中,每个人都需要用一定的方式来转移心理压力。微博的简易操作,随时发布状态,自然满足了媒体人转移压力的需求,发泄心情,转移情绪。

新媒体环境下,职业共同体的形成和建构又有很多新的不确定因素。职业共同体的重构,带来整个新闻行业的转型,凝聚着新闻从业者所内化的职业认同,需要职业精神、新闻理想的指引,同样也需要职业良知的坚守。

微博中的职业共同体研究验证了新闻从业者在维护职业认同、重塑职业共同体、维持职业正当性方面所作出的努力。同时，还需注意的是，媒体人既是社会角色，也是独立的个体，其微博的使用动机具有多样性，并不仅仅是为了满足职业性的需求。也就是说，其微博内容，既有作为职业传播者的信息传播与发布，也有作为普通社会成员的生活记录和情绪表达。而现实中，公众很容易对媒体人的微博天然产生职业身份的期待，在事实上成为媒体机构的延伸。公众的这种角色期待，媒体人职业身份与个体身份在微博中界限的模糊，使得媒体人的身份转换陷入困境。[1]

总之，本书中所关注的职业认同较为中性，是一个具有弹性的概念，能够相对准确地再现对职业的理解，也能够涵盖各个层次新闻从业者的职业认识、职业意识和职业情感。新闻从业者职业身份认同就是对其职业以及内化的职业角色的积极认知，体验和行为倾向的综合体现。职业认同，更进一步说，是新闻从业者对职业价值观的认同、职业标准的认同和职业规范的认同。

新闻从业者职业认同的形成是一个个体认知与社会塑造的互动过程，即一方面来自自身在从事新闻工作中不断确认自我角色、对职业产生认同；另一方面也源于他人及社会对新闻职业的社会认同度。由于职业角色的模糊与转换，造成混合式职业认同，因此职业认同很重要的一个方面就是认清职业角色，并对其有积极正确的评价。新闻从业者普遍将新闻意识形态与职业认同当作一种"策略性的仪式"，不仅使其工作合法化并赋予意义，同时也可以在面对媒介和公众的批评时保持专业的姿态。

此外，体制性矛盾、职能性矛盾、理念性矛盾在历史与现实、自我认知与社会评价等各种结构性因素中复杂交织，形成职业认同建构的特殊图景，并且职业身份认同始终被看作一个永远未完成的建构过程。新闻从业者职业认同的建构，需要来自社会结构层面，职业共同体的社

---

[1] 参见张丽萍《试论媒体人微博使用中的角色冲突》，《现代传播》2012年第4期。

群支持，同时需要价值层面的职业意识、职业理想的激励与支撑。

第二节 以新闻为本：强化职业认同的对策

新闻从业者的职业认同离不开"新闻"这一基本的话语体系，对于职业认同的强化也应该回归新闻本位，理解职业活动的特征，遵守新闻传播的规律，体认专业主义要求。新闻本位的观念，就是把"新闻"作为新闻活动的"本位"和"新闻活动"的出发点，是一种实践观念和工作观念。（杨保军，2020）只有以新闻为本，才能真正意识到自己的角色与价值，以专业的理念和精神为指引，以社会责任和伦理道德为约束，追求新闻应有的功能价值和理想目标，充分发挥职业身份本身的话语权威，增强主流意识形态话语权。进而培育职业情感，感受专业魅力，重塑新闻权威，强化职业认同。未来，从新闻教育的培养到新闻实践的驯化，再到媒体环境的革新，都应该注重新闻理想、职业认同、社会责任、伦理道德等层面的强化，不至于产生理想与现实太大的落差。

一 良好的制度环境及政策

职业认同的强化，有赖于国家和政府提供良好的政策环境，加大对新闻媒体的扶持力度，前提是明确真正做新闻的新闻媒体，要把媒体的"产业""商业"色彩降下来，不能简单地把新闻媒体归于文化产业，吸取教育、医疗产业化改革的经验与教训。要完善中国特色的新闻媒体机制，新闻媒体及从业者要向舆论引导归位。同时，还要重视舆论监督，给予媒体更大的空间，对于新闻媒体发展规律有充分的尊重，加大言论自由的保护力度。

在政策制度方面，一方面，要不断完善用工制度，形成长期、稳定的雇佣关系，为新闻工作者提供相对稳定的工作环境，尽量减少弹性雇佣与事业编的铁饭碗之间同工不同酬现象；另一方面，完善现有薪酬评价体系，绩效考核时，不仅要求数量，更要注重对质的追求，鼓励生产好新闻、好作品，多出精品。对于新闻产品和新闻从业者的劳动成果给予相应的肯定和尊重。此外，还要继续加大收入分配制度的改革，让收入结构趋于合理和完善。提高新闻从业者的薪酬福利水平，尤其是单位内收入比重。

二 社会的正确认知及评价

要在全社会形成良好的氛围，社会公众应该用一个公正的态度去评价新闻从业者。既不要过分拔高新闻从业者的作用，赋予太多的期许和能力之外的寄予，更不要对新闻从业者过分苛责，而是把新闻从业者当成一种职业，当成一个普通的人，理解他也有能力所不及的地方。即使是行业内存在的不合理因素、不正当现象，也不能因为个别人的失足而陷整个行业于道德深渊。毕竟新闻从业者已成为现代文明社会必不可少的一种职业，服务社会公众是新闻记者最基本、最重要的职责，推动人类社会进步发展则是新闻记者的天职。在一系列的重大事件中，新闻从业者的敬业感动着越来越多的人，对于社会进步的促进，对于公平正义的维护，为公众利益的奔走呼号、坚守……社会评价应该在理性主导下，变得更加客观、宽容。

社会上对新闻从业者的评价是多种多样的，有贬有褒。具体来说，有新闻当事人，包括正方、反方、中立方；有利益攸关者、有旁观者、有无关者……每个人的视角、利益、兴趣、偏好、价值评判标准不同，对新闻从业者的评价自然大相径庭。还应该注意，新闻从业者是一个整体的概念，媒体分类当中既包括传统媒体和新媒体，也包括党报和市场报。不同媒体，对于旗下的记者、编辑要求不同，诉求不同；况且，新闻从业者秉性各有不同，自不会千人一面。所以，每个人对新闻从业者所产生的印象，只不过是其有限的社会触角所能够接触并感知的一种片面化印象。并且，这种片面化印象也是不稳定的，一个人可能平时对新闻从业者有一个大致的印象，但具体到一个新闻报道中，可能又会有即时性的变化。

社会评价的变化、媒体记者与社会大众关系的变化，要求媒体记者更专业而不是网民化，更专业体现在对传播技术与传播规律的把握，以及舆论引导的到位而不是缺位。互联网时代，跨界、越界似乎是趋势，但跨界越界总有个"界"，否则就无所谓跨与越。无边界，也就无责任、无专业、无标准（1号受访者）。

作为新闻从业者，不能改变体制、不能改变人们的评价，能做的只能是尽力做好本职工作。坚持公正客观基本原则，把握底线，自然会赢得社会尊重。

三 媒体内部的培训及自律

讨论提升职业认同的对策，首先必须明确职业认同的角度，个人角度和集体角度的逻辑顺序是不一样的。

从个人而言，职业认同的逻辑是：利益认同（个人生存）——组织认同（媒体集体发展）——精神认同（职业行业存续）。这是符合马斯洛的需求理论的，个人层面的职业认同是有一个上升逻辑的。

就集体角度而言，职业认同的逻辑是：组织认同（媒体集体存在与发展）是前提——精神认同（职业行业存续）是保证——利益认同是基础。

虽然本书研究的是新闻从业者的职业认同，但是脱离不开媒体环境和媒介组织，那么这个逻辑就既应该包括个人的逻辑，也应该包括集体的逻辑。现如今，不仅仅是个人认同的问题，组织认同也是不够的。甚至，职业认同可能更多是同行之间的影响更大，外面人怎么看你，你可能不在乎，但是同行怎么看待你这个行业，可能就显得不一样了，这也是比较重要的。

记者们更希望单位能把他们当兄弟姐妹而不是工具，曾有记者给报社总编的信件中，悲凉地呼吁给予记者编辑最起码的人文关怀，希望报社在任务下达和问题解决时，能够做到诚恳地沟通。

从宏观的层面来讲，媒体固然必须加快转型，转方式调结构，深化改革，努力创新，但是媒体内部也更需要通过文化的熏染，提高组织认同，进而提高个人的职业认同。

首先,发挥行业协会的作用,提升组织认同。认真执行《中国新闻工作职业道德准则》,媒体结合自身实际制定相应实施细则,培育自身的组织文化。其次,提高精神认同,加强媒体及从业者的自律,重视价值导向和激励,奖励那些具备强烈职业荣誉感的优秀人才。最后,保障利益认同,要维护从业人员的利益,强化职业尊严。

面临社会转型和改革攻坚,媒体人也受到巨大的影响和冲击,受贿、造假,一些职业操守降低的负面现象屡禁不止,在新闻伦理层面拷问着媒体自律。

媒体自律,是保证新闻真实、维护传媒公信力的需要。媒体自律的缺失,媒体本身的缺位,有意不作为,缺乏自律,由此带来的新闻失范是媒介的异化,是一种非正常的现象,成为侵蚀新闻真实的蛀虫,也是媒体公信力塑造的污点。(胡晓娟,2015)

有学者曾经指出,"由于舆论误导,虚假报道,有偿新闻,低俗之风,不良广告,我国媒体还存在虚假报道等导致新闻品质受损,影响力受到冲击,公信力下降现象"[1]。

新闻真实不仅是新闻伦理与法规的原则要求,更关系到新闻媒体的公信力以及新闻业的健康持续发展。新闻真实,永远是新闻的生命,尤其是面对重大突发事件,真实的信息总能在第一时间减少受众恐慌,避免谣言的产生和传播,维护社会稳定。而虚假新闻和失实报道会因为误导受众而造成不良的社会影响。有学者曾指出"真实新闻的影响可以按算术级数来计算,而失实新闻的影响恐怕应按几何级数计算"[2]。

媒体自律,就需要媒体主动对真相负责,对受众负责,面对重大突发事件,保证新闻真实性的同时要做到不失语,第一时间原则,才能把握最好的时机,避免造成更严重的影响。国务院新闻办曾把突发公共事件的舆论引导策略概括为"四讲",即尽早讲、持续讲、准确讲、反复讲。

---

[1] 参见郑保卫、祁涛《我国报业30年改革与发展的经验及启示》,《今传媒》2009年第2期。

[2] 参见蒋亚平等《新闻失实论》,中国新闻出版社1986年版。

第七章 新闻从业者职业认同向何处去

对于新闻从业人员而言,最大限度地接近新闻真实,报道新闻真实,以及永远捍卫新闻真实是媒体和新闻工作者不变的职责和不懈的追求,也是必须长期坚持的职业理念和精神。

媒体自律,是发挥好舆论监督职责的保障。媒体在保障人民享有和行使知情权、参与权、表达权、监督权等方面负有不可推卸的社会责任。耳目、喉舌、社会守望者、第四种权力……新闻被赋予了多种标签,"影响巨大是新闻职业特有的劳动效果;责任重大是新闻职业的压力与光荣"。[①]

记者向来有"无冕之王"之称,某种程度上记者是社会正义的守望者。新闻媒体应成为和谐社会的"瞭望塔",承担着反映民意、舆论引导和监督的责任。舆论监督,是社会健康运转的关键,也是媒体和媒体人崇高的使命。而新闻媒体为了利益和诱惑,为了避免不必要的麻烦,放弃了大众传媒的环境监测、舆论监督功能,不仅无视公众知情权,还会违反相关法律法规。

任何时候,媒体都应该加强自律,不要擅自放弃舆论监督职责。"妙手著文章"的同时,不要忘了"铁肩担道义"才是根本。

媒体自律,是新闻专业主义的应有之义。新闻专业主义虽然原产于美国,但是其所倡导的"自由独立、客观公正、公共服务、专业自律",对于我国的新闻业而言,同样具有可以借鉴和参考的价值。

陆晔和潘忠党曾经系统总结西方新闻工作专业主义的基本原则,成为学界的经典研究文献:①传媒具有社会公器的职能,新闻工作必须服务于公众利益,而不仅限于服务政治或经济利益集团;②新闻从业者是社会的观察者、事实的报道者,而不是某一利益集团的宣传员;③他们是信息流通的把关人,而不是政治、经济利益冲突的参与者或鼓动者;④新闻从业者以实证科学的理性标准评判事实的真伪,服从于事实这一最高权威,而不是臣服于任何政治权力或经济势力;⑤他们受制于建立在上述原则之上的专业规范,接受专

[①] 徐新平:《新闻工作的职业特征新论》,《云梦学刊》2001年第5期。

业社区的自律,而不接受在此之外的任何权力或权威的控制。(陆晔、潘忠党,2002)

我国新闻从业者对新闻专业主义的不懈追求和话语建构从未停歇,尽管具有不同的时代内涵。从1926年新记《大公报》创刊时主编张季鸾提出的"不党、不卖、不私、不盲"的方针;到1996年央视《新闻调查》对真相的不懈追求,为公众厘清了迷雾,成为众多人心中的良心品牌;再到《南方周末》大量揭露性、调查性报道扛起了舆论监督的大旗,"在这里读懂中国",成为"弱势群体的代言人"。一批批新闻媒体在理念上倡导"公共服务",在实践中强调"客观报道",在道德上恪守"专业自律"。

新闻专业主义是一个话语体系,更是一套行业规范,在专业主义框架下对客观、真实、独立的追求,时刻鞭策和约束着媒体和新闻人的自律。

四 职业共同体助推及支持

新闻从业者面临孤独、疲惫和压力,精神同盟的力量很重要,抱团取暖,彼此互相鼓励,这样的归属感烛照每个人的心灵深处。尤其是微博等社会化媒体兴起之后,新闻职业共同体,超越时空限制,独立于媒体属性、等级和机构利益之外,成为推动中国进步的力量之一。

在重大公共事件中,新闻从业者在社会化媒体中的积极表现,不仅可以提升专业成就感和议程设置能力,还可以塑造属于个人的新闻品牌。微博上的链接,还能够帮助记者找到志趣相投的同行,并建立联系,通过彼此间的关系网络传递信息,共享资源,提供支持、声援,本身也形成了其传播和行动的链条,由此构建职业共同体。记者之间在信息、情感、行动等不同层面形成支持关系。

新闻从业者需要充分利用社会化媒体平台,强化阐释共同体的角色,积极建构职业共同体,分享荣光,共担风险,抱团取暖。一方面需要职业精神、新闻理想的指引,新闻理想中所描绘的那份荣誉感、神圣感、责任感,早已成为对于职业共同体的信念激励和指引,排除利益，抵御诱惑，守望理想。另一方面需要职业良知的呼唤，分享共同的基本准则和职业道德，无论在什么样的情况下，媒体和媒体人都应该对真相、伦理和法律有着最基本的敬畏。媒体和媒体人应该保持自律，珍惜话语权，当好社会公器，坚守基本的职业道德，自由而负责，自律而纯净。

五 新闻从业者内修及激励

（一）坚持职业性与专业性

无论社会评价如何变化，媒体环境多么复杂，记者所要做的是认清形势，不卑不亢，勿忘初衷。作为职业，新闻业的价值不会削减；新闻从业者作为真相传播者、信息解释者、社会瞭望者的角色不会被其他社会分工所取代。未来规模化、专业化、高质量的新闻生产离不开职业新闻从业者的支撑。

对于职业记者来说，重要的不是惶恐和自我否定，而是做好转型。一方面，要重视专业知识和技能的提升，在内容和技术上都要更加专业化，适应全新的新闻生态系统。通过提升专业化程度，实现职业地位的上升，赢得相应的尊重。另一方面，可以更好地利用公民记者所提供的消息源，有效互动，优势互补。此外，还要借助人工智能等新兴技术，人机协作，适应新的新闻采编流程。有了这些强有力的竞争对手，职业记者会做得更加努力。正如有学者指出，未来十年新闻业的一种常态就是全职和兼职、专业和业余新闻从业者的合作与重叠[1]。

也许以"社会公意"的严苛与暴力可以轻易抹杀职业化建立的艰辛历程。但是我们不要忘记，新闻职业化的过程从未脱离于社会现实，反而是更加关心社会问题的解决，职业化要求新闻人作为独立的个体可以站在最前线，可以有自己的判断，但是当他面对新闻的时候又必须是一个没有立场的人……新闻人扮演的是社会公正的执行者，

---

[1] 参见王帆《专业记者不会消失，但必须改变自己——记者职业面临的挑战与未来》，《新闻记者》2013年第4期。

这时候他的胸怀中就难免要具有暴力；而遵守职业化标准的新闻人，他的底色必然是民主。只有每一个新闻从业者都去尊重并坚守自己的职业标准，促成整个社会的制度改良，才能真正实现职业新闻人的期待。①

因此，对于职业记者来说，重要的不是惶恐和自我否定，而是做好转型，职业素养与技能是新闻从业者的根基，如果说主观故意是"明知不可而为之"，那么因为不懂而闹出笑话和错误的情况，则表明媒体人素养是其职业道德保鲜的前提。作为社会的"瞭望哨"和"守望者"，至少与公民和其他社会职业相比，媒体人的政治素养、科学素养、法律素养都应该是过硬的，还应在实践中不断提升综合素养，才能应对瞬息万变的信息时代，担得起无冕之王的头衔。尤其是面临新媒体环境，"人人都有麦克风"的时代，对媒体人提出了更高的要求。新闻竞争主要集中在对信息解释权的争夺，而非传统意义上所说的对新闻源的竞争。

以新闻从业者的科学素养为例，现代社会纷繁复杂、瞬息万变，科学技术水平不断提升，如果新闻工作者没有一定的科学知识和素养作支撑，很难准确理解一些专业术语，也无法完成相关素材的筛选、加工和传播工作，一定程度上还会造成事实模糊、扭曲甚至出现失实新闻。

只有具备相关的科学素养，才能用科学的眼光审视、判断，以科学的精神挖掘深层次的原因，通过科学的方法调查取证，最后准确报道事件，做到新闻真实。尤其是科技领域出现的新情况、新问题，一般公众没有专业储备和能力去辨别，需要新闻从业者提供权威的报道、分析，这时候媒体的判断成为公众对科学的是非判断标准，稍有不慎，则会给科学研究、科技传播带来诸多负面影响。在这样的情况下，公众需要的也不仅仅是能够简单完成报道的记者，而是需要更加职业化、专业化以及具备较高科学素养的记者。只有科学素养过硬的专业记者

---

① 参见白红义《以新闻为业：当代中国调查记者的职业意识研究》，上海交通大学出版社2013年版。

才能更好地完成高品质的新闻报道，发挥媒体在权威性、公信力和影响力方面的优势。

（二）做好职业生涯规划

根据金斯伯格（Ginsburg）、萨柏（Sabo）、施恩（Shien）等职业指导专家对职业生涯发展过程的研究，学者文崇坚、苏勇总结了完美职业生涯的五个不同阶段，同样适用于传媒行业。（文崇坚、苏勇，2011）

职业准备阶段从出生到18岁成年时期。这一阶段，充满好奇，求知欲旺盛，而随着年龄增长，知识与能力逐渐增强，开始形成稳定的价值取向与判断，确定并选择新闻作为未来的事业。在这样的发展变化中，职业观念日益形成，标志着职业准备阶段已经结束。

从成年到25岁期间是职业组织阶段。通常来说，此阶段正是大学学习期间，同时也通过兼职实习逐步迈入社会。专业知识的学习，业务能力的提升，新闻理想的培育，传媒人的社会角色逐渐在这一阶段开始明晰。

职业早期阶段是从25岁至40岁，这也是工作初期到前10年左右，努力适应和胜任新闻传播本职工作，并不断发展自己的技能和专长，不仅是专业知识和技能，也为提升或进入其他社会领域的横向职业打下坚实基础。

40岁到55岁，已经步入到职业中期阶段。经过了长时期的专业锤炼和积累，大部分传媒人已经成为本领域内的职业能手。不仅知识与技能接近炉火纯青的程度，还获得了业内的认可与赞誉，具有一定的职业威望。此后，上升空间日益有限，提高和增长幅度不大。

职业晚期阶段从55岁开始，直到退休，难以抵御的自然生命周期衰老，体力与精力不断下降，表现在工作中难免力不从心，但却并不妨碍智慧经验的积累，因此会有波动和回升。这一阶段媒体人很容易成为资深的记者、编导，并试着发挥自身的影响力，致力于新一批传媒人的传承与培养。

良好的职业规划，能让新闻从业者对职业有一个正确的认知与判断，并针对职业生涯各阶段的不同侧重点有效发力，降低职业风险和不确定性，更好地体认职业所带来的成就感。

（三）重视理想与精神激励

对于职业认同来说，理性与精神的激励至关重要，新闻从业者应该努力提升职业归属感、责任感、荣誉感与成就感。最重要的是加强自律，坚持新闻理想。媒体环境的变化，带来媒体融合的同时，新闻、媒体、从业者共同体也随之出现了分化，新闻从业者深感能力不足，普遍遇到业务交流机会不足、劳动强度大、业绩考核压力大、工作内容复杂、时间长等困难。同时还面临市场化和商业化的困扰。此时，从新闻作品、社会效果与评价等方面带来的工作成就感，成为坚持这种高强度和压力工作的最直接的动力。

无论在什么样的情况下，社会还是需要一批瞭望塔似的人，需要一批做预警、预报的人存在。既然选择做社会的瞭望者，就要爱惜自己的羽毛。也许，现实中，在工作的薪酬方面，传统媒体的从业者的收入可能还不如一个微信公众号的小编辑，面临这样的落差和窘境，新闻从业者应该怎样坚持？这就需要认识到自己职业的存在感，意识到自己所做的一些事情是有意义的，对职业有很强的认同感，才能在这种比较艰难的环境下坚持下来。毕竟，相比其他行业，记者的荣誉感和获得感比较特殊，它主要是通过为民请命，秉持为社会和公众负责的态度去写报道而得来的。也就是说，记者的荣誉感与经济效益关系应该不大，做一篇好的报道并不会给你的生活带来多少改善，跟其他行业做出成果就拿提成的体验是不一样的。所以要耐得住寂寞，这也需要很强的职业认同感。（9号受访者）

记录时代的人最知道时代的风光与局限。守望社会的人也更了解社会的冷暖与无奈。新闻理想中所描绘的那份荣誉感、神圣感、责任感，早已成为对职业共同体的信念激励和指引。越是复杂多变的时代，越是充满诱惑的环境，越需要新闻理想的坚守。任凭"乱花渐欲迷人眼"，我自"咬定青山不放松"，新闻从业者需要在职业共同体的场域影响下，以超越常人的定力，排除利益的追求，抵御诱惑的侵扰，时刻守望理想。

六 "马新观"教育及引领

2016年2月19日,习近平总书记在新闻舆论工作座谈会上指出"要牢牢坚持马克思主义新闻观",他强调"新闻观是新闻舆论工作的灵魂。要深入开展马克思主义新闻观教育,引导广大新闻舆论工作者做党的政策主张的传播者、时代风云的记录者、社会进步的推动者、公平正义的守望者"。[1]

不仅如此,马克思主义新闻观还直接关系到意识形态问题。法兰克福学派认为,媒介不仅是意识形态的工具,而且媒介本身就是意识形态。[2] 随着全球化的推进,跨边界的信息传播已经突破了主权的地域限制,模糊了国内政治与国际政治的界限,同时传播主体的多元化使得国家主权对信息的绝对控制权威削弱,尤其是来自一些跨国传媒巨头施加的影响和压力。全球化所带来的一系列问题,超越了民族国家、意识形态的界限,也改变了人们的思维方式,对传统意义上的国家主权产生了极大的冲击。具体表现为,资本的无边界流通,冲淡了领土主权对经济利益的单方面维护;环境保护、疾病防控、恐怖活动等全球议题,已不单是一国主权所单独面对和处理的,而需加大国际合作;互联网和新信息技术的发展,使得信息国际交流早已不可逆转;一国的内政外交在全球化传播助推下演变为国际事务,受到全球的干预和制约;地区危机、骚乱的扩大影响,渗入本国,引发一系列社会问题或动荡。由此可见,国家主权的壁垒和权威,不仅难以阻碍资本、信息的流动,更难以抵御全球危机的影响。

文化的国际传播是马克思主义普遍交往原则在新时代的具体形态,以实现人全面而自由的发展为价值逻辑。[3] 著名新闻教育家甘惜分先

---

[1] 《习近平谈治国理政》(第二卷),外文出版社2017年版,第332页。
[2] 参见邵培仁、李梁《媒介即意识形态——论法兰克福学派的媒介控制思想》,《浙江大学学报》(人文社会科学版)2001年第1期。
[3] 参见何娟、王习贤《习近平中华文化国际传播观的理论体系》,《湖湘论坛》2019年第6期。

生认为，新闻学研究离开了马克思主义，必将一事无成。① 马克思主义新闻观所提出的"世界交往"概念，充分阐释了国际传播活动的深刻意义，为国际传播效能提升贡献理论源泉。

党的新闻舆论工作的职责与使命也包含"联结中外、沟通世界"。自改革开放以来，中国一直在探索提升国际话语权和影响力的有效路径。党的十六届四中全会将信息安全提升到与传统的政治安全、经济安全、文化安全等同的战略地位。党的十八大以来，习近平总书记围绕新闻舆论工作发表了一系列重要讲话，形成了一整套兼具学理性、创新性与实践指导意义的理论方法，解决了诸多根本性和战略性命题，展现了马克思主义新闻观的最新发展高度和水平。当今世界正面临百年未有之大变局，新闻传播教育与实践也要在新形势下充分契合党和国家事业发展的战略全局。2021年，习近平总书记指出，"要着力推进国际传播能力建设，创新对外宣传方式，加强对外话语体系建设"。② 习近平总书记对于增强中国国际话语权的战略布局是对"世界交往"理论时代化、中国化的发展③。

"讲好中国故事"，不仅是提升综合国力、扩大对外影响力、树立国家形象的重要战略举措，也是我国全面建设社会主义事业、维护文化安全、实现中华民族伟大复兴的现实要求。新时期，面临国际传播格局的波诡云谲，新闻从业者应时刻以马克思主义新闻观为指引，讲好中国故事，向世界说明、展示"可爱的中国"，让世界了解、认同"可信的中国"，让"可敬的中国"影响世界，为解决人类问题贡献中国智慧和力量。④ 新闻从业者需要以马克思主义新闻观为引领，通过中国故事、中国话语的自信表达，在更广阔的空间内寻找更深邃的价值认同与意义。

---

① 参见甘惜分《甘惜分文集》第3卷，人民日报出版社2012年版，第496页。
② 《习近平关于社会主义文化建设论述摘编》，中央文献出版社2017年版，第197页。
③ 参见王建国《十八大以来马克思主义新闻观的新发展》，《青年记者》2017年第12期。
④ 参见胡晓娟《马克思主义新闻观视域下"讲好中国故事"的共情维度与实践路径》，《新疆社会科学》2022年第2期。

第七章　新闻从业者职业认同向何处去

2018年9月17日,教育部、中共中央宣传部发布《关于提高高校新闻传播人才培养能力实施卓越新闻传播人才教育培养计划2.0的意见》,强调"坚持马克思主义新闻观,用中国特色社会主义理论教书育人,培养造就一大批具有家国情怀、国际视野的高素质全媒化、复合型、专家型新闻传播后备人才"[1]。可见,新闻人才培养的重点举措即是开创马克思主义新闻观教育新局面。

马克思主义新闻观是与时俱进的、科学的理论体系,体现了"新闻的本质、本源、传播规律"[2]。面临世界百年未有之大变局,党和国家事业发展全局对新闻传播教育和人才培养提出了新的要求。马克思主义新闻观依据科学的道理,严谨的逻辑,专业的价值去影响学生,是新文科建设的重点,是课程思政的定盘星,也是卓越新闻人才培养的铸魂工程。

马克思主义新闻观是新闻传播学类的核心基础课程,对新闻采访与写作、新闻理论、新闻传播伦理等专业课具有深化引领作用。马克思主义新闻观以马克思主义的世界观、历史观和人生观为主线,系统梳理和分析马克思主义经典作家和党的主要领导人关于信息传播、宣传、新闻、文化、传播政策,以及党组织内部思想交流等的论述。[3]

这些内容包含马克思主义科学的知识体系和丰富的理论内涵,有助于学生树立马克思主义新闻观,提高基本理论素养,自觉运用马克思主义的立场、观点、方法去解决实际问题。从而进一步提高学生的新闻专业素养和从业能力,使之成为具有坚定政治立场、扎实理论基础和专业实践能力的社会主义新闻专业人才,进而推进中国特色的马克思主义新闻学建设。

马克思主义新闻观教育实现政治逻辑和新闻逻辑的高度契合,融合史论思想和时事政策、红色文化,培养学生理论认知,引导学生情

---

[1] 石磊:《全媒体化新闻传播人才的培养——卓越新闻传播人才培养从1.0到2.0》,《青年记者》2019年第1期。
[2] 柴璐:《马克思主义新闻观,谈的是什么?》,《红旗文稿》2014年第2期。
[3] 参见陈力丹《马克思主义新闻观教程(第二版)》,中国人民大学出版社2011年版。

感认同，进而完成价值塑造，讲好讲透马克思主义新闻观中丰富的思想价值和精神内涵，真正实现入眼、入耳、入脑、入心。

　　新闻传播教育通过对马克思主义新闻观理论体系的由来、形成过程、核心原理以及在实践中的应用状况等方面进行系统研究，持续深入研究"马新观"在融媒体环境下的创新发展，并将研究成果直接应用到人才培养中。在新文科建设中，凝聚新闻传播特色教育，更好地实践马克思主义新闻观，实现专业教育和国家战略、社会现实深度融入。培养一批具有"马新观"价值引领，以家国情怀为导向，以知识融合为依托，以专业能力为重点，具有现实关怀与批判精神的卓越新闻传播人才。

参考文献

一 中文著作

白红义：《以新闻为业：当代中国调查记者的职业意识研究》，上海交通大学出版社2013年版。
曹茹：《新闻从业者职业倦怠研究》，中国传媒大学出版社2008年版。
陈力丹：《马克思主义新闻观教程》（第二版），中国人民大学出版社2011年版。
陈力丹、王辰瑶、季为民：《艰难的新闻自律》，人民日报出版社2010年版。
成思行：《一个记者能走多远——艾丰评传》，北京大学出版社2007年版。
邓维佳：《迷与迷群：媒介使用中的身份认同建构》，中国传媒大学出版社2010年版。
丁水木、张绪山：《社会角色论》，上海社会科学院出版社1992年版。
樊亚平：《中国新闻从业者职业认同研究（1815—1927）》，人民出版社2011年版。
方汉奇：《邵飘萍选集》（下册），中国人民大学出版社1988年版。
戈公振：《中国报学史》，上海古籍出版社2003年版。
甘惜分：《甘惜分文集》（第3卷），人民日报出版社2012年版。
胡翼鹏：《中国隐士——身份建构与社会影响》，社会科学文献出版社

2011年版。

华德韩：《邵飘萍传》，杭州出版社1998年版。

黄旦：《传者图像：新闻专业主义的建构与消解》，复旦大学出版社2000年版。

黄远庸：《忏悔录》，《远生遗著》（第1卷），文海出版社1986年版。

蒋亚平等：《新闻失实论》，中国新闻出版社1986年版。

黎勇：《真相再报告》，南方日报出版社2008年版。

李金铨：《超越西方霸权：传媒与文化中国的现代性》，牛津大学出版社2004年版。

李金铨：《文人论政：知识分子与报刊》，广西师范大学出版社2008年版。

李舒东等：《传媒安全研究》，人民出版社2013年版。

李舒东：《传媒蓝皮书》，中国广播影视出版社2015年版。

李竹：《中国国家安全法学》，人民出版社2006年版。

《列宁全集》，人民出版社1986年版。

林语堂：《中国新闻舆论史》，刘小磊译，世纪出版集团2008年版。

柳堡、肖锋：《社会建构主义》，中国社会科学出版社2011年版。

《马克思恩格斯选集》（第1卷），人民出版社1995年版。

《毛泽东选集》（第四卷），人民出版社1991年版。

南方报业传媒集团新闻研究所：《南方传媒研究》（第26辑），南方日报出版社2010年版。

南方报业传媒集团新闻研究所：《南方传媒研究30》，广东南方日报出版社2011年版。

南方周末：《读懂中国——中国传媒读本·2010》，上海书店出版社2011年版。

钱蔚：《政治、市场与电视制度》，河南人民出版社2002年版。

邱戈：《媒介身份论：中国媒介的身份危机和重建》，中国传媒大学出版社2008年版。

冉斌：《激励创造双赢：员工满意度管理8讲》，中国经济出版社2007

年版。

邵飘萍：《实际应用新闻学》，京报馆 1923 年版。

王维佳：《作为劳动的传播——中国新闻记者劳动状况研究》，中国传媒大学出版社 2011 年版。

王文彬：《报人之路》，三江书店 1938 年版。

王亦高：《从"权力"到"权利"：中国新闻职业精神考察与分析》，人民日报出版社 2015 年版。

《习近平谈治国理政》（第二卷），外文出版社 2017 年版。

谢静：《建构权威·协商规范——美国新闻媒介批评解读》，复旦大学出版社 2005 年版。

熊蕾、朱迪·波罗鲍姆：《变脸》，新华出版社 2009 年版。

许纪霖：《二十世纪中国知识分子史论》，新星出版社 2005 年版。

杨保军：《新闻道德论》，中国人民大学出版社 2010 年版。

张静：《身份认同研究：观念、态度、理据》，上海人民出版社 2006 年版。

张志安：《记者如何专业》，南方日报出版社 2007 年版。

郑杭生：《社会学概论新修》，中国人民大学出版社 2003 年版。

周晓虹：《全球化视野下的中国研究》，中国社会科学出版社 2012 年版。

朱维铮：《求索真文明——晚清学术史论》，上海古籍出版社 1996 年版。

二　中文论文

艾冰、CFP：《"逃离"媒体圈》，《企业观察家》2014 年第 6 期。

白红义：《新闻劳动的困境与突破》，《中国记者》2014 年第 4 期。

白红义：《新闻业的边界工作：概念、类型及不足》，《新闻记者》2015 年第 7 期。

卞清：《从"职业新闻人"到"在线行动者"：记者微博的中国场景》，《现代传播》2012 年第 12 期。

曹晋：《知识女工与中国大陆出版集团的弹性雇佣制度改革》，《传播与社会学刊》2012 年第 4 期。

曹林：《从媒体精英辞职去向看新闻业界学界流动障碍》，《新闻与传播研究》2018 年第 6 期。

曹艳辉、张志安：《地位、理念与行为：中国调查记者的职业认同变迁研究》，《现代传播》2020 年第 12 期。

柴璐：《马克思主义新闻观 谈的是什么？》，《红旗文稿》2014 年第 2 期。

陈力丹、江陵：《改革开放 30 年来记者角色认知的变迁》，《当代传播》2008 年第 6 期。

陈敏、张晓纯：《告别"黄金时代"：——对 52 位传统媒体人离职告白的内容分析》，《新闻记者》2016 年第 2 期。

陈颂清、夏俊、柳成荫：《全国新闻从业人员现状分析——以"60 后"、"70 后"、"80 后"的代际比较为视角》，《新闻大学》2014 年第 4 期。

陈阳：《当下中国记者职业角色的变迁轨迹——宣传者、参与者、营利者和观察者》，《国际新闻界》2006 年第 12 期。

丁方舟、韦路：《社会化媒体时代中国新闻人的职业困境——基于 2010—2014 年"记者节"新闻人微博职业话语变迁的考察》，《新闻记者》2014 年第 12 期。

丁汉青、王军：《冲突与协调：传媒从业者后备军职业认同状况研究》，《国际新闻界》2019 年第 2 期。

樊昌志、童兵：《社会结构中的大众传媒：身份认同与新闻专业主义之建构》，《新闻大学》2009 年第 3 期。

樊亚平、夏茵茵：《汪康年报刊职业认同探析——基于职业态度与情感等视角的考察》，《山西农业大学学报》（社会科学版）2012 年第 12 期。

方艳、申凡：《我国新闻职业形成于民初的社会学解读》，《新闻与传播研究》2011 年第 6 期。

甘丽华：《记者职业身份认同的建构与消解——以〈中国青年报〉记者群体为例》，《新闻记者》2014 年第 8 期。

高传智：《分裂——九十年代以来电视新闻人的惯习图景》，《新闻大学》

2007 年第 3 期。

观其：《媒体很多，"新闻媒体"并不多》，《青年记者》2015 年第 8 期。

郭恩强：《重塑新闻共同体：新记〈大公报〉职业意识研究》，博士学位论文，复旦大学，2012 年。

韩晓：《新记〈大公报〉的职业化理念与实践》，硕士学位论文，武汉大学，2005 年。

韩晓宁、王军：《从业体验与职业志向：新闻实习生的职业认同研究》，《现代传播》2018 年第 5 期。

何刚：《正视媒体人的"薪酬危机"》，《中国记者》2011 年第 12 期。

河北大学新闻传播学院课题组：《河北省新闻业者道德意识及现实状况调查报告》，《新闻与传播研究》2004 年第 2 期。

何娟、王习贤：《习近平中华文化国际传播观的理论体系》，《湖湘论坛》2019 年第 6 期。

胡晓娟：《媒体自律与媒体人素养——以"新闻失范"现象为例》，《新闻前哨》2015 年第 2 期。

胡晓娟：《华文社科学术期刊 国际化的传播学分析》，《出版科学》2015 年第 3 期。

胡晓娟：《新媒体时代传媒安全问题的认识与应对》，《新闻前哨》2016 年第 2 期。

胡晓娟：《中国传媒安全面临的问题与应对》，《广西师范学院学报》（哲学社会科学版）2016 年第 3 期。

胡晓娟：《群体传播时代新闻从业者的职业认同》，《青年记者》2021 年第 3 期。

胡晓娟：《马克思主义新闻观视域下"讲好中国故事"的共情维度与实践路径》，《新疆社会科学》2022 年第 2 期。

黄旦：《美国早期的传播思想及其流变——从芝加哥学派到大众传播研究的确立》，《新闻与传播研究》2005 年第 1 期。

黄旦：《王韬新闻思想试论》，《新闻大学》1998 年第 3 期。

贾泽军、尹荼、邓晓群：《中国媒体融合研究现况分析及对策研究》，

《科技与出版》2014年第10期。

姜红、於渊渊:《从"名士"到"报人":近代中国新闻人职业身份认同的承续与折变》,《新闻与传播评论》2010年第1期。

蒋悦飞:《纸质媒体人才流失启示录》,《中国记者》2012年第5期。

李海东、薛凯元:《关注开放世界中的传媒安全——〈传媒安全研究〉出版》,《中国广播电视学刊》2014年第3期。

李汉林、李路路:《资源与交换——中国单位组织中的依赖性结构》,《社会学研究》1999年第4期。

李强:《转型时期冲突性的职业声望评价》,《中国社会科学》2000年第4期。

李维国:《〈半岛都市报〉新闻记者职业认同观及其构建研究》,《华章》2014年第19期。

李艳红:《新闻报道常规与弱势社群的公共表达——广州城市报纸(2000—2002)对"农民工"报道的量化分析》,《中山大学学报》(社会科学版)2007年第2期。

刘浩三:《统一联动 融合发展 全面推进国家应急广播大业——2014中国应急广播大会在京召开》,《中国广播》2014年第10期。

刘立刚:《抗日题材电视剧的构建与反思》,《中国广播电视学刊》2014年第3期。

刘奇葆:《加快推动传统媒体和新兴媒体融合发展》,《党建》2014年第5期。

刘思达:《职业自主性与国家干预——西方职业社会学研究述评》,《社学研究》2006年第1期。

刘晓娜:《我国近代新闻记者职业化研究》,硕士学位论文,陕西师范大学,2014年。

刘笑盈:《关于我国传媒环境与政策的宏观思考》,《军事记者》2012年第3期。

刘于思:《从单位组织到话题参与:记者职业群体微博客社会网络的形成机制研究》,《新闻与传播研究》2013年第1期。

陆高峰：《中国新闻从业者生存状态研究综述》，《中国出版》2010 年第 9 期。

陆晔、潘忠党：《成名的想象：中国社会转型过程中新闻从业者的专业主义话语建构》，《新闻学研究》2002 年第 4 期。

陆晔、俞卫东：《社会转型中传媒人职业状况——2002 上海新闻从业者调查报告之一》，《新闻记者》2003 年第 1 期。

马亚宁：《美国新闻从业者专业角色观念考察——从 20 世纪 70 年代至 90 年代》，《新闻大学》2004 年第 4 期。

牛元梅：《身份认同理论在媒体运用中的三种模式》，《新闻世界》2011 年第 8 期。

潘忠党、陈韬文：《从媒体范例评价看中国大陆新闻改革中的范式转变》，《新闻学研究》2004 年总第 78 期。

潘忠党、陈韬文：《中国改革过程中新闻工作者的职业评价和工作满意度——两个城市的新闻从业者问卷调查》，中华传播学年会，2004 年。

芮必峰：《媒体与宣传管理部门的权力关系——以"命题作文"为例》，《新闻大学》2011 年第 2 期。

万磊：《全媒体化新闻传播人才的培养——卓越新闻传播人才培养 1.0 到 2.0》，《青年记者》2019 年第 1 期。

邵春霞：《新闻生态：宣传控制、市场驱动和专业约束的矛盾互动》，《社会科学》2005 年第 7 期。

邵培仁、李梁：《媒介即意识形态——论法兰克福学派的媒介控制思想》，《浙江大学学报》（人文社会科学版）2001 年第 1 期。

苏林森：《中国新闻从业者职业流动性及其影响因素的分析》，《中国出版》2012 年第 5 期。

隋岩、陈一愚：《论互联网群体传播时代媒介成为资源配置的重要环节》，《中国人民大学学报》2015 年第 6 期。

陶家俊：《身份认同导论》，《外国文学》2004 年第 2 期。

田中初：《规范协商与职业认同——以阮玲玉事件中的新闻记者为视

点》,《新闻与传播研究》2010 年第 2 期。

童静蓉:《中国语境下的新闻专业主义话语》,《传播与社会学刊》2006 年第 1 期。

涂光晋、陈敏:《媒体微博的内容特色与生产机制研究——以三家报纸的官方微博为例》,《现代传播》2013 年第 3 期。

王帆:《专业记者不会消失,但必须改变自己——记者职业面临的挑战与未来》,《新闻记者》2013 年第 4 期。

王建国:《十八大以来马克思主义新闻观的新发展》,《青年记者》2017 年第 12 期。

王天定:《记者权益的维护与新闻职业共同体的建构——以报道"陕西天价烟事件"记者被停职事件为例》,《新闻记者》2012 年第 8 期。

王肖潇:《从身份认同看建国后记者的职业身份转变》,《新闻传播》2011 年第 6 期。

王哲平、王子轩:《从理论视角看电视人离职潮》,《视听界》2015 年第 3 期。

魏宁、廖宇、张静、余喜梅:《我国传媒员工薪酬存在的问题与对策研究》,《南昌师范学院学报》(社会科学版)2015 年第 2 期。

魏淑华:《教师职业认同研究》,博士学位论文,西南大学,2008 年。

魏淑华、宋广文:《国外教师职业认同研究综述》,《比较教育研究》2005 年第 5 期。

文崇坚、苏勇:《传媒员工职业生涯之探析》,《人力资源管理》2011 年第 3 期。

吴飞:《新闻从业人员的职业忠诚度》,《浙江大学学报》(人文社会科学版)2006 年第 4 期。

吴飞:《新闻从业者职业权威理念的实证分析》,《新闻记者》2010 年第 3 期。

吴靖:《媒体专业主义的困境与社会秩序的维护——"凯利事件"背后的媒体权威与法律权威》,《北京大学学报》(哲学社会科学版)2004 年第 6 期。

夏倩芳:《"挣工分"的政治:绩效制度下的产品、劳动与新闻人》,《现代传播》2013年第9期。

夏倩芳、尹瑛:《大陆媒体极小考核制度下新闻专业的实践逻辑:国家—市场之外的视角》,林思齐东西学术交流研究所工作论文,2009年。

肖燕雄、肖苇杭:《〈南方周末〉的"学院式控制"与中国新闻职业共同体建构——以〈南方周末〉"年度传媒致敬"为例》,《现代传播》2013年第11期。

徐新平:《新闻工作的职业特征新论》,《云梦学刊》2001年第5期

许小青:《"第一夫人":展示国家形象的新名片——对彭丽媛外事活动的传播学分析》,《视听》2014年第9期。

许鑫:《传媒公共性:概念的解析与应用》,《国际新闻界》2011年第5期。

杨保军:《论"新闻本位"观念的实质、内容与实现》,《新闻知识》2020年第2期。

杨保军、涂凌波:《析社会转型中新闻从业者的角色冲突与紧张》,《江南社会学院学报》2010年第12期。

杨冰柯:《评李金铨〈超越西方霸权〉》,《新闻研究导刊》2015年第4期。

杨海鹰:《转型中国语境中的传播劳动:以平面媒体新闻从业者身份变迁研究为例》,《新闻大学》2014年第2期。

杨军:《试论我国近代出版的职业化》,《出版发行研究》2013年第9期。

杨善华、孙飞宇:《作为意义探究的深度访谈》,《社会学研究》2005年第5期。

叶青青、倪娜:《从记者节报道看新闻工作的职业意识》,《新闻记者》2002年第11期。

尹韵公:《习近平新闻传播思想的精义要道》,《新闻与写作》2014年第10期。

余芬芬、张萌:《兰州市网络编辑的职业认同状况调查》,《新闻世界》2011年第9期。

喻国明:《"互联网发展下半场":关于技术逻辑与操作路线的若干断

想》,《教育传媒研究》2017年第6期。

喻国明:《关于当前传媒发展的若干思考》,《编辑学刊》2014年第5期。

喻国明:《中国新闻工作者的职业意识与职业道德》,《新闻记者》1998年第3期。

臧国仁:《新闻报道与真实建构——新闻框架理论的观点》,《中华传播学年会论文集》1998年第1卷。

展江:《保障言论自由先落实消极自由》,《炎黄春秋》2013年第9期。

展江:《社会生病媒体吃药,不公道——媒体道德与法治争议三题》,《青年记者》2010年第7期。

张洁:《新闻职业化的萌芽——重读黄远生的新闻实践与新闻思想》,《新闻大学》2006年第3期。

张丽、孙璐:《中国电视媒体如何提升国际新闻传播力——从央视马航事件报道说开去》,《新闻大学》2014年第4期。

张丽萍:《试论媒体人微博使用中的角色冲突》,《现代传播》2012年第4期。

张明新、陈先红、赖正能、陈霓:《正在形成的"认知共同体":内地与台湾公共关系从业者职业认知比较研究》,《新闻与传播研究》2014年第2期。

张维华:《新制权理论:制信息权的几个问题》,《情报杂志》2007年第12期。

张志安:《互联网、调查记者及职业共同体——"数字化时代的调查性报道"研讨会述评》,《新闻记者》2012年第1期。

张志安:《深度报道从业者的职业意识特征研究》,《现代传播》2008年第10期。

张志安、沈菲:《调查记者的职业忠诚度及影响因素》,《中国地质大学学报》(社会科学版)2013年第2期。

张志安、沈菲:《中国调查记者行业生态报告》,《现代传播》2011年第10期。

赵丽静:《略论转型期记者兼职之问题》,硕士学位论文,中国政法大学，2011 年。

赵永华、姚晓鸥：《传播政治经济学视阈下对哈贝马斯公共领域理论的再审视：资本、大众媒介与国家》，《国际新闻界》2015 年第 1 期。

赵月枝、罗伯特·A. 汉斯特、朱怡岚、靳泽清：《媒体全球化与民主化：悖论、矛盾与问题》，《新闻与传播评论》2003 年第 1 期。

赵云泽、滕沐颖、杨启鹏、解雯迤：《记者职业地位的陨落："自我认同"的贬斥与"社会认同"的错位》，《国际新闻界》2014 年第 12 期。

赵泽良：《依法治网，全面践行习总书记网络安全观》，《中国信息安全》2014 年第 10 期。

郑保卫、祁涛：《我国报业 30 年改革与发展的经验及启示》，《今传媒》2009 年第 2 期。

周葆华、龚萌菡、寇志红：《网络新闻从业者的职业意识——"中国网络新闻从业者生存状况调查报告"之二》，《新闻记者》2014 年第 2 期。

周建明：《新闻敲诈需综合治理》，《新闻前哨》2016 年第 1 期。

周建明、胡晓娟：《互联网：言论自由的迷思》，《东南传播》2014 年第 1 期。

周靓：《"新闻民工"现象折射职业化之痛》，《新闻传播》2011 年第 10 期。

周俊：《试析新闻失范行为中的角色期望与角色领悟》，《国际新闻界》2008 年第 12 期。

周宁：《既当记者又要下海不可取》，《新闻三昧》1994 年第 1 期。

周翼虎：《抗争与入笼：中国新闻业的市场化悖论》，《新闻学研究》2009 年总第 100 期。

朱江丽、史玲莉：《媒体融合中新闻从业者的角色融合与工作满意度：基于多重制度逻辑的视角》，《国际新闻界》2021 年第 7 期。

三　中译著作

［法］阿尔弗雷德·格罗塞:《身份认同的困境》,王鲲译,社会科学文献出版社 2010 年版。

［法］埃米尔·涂尔干:《社会分工论》,渠东译,生活·读书·新知三联书店 2000 年版。

［美］安德鲁·J. 都布林:《职业心理学》,姚翔等译,中国轻工业出版社 2008 年版。

［美］彼得·布劳:《社会生活中的交换与权力》,张非等译,华夏出版社 1988 年版。

［法］多米尼克·吴尔敦:《信息不等于传播》,宋嘉宁译,中国传媒大学出版社 2012 年版。

［美］E. A. 巴伦、D. 伯恩:《社会心理学》(第十版),黄敏儿等译,华东师范大学出版社 2004 年版。

［美］亨廷顿:《我们是谁?美国国家特征面临的挑战》,程克雄译,新华出版社 2005 年版。

［加］马歇尔·麦克卢汉:《理解媒介:论人的延伸》,何道宽译,译林出版社 2011 年版。

［澳］迈克尔·A. 豪格、［英］多米尼克·阿布拉姆斯:《社会认同过程》,高明华译,中国人民大学出版社 2011 年版。

［美］迈克尔·舒德森:《发掘新闻——美国报业的社会史》,何颖怡译,远流出版公司 1993 年版。

［美］迈克尔·舒德森:《为什么民主需要不可爱的新闻界》,贺文发译,华夏出版社 2010 年版。

［美］曼纽尔·卡斯特:《认同的力量》,曹荣湘译,社会科学文献出版社 2006 年版。

［法］皮埃尔·布尔迪厄:《实践理性:关于行为理论》,谭立德译,生活·读书·新知三联书店 2007 年版。

［英］斯图亚特·霍尔、［英］保罗·杜盖伊:《文化身份问题研究》,

庞璃译，河南大学出版社 2010 年版。

［加］文森特·莫斯可：《传播政治经济学》，胡正荣译，华夏出版社 2000 年版。

四　中译论文

［美］马克·迪耶兹：《新闻是什么——对新闻工作者职业身份与意识形态的再思考》，周俊、李玉洁摘译，《国际新闻界》2009 年第 12 期。

五　外文著作

Claude, Jean-Bertrand, *Media Ethics and Accountability Systems*, New Jersey: Transaction Publishers, 2000.

Denzin, N. K., *Interpretive Biography*, London: Sage Publications, 1989.

Erikson, E. H., *Identity*: *Youth and Crisis*, New York: WW Norton & Company, 1994.

Johnson, Terence, J., *Professions and Power*, London, UK: Macillan, 1972.

Larso, M. S., *The Rise of Professionalism*: *a Sociological Analysis*, Berkeley: University of California Press, 1979.

Lynn Mather, Craig A. McEwen and Richard J. Maiman, *Divorce Lawyers at Work*: *Varieties of Professionalism in Practice*, Oxford, UK: Oxford University Press, 2001.

Macdonald, K. M., *The Sociology of the Professions*, London: Sage, 1995.

Philip, Meyer, *The Vanishing Newspaper*: *Saving Journalism in the Information Age*, Columbia: University of Missouri Press, 2004.

Weaver, David H. and G. Cleveland Wilhoit, *The American Journalist*: *A Portrait of U. S. News People and Their Work*, Bloomington: Indiana UniversityPress, 1986.

Weber, Max., *Wirtschaft and Gesellchaft*, London: Harvard University Press,

1990.

六 外文论文

Aidridge, M. and Evetts, J., "Rethinking the concept of professionalism: the case of journalism at daily newspaper", *British Journal of Sociology*, Vol. 54, No. 4, 2003.

Anderson, Chris, "Journalistic professionalism, knowledge, and cultural authority: towards a theoretical framework", Conference Papers—International communication association, *Annual Meeting*, No. 11 – 12, 2007.

Bjork, Ulf Jonas, "Scrupulous integrity and moderation: the first international organization for journalists and the promotion of professional behavior, 1894 – 1914", *American Journalism*, Vol. 22, No. 1, 2005.

Burgh, Hugo de, "Kings without crowns? The re-emergence of investigative journalism in China", *Media Culture & Society*, No. 25, 2003.

Cohen, Anthony P., "The Symbolic Construction of Community", *Taylor & Francise-Library*, No. 115, 2001.

Fish, and Stanley, "Interpreting the variorum", *Critical Inquiry*, No. 3, 1976.

Galil, Coover, E., et al. (eds.), "The communicated self: exploring the interaction between self and social context", *Human Communication Research*, Vol. 26, No. 1, 2000.

Holly, Slay, et al. (eds.), "Professional identity construction: using narrative to understand the negotiation of professional and stigmatized cultural identities", *Human Relations*, Vol. 64, No. 1, 2011.

Jonathan, Hassid, "China's contentious journalists: reconceptualizing the media", *Problems of Post-Communism*, Vol. 55, No. 4, 2008.

Jonathan, Hassid, "Four models of the fourth estate: a typology of contemporary Chinese journalists", *The China Quarterly*, No. 208, 2011.

Mark, Deuze, "What is journalism? —Professional identity and ideology of journalists reconsidered", *Journalism*, Vol. 6, No. 4, 2005.

Meyers, Oren, "Israeli Journalists as an Interpretive Memory Community: The Case Study of Haolam Hazeh, A Dissertation in Communication", *University of Pennsylvania*, No. 13, 2003.

Philip, Meyer, "Certification of journalists: necessary for our times", *Electronic News*, Vol. 2, No. 1, 2008.

Phillips, E. B. and Johnstone, J. and Slawski, E. J., et al., "The Newspeople: A Sociological Portrait of American Journalists and their Work", *Contemporary Sociology*, Vol. 8, No. 2, 1979.

Rupert, Brown, "Social identity theory: past achievements, current problems and future challenges", *European Journal of Social Psychology*, Vol. 30, No. 6, 2000.

Volkmann, M. J. and Anderson, M. A., "Creating professional identitiy: Dilemmas and metaphors of a first-year chemistry teacher", *Science Education*, Vol. 82, No. 3, 1998.

Wilensky, Haroldl, "The Professionalization of Everyone?", *American Journal of Sociology*, Vol. 70, No. 2, 1964.

Wu, Guoguang, "Command Communication: The Politics of Editorial Formulation in the People's Daily", *The China Quarterly*, Vol. 137, No. 3, 1994.

Zandberg, Eyal, "The Right to Tell the (Right) Story: Journalism, Authority and Memory", *Media, Culture & Society*, Vol. 32, No. 1, 2010.

Zelizer, Barbie, "Journalists as Interpretive Communities", *Critical Studies in Mass Communication*, Vol. 10, No. 2, 1993.

七 网络文献

《2020年中国报纸出版数量、零售及零售金额分析》，产业信息网，https://www.chyxx.com/industry/202103/942422.html，2021年3

月 31 日。

《2020 全国国民阅读调查报告权威发布》，中国出版传媒商报，https：// baijiahao. baidu. com/s？id = 1697902011993153385&wfr = spider&for = pc，2021 年 4 月 24 日。

《2021 媒体公信力调查：传统媒体仍是"信息正餐"》，中国小康网，https：//m. thepaper. cn/baijiahao_ 14027027，2021 年 8 月 13 日。

《国家广电总局、应急管理部印发〈关于进一步发挥应急广播在应急管理中作用的意见〉的通知》，国家广播电视总局官网，http：//www. nrta. gov. cn/art/2020/12/1/art_ 113_ 54055. html，2020 年 12 月 1 日。

《〈中国互联网发展报告（2021）〉发布》，IT 之家，https：//baijiahao. baidu. com/s？id = 1705139116670909371&wfr = spider&for = pc，2021 年 7 月 13 日。

《〈中国媒体人"双心"健康报告（2017）〉在京发布》，中华儿女新闻网，http：//www. cnpeople. com. cn/xw/kx/26088_ 20171107120301. html，2017 年 11 月 7 日。

《中国新闻事业发展报告（2020 年发布）》，中国记协网，http：//www. zgjx. cn/2020 - 12/21/c_ 139600961. htm，2020 年 12 月 21 日。

《中青在线推出网络专题"传播正能量 呵护爱国情"》，《中国青年报》2014 年 10 月 26 日第 1 版。

包丽敏：《报人"转会"》，《中国青年报》2005 年 8 月 31 日第 6 版。

财经女记者部落：《记者离职潮到来！传统媒体人如何选择生死》，http：// www. mianfeikongjian. net/type_ 9/n_ 41236838. html，2015 年 8 月 12 日。

陈慧：《一文带你了解中国手机新闻客户端用户特征》，前沿产业研究院，https：//www. qianzhan. com/analyst/detail/220/200612 - d2b09 f71. html，2020 年 6 月 12 日。

范以锦：《媒体人转型，越转越糟还是越转越好》，腾讯网，http：// cul. qq. com/a/20150921/032817. htm，2015 年 9 月 21 日。

冯华：《媒体析职业荣誉感：理想渐远 职业仅成谋生手段》，中国社会科学网，http：//ex. cssn. cn/dzyx/dzyx_ jlyhz/201409/t20140926_1343230_ 1. shtml，2014 年 9 月 26 日。

刘然、吕骞：《"打虎"会影响经济增长吗》，人民网，http：//finance. people. com. cn/n/2014/0804/c1004 - 25399209. html，2014 年 8 月 4 日。

邵飘萍：《京报三年来之回顾》，原载《京报》1922 年 10 月 10 日。

王青雷：《告别央视——留给这个时代的一些"真话"》，新浪微博@王青雷，2013 年 12 月 1 日。

佚名：《信息安全将成网络强军重要任务》，人民网，http：//politics. people. com. cn/n/2014/1008/c70731 - 25784210. html，2014 年 10 月 8 日。

尹连根、王海燕：《论大陆媒体人利益角逐的常规路径——以广州三大报业集团为主要考察对象》，乌有之乡网刊，http：//www. wyzxwk. com/Article/shidai/2009/09/18164. html，2007 年 7 月 15 日。

袁舒婕：《中国报业转型中的喜与忧》，中国新闻出版广电网，https：//www. chinaxwcb. com/info/36536，2014 年 10 月 28 日。

张季鸾：《本报复刊十年纪念之辞》，原载津、沪《大公报》1936 年 9 月 1 日。

张季鸾：《本社同人的声明》，原载重庆《大公报》1941 年 5 月 15 日。

张季鸾：《追悼飘萍先生》，原载《京报》1924 年 4 月 24 日。

张泉灵：《生命的后半段》，新浪微博@张泉灵，2015 年 9 月 9 日。

《加强和改进国际传播工作，展示真实立体全面的中国》，《人民日报》2021 年 6 月 2 日第 1 版。

《胸怀大局把握大势着眼大事 努力把宣传思想工作做得更好》，《人民日报》2013 年 8 月 21 日第 1 版。

周易：《78.9% 受访者对自己职业社会声望评价不高》，《中国青年报》2015 年 5 月 25 日第 7 版。

附录一　调查问卷

（说明：经过中国科协和中国记协委托中国科学技术发展战略研究院科技与社会发展研究所开展的"新闻从业人员科学素质状况调查"课题组授权，本书采用了该调查的部分题目及原始数据，附录中仅呈现使用到的调查问题，并且对应到原始问卷的题号。）

1. （原B2）你与所在单位的人事关系属于下面的哪一种？
（1）事业编制　　　（2）劳动合同制　　　（3）劳务派遣制
（4）借调/兼职　　　（5）其他（请注明）：＿＿＿＿＿＿

2. （原B1）你从事与媒体相关的工作已经有多少年（指正式工作，不包括兼职、实习等）？＿＿＿＿＿＿年（不到一年请选1）

3. （原C1）请问你在大学教育的不同阶段主修的专业是什么？（以下题目在网络问卷中使用计算机跳答）

		就读时主修的专业属于：
A	本科/大专	（1）新闻传播学（新闻学、传播学、广告学和编辑出版学等） （2）其他人文学科（文学、史学、哲学、艺术学等） （3）社会科学（经济学、法学、社会学、教育学、军事学、管理学等） （4）理学和工学 （5）农学和医学
B	硕士	（1）新闻传播学（新闻学、传播学、广告学和编辑出版学等） （2）其他人文学科（文学、史学、哲学、艺术学等） （3）社会科学（经济学、法学、社会学、教育学、军事学、管理学等） （4）理学和工学 （5）农学和医学

续表

		就读时主修的专业属于：
C	博士	（1）新闻传播学（新闻学、传播学、广告学和编辑出版学等） （2）其他人文学科（文学、史学、哲学、艺术学等） （3）社会科学（经济学、法学、社会学、教育学、军事学、管理学等） （4）理学和工学 （5）农学和医学

4. （原C23）在你看来，下面这些群体值得信任吗？（随机选项）

（1）科研人员/科学家	①完全值得信任 ②比较值得信任 ③一般 ④不太值得信任 ⑤完全不可信任 ⑥不知道
（2）工程技术人员/工程师	①完全值得信任 ②比较值得信任 ③一般 ④不太值得信任 ⑤完全不可信任 ⑥不知道
（3）医生	①完全值得信任 ②比较值得信任 ③一般 ④不太值得信任 ⑤完全不可信任 ⑥不知道
（4）民营企业家	①完全值得信任 ②比较值得信任 ③一般 ④不太值得信任 ⑤完全不可信任 ⑥不知道
（5）公务员/政府官员	①完全值得信任 ②比较值得信任 ③一般 ④不太值得信任 ⑤完全不可信任 ⑥不知道
（6）记者	①完全值得信任 ②比较值得信任 ③一般 ④不太值得信任 ⑤完全不可信任 ⑥不知道

5. （原B10）就你看来，以下现象在我国新闻界是否普遍？

A	在网上看到网友发布的某个消息，不经采访或核实就编发新闻	①很普遍 ②比较普遍 ③有一些 ④没有 ⑤不知道
B	自己杜撰消息来源（实际没有采访，却在报道中含糊地用"据知情人士"、"据相关部门"等来表达观点或陈述事实）	①很普遍 ②比较普遍 ③有一些 ④没有 ⑤不知道
C	报道时只采用新闻当事人中某一方的陈述或观点，没有反映事件各相关方的观点或意见	①很普遍 ②比较普遍 ③有一些 ④没有 ⑤不知道
D	报道时只截取被采访人的部分观点，而没有真实反映他的完整观点	①很普遍 ②比较普遍 ③有一些 ④没有 ⑤不知道
E	有偿新闻	①很普遍 ②比较普遍 ③有一些 ④没有 ⑤不知道
F	接受被采访单位的"车马费"	①很普遍 ②比较普遍 ③有一些 ④没有 ⑤不知道

6.（原B1）过去一年中,你本人负责报道/编辑的所有消息是否都经过了采访或核实?

（1）都经过了采访或核实（跳答7）

（2）大部分经过了采访或核实

（3）很少经过采访或核实

（4）都没有经过采访或核实

（5）过去一年没有报道/编辑过消息

7.（原B12）出现过没有采访或没有核实消息来源情况的最主要的原因是?

（1）单位要求的报道/编辑时间紧,来不及采访或核实

（2）单位给的采访经费少

（3）核实消息的难度太大（如找不到当事人,当事人不予配合等）

（4）消息很可靠,没必要核实

（5）其他原因_____（请注明）

8.（原B2）过去一年中,你本人在报道/编辑时有没有只采用新闻当事人中某一方的陈述或观点,而没有反映事件各相关方的观点或意见?

（1）有过　（2）没有　（3）过去一年没有报道/编辑过消息

9.（原B14）过去一年中,你外出采访报销差旅费以下列哪种方式为主?

（1）没有出过差

（2）单位全额报销

（3）单位报销一部分,自己负担一部分

（4）全部由自己支付

（5）全部由被采访对象支付

（6）单位和被采访对象各负担一部分

（7）单位、自己、被采访对象各负担一部分

（8）单位按月/按年包干,自己掌握

（9）其他，请注明_____

10.（原B3）你觉得自己对关于新闻职业伦理方面的知识了解程度如何？

（1）了解比较多　（2）了解一些　（3）了解很少

（4）基本不了解

11.（原B4）你对自己现在这份工作的以下方面是否满意：（随机选项）

A	工作的薪酬水平及福利	①很满意　②比较满意　③不太满意　④很不满意
B	工作的稳定性	①很满意　②比较满意　③不太满意　④很不满意
C	工作时间上的自由度	①很满意　②比较满意　③不太满意　④很不满意
D	工作是否符合自己的兴趣	①很满意　②比较满意　③不太满意　④很不满意
E	未来发展空间	①很满意　②比较满意　③不太满意　④很不满意
F	单位内人际关系	①很满意　②比较满意　③不太满意　④很不满意
G	工作对社会的贡献大小	①很满意　②比较满意　③不太满意　④很不满意
H	工作中的自我成就感	①很满意　②比较满意　③不太满意　④很不满意
I	对这份工作总体满意程度	①很满意　②比较满意　③不太满意　④很不满意

12.（原B21）总体而言，你觉得你的压力大吗？

（1）非常大　（2）较大　（3）一般　（4）不大

（5）无压力

13.（原B22）你在工作中遇到的主要困难是？（可多选）

（1）没有困难　（2）工作时间长　（3）劳动强度大

（4）工作内容复杂　（5）单位对工作的支持少

（6）单位内部竞争激烈　（7）单位人际关系复杂

（8）绩效考核压力大　（9）采访难度大　（10）出差太多

（11）业务交流的机会不足　（12）跟不上知识更新速度

（13）其他，请注明_____

14.（原B24）总体而言，您觉得自己现在的身体健康状况如何？

（1）非常健康　（2）比较健康　（3）一般　（4）不太健康

（5）非常不健康

15.（原 B25）一般情况下，你每天用于工作的时间有多长？（包括在单位和家里用于工作的所有时间）

周一至周五，平均每天工作多少小时？_____周六日，平均每天工作多少小时？_____

16.（原 B26）我们想问一下你的收入情况，如果把你去年的收入分成从单位获得的收入和其他收入两部分，请问：

去年，你从单位获得的收入（包括工资、奖金、年终奖等）大约是多少？（税后实发收入，可粗略估计）_____万元。

去年，除从单位获得的收入外，你其他方面的收入（如劳务费、车马费、兼职收入等）总共大约有_____万元。

17.（原 B32）你觉得新闻工作者在我国社会中的受尊重程度如何？

（1）很高　（2）比较高　（3）一般　（4）比较低　（5）很低

（6）说不清

18.（原 B30）如果你现在有一个任意重新选择职业的机会，你会怎样选择？

（1）仍然留在本单位（跳答 B32）

（2）换到媒体行业的其他单位工作

（3）换到其他行业工作

19.（原 B31）目前，你是否有辞职或更换工作单位的想法？

（1）完全没有　（2）偶尔想想　（3）非常强烈

20.（原 C8）你是否愿意让你的子女从事媒体相关工作？

（1）愿意　（2）不愿意　（3）无所谓

附录二 访谈资料汇编

一 访谈名单（按接受采访的先后顺序匿名）

序号	单位	岗位（职务）
1	大众报业集团	编辑
2	中国经济周刊	编辑
3	法制日报	编辑
4	新疆日报	编辑
5	中央人民广播电台	记者
6	保定人民广播电台	主播
7	中国青年报	记者
8	财新网	编辑
9	腾讯财经	记者
10	中央电视台	主编
11	北京人民广播电台	记者
12	黑龙江电视台	记者
13	新华社	编辑
14	人民日报	记者
15	中央人民广播电台	编辑
16	潇湘晨报	记者
17	凤凰网	编辑
18	人民网	编辑

续表

序号	单位	岗位（职务）
19	人民日报	编辑
20	中央电视台	编辑
21	中央人民广播电台	编辑
22	时尚先生	编辑

二 访谈提纲

1. 从新闻工作中获得的成就感是什么？

2. 你认为新闻，新闻从业者应该是什么？

3. 你觉得自己做到了理想中的期待吗？如果做到了，具体怎样体现的？如果没做到，还差在哪里？

4. 工作中遇到的最大的困难是什么？（请尽量详细描述）

5. 你觉得社会上对新闻从业者的评价是怎样的？你怎样看待这样的评价？

6. 新闻从业者职业认同问题重要吗，你怎样看？什么因素会影响新闻从业者的职业认同？

三 访谈实录

（说明：应部分被访者不愿意公开姓名的要求，此处只提供被访者信息名单，对访谈内容按照主要访谈提纲的题目重新作出整理，并且只随机显示每一题的内容，不标明言论提供者。）

1. 从新闻工作中获得的成就感是什么？

——描述当前新闻、新闻工作者和媒体环境，我先讲我感受到的两个关键词：分化与替代。媒体融合，同时媒体分化，融合的前提是媒体分化，不分化怎么有融合，所以说融合的前提和实际环境，是新闻、媒体、新闻从业者的共同体的分化。

新闻工作中获得的成就感，自己所在的媒体有影响力，自己的稿件、声音对大家产生影响，这是最核心的成就感、价值感。最大的困难，现在媒体变化越来越大，自己深感能力不足，能力不足体现在技术、把握社会、纯粹的新闻传播规律等方面，同时现在也面临市场化商业化的困扰，我们都知道，一旦和"钱"沾边，很多东西都会扭曲。

——鲜有成就感。干扰太多。

——自己和别人的职业认同感。

——工作的成就感主要源自在报道重大突发事件的时候，我可以作为舆论的监督者，推动某些事情进步或者得以解决。

——能够帮人解决问题，这种成就感是有的。

——成就感，我以前是有的，现在感觉不是那么强烈了。应该说我经历过纸媒比较辉煌的时期，那个时候做出好的报道，确实感觉自己能对社会产生一点影响。写出一篇好稿子，会在门户网站上放半天，同行们会纷纷打电话来询问新闻线索做追踪报道，社会各方面都会给予报道很高的关注度。这对于记者来说，是很大的满足。但现在这种事情比较少发生了。独家的、深度的、能引起社会广泛关注的报道越来越难做出来，这主要有两方面的原因：一是由于做这类报道的回报变小了很多。今天信息碎片化的趋势让我感到人们对严肃新闻的需求有所下降，你可能花费很多的事件精力去挖掘一个事件，但是受众的注意力越来越分散，热点更替太快，人们对单个新闻报道和事件的关注度大大降低了，这就使报道的影响力和它带来的物质回报都大不如从前。总体上来说，做出一篇有影响力的稿子越来越难。很多记者把推动社会进步是视为主要的成就感来源，这种成就感似乎比以前更难实现了。

——其实自己没有什么成就。但记者和编辑确实是令人兴奋的一个行业，尤其是在中国转型期，你能经历非常多的历史画面，它还是一个有吸引力的职业。你如果把它当商业，它不是一个很好的时候，因为互联网的冲击还是比较大的。但是如果你把它当作个人的事业，它还是能给你带来很大的满足感和回报。

——成就感方面，你发出来的稿件能被千万人看到，无数人看到你的文字和版面给你带来的荣誉，很容易让人满足。你写出一篇好的稿件，大家点赞，自己能获得职业尊严和荣誉。

——通过努力，使自己所在节目收视率有所提升，在观众心中品牌认知度较高。

自己所在媒体在观众心中是为百姓排忧解难的良好形象，观众的肯定和对节目的期待，是自己全身心投入工作的动力。

——当看到自己辛辛苦苦采访、写稿、编辑的东西作为一个成品——一期节目，在电视上播放的时候，当看到节目后面滚屏上的名字的时候，会有一种最单纯最直接的成就感。因为不是所有工作都可以最后有这样一个"成品"出现，很多工作都是在琐碎和流程中度过，所以新闻工作最后的成果无论是一篇文章、一条新闻还是一期节目，都会带给我们比较强烈的成就感；但这还只是最简单的成就感，更深层次来说，因为新闻报道或电视节目是要在媒体这个平台上呈现，当报道内容被播放之后，引起的相应的社会反响，或是对于一个个人、一个企业、一个行业甚至是一条政策产生了影响的时候，当看到自己的工作推动了某一个方面哪怕一点点的改变和进步的时候，会有更加强烈、更深刻的成就感。

——更加贴近时代脉搏，感觉在大事件的现场，比如职业生涯中有2008年奥运会，上海世博会，中非合作论坛，2014 APEC 会议。作为媒体工作者的好处就是有机会亲身见证历史事件的整个过程，比一般受众能有机会更深入地理解、接受和感受，人生就是一种体验，工作带来这种体验是一种成就感。另外，见不同的人，了解他们的人生故事、闪光点、思想和智慧，这也是非常大的成就感，工作带来的去认识非常多的人，可能是名人也可能是普通的有故事的民众。能够利用你所在的媒体去帮助弱势的人，比如草根，他们没有机会为自己发声，你的采访报道可以帮他们发声表达他们的需求和愿望。还能帮助需要帮助的人，我个人在采访中接触到患癌症有救助希望的孩子，通过媒体和自己掌握的采访资源，帮她联系救助机构，最终帮助到了这个小女孩。

——完成某个作品之后的成就感；作品受到读者喜爱，获得高点击量的成就感。

——快讯推送快于竞争对手，原创内容ideas迸发，获得比较高的点击和转发量

——一开始追求报道的影响力，现在从事特稿写作，希望有好文本，有文学价值。

——自己采访的对象、编辑的视频作品呈现在电视屏幕上；一些展示社会不公、弱者困难处境的报道能够产生一定的社会影响

——作为职场菜鸟，在社会分工中找到了一席之地，新鲜感和归属感构成了成就感的一部分。每当写完一篇稿件，排完一次版，都觉得自己是有所贡献的。这算是社会分工中的角色认同吧。从新闻记者身份来讲，确实发现自己的报道，能够让一些不被关注的地区被关注到，一些好的经验被推广出去，比如经济模式、生态模式等。当意识到自己所做的工作是为了"让社会更好一些"时，每个月拿到工资单，会踏实些。从求学经历来看，学习7年新闻然后成为记者，从个人内心认同觉得，是顺理成章的就业选择；而进入中央媒体后，浓厚的新闻氛围和价值观相近的同行，让我感觉做记者是"叶落归根"的踏实感。因为是一群相似的人在为了相似的目标努力，如果我学习新闻，但是立刻从事了金融行政等工作，可能不会融入这么快。另外，中央媒体的记者很受尊重，不管是中央机构还是地方，对方尊重你、认可你也是成就感的一部分。

——首先，对职业常葆新鲜，7年来我做过调查记者、经济记者、夜班编辑、此刻主播、新闻节目策划、评论员，这种经历让我觉得不空添岁月；另外能实现一些社会责任，比如做调查记者的时候，揭露真相还百姓公道，推动一些问题解决，这是金钱不能比拟的成就感；最后，这份工作暂时还能给我一份相对体面的生活。

——病患或者伤残的报道对象通过我的报道获得了救助，或者自己的报道成为热门新闻，上了热搜，或者做出一篇不错的封面故事报道，比如2015年7月写过一个会写歌并且内心纠结的城管，11月独家采访了一位被传"跑路"的驾校老板并写了他的浮沉故事，12月写了

一位7年前因喝三鹿奶粉患肾结石的结石宝宝,现在病情变为肾衰竭的故事,还获得了12月本报的普通新闻奖。成就感一方面来自新闻报道确实帮助需要帮助的人,另一方面来自报道新闻的有用性,再一方面来自新闻所造成的社会影响力。

——本人对新闻工作中采访方面工作毫无认同感,且本人无新闻理想,因此此问题所述的"成就感"仅从文字编辑角度谈起。主要成就感如下。

第一,自我认知的成就感。这方面主要是所做的策划、专题、特刊等内容中含有自己独特的想法,并被领导肯定且付诸实践。如将穿越元素、动漫元素、原创同人小说写作等自己所感兴趣,与春运等大事件或者中秋等节日进行融合,从而提出相应的文字策划与作品。

第二,外界给予的成就感。如作品多次获得单位好新闻奖。

——进入工作和学习期间是不一样的。当学生的时候,考一回高分、发一篇文章、师长当众赞扬,都会让人产生成就感和获得感,觉得幸福满溢。但进入工作,这种成就感可能并不会来得那么频繁、至少不是那么剧烈。

就编辑岗位来说,做一回好策划、成一组好稿子、起一个打眼的标题或者校对出文章中重大的错误,在刚入职的时候,都会产生成就感。但这种感觉已经跟学生时有很大不同了,它不依赖于试卷、期刊、师长等来自外界的肯定,更多的时候依赖自我的认同,毕竟,新闻工作与考试或发论文不同,些微进步并不外显,外在的考评虽有但绝非像在学校一样即时且充分。这种成就感更多的是,依照当时自己的水平,是否尽到最大力,做出的东西能不能过自己那道关?是要对得起自己的良心,负得起该当的责任。

工作时间略长之后,这种碎片化的成就感就会慢慢淡去。成就感的获得慢慢地转轨到更深的层次:这一次的尝试,是否较自己以往的思路、范式有所突破?或者是否在自己以往的思路、范式上有一点点的增益?改变河岸轮廓的,总会是潜水深流;改变工作面貌,长久看,自当是能力眼界的提升以及深耕厚植的炼造。

——最大的成就感在于可以在第一时间在第一现场见证、报道新闻，有一种我经历、我见证、我记录的自豪感。尤其是在重大事件、突发事件爆发后，能够给等待新闻的读者、听众、观众传递消息，会很有成就感的。我相信对于很多记者来说，能够获得独家的新闻，比获得一笔奖金拿到一笔工资还要有成就感。另外，记者会接触、采访到各行各界各层级的人，会经历不同的故事，与不同的人生打交道，在分享中增加了自己人生的厚度。当然，能采访到一些知识渊博的有识之士、达官贵人，总是能满足一些虚荣心的。

2. 你认为新闻，新闻从业者应该是什么？

——我认为，新闻业首先应该是一种商业模式，从业者运用自己的专业技能，转播事实和观点，并且遵循一定的规范，从而为所在机构获得商业价值，而公共价值，会在这个过程中自然显现。

——曾经有一个流传很多的段子，你眼中的你自己（长枪短炮在新闻现场极为潇洒），你妈妈眼中的你（新闻主播），朋友眼中的你（新闻民工），实际的你（熬夜码稿子）。当时找工作时也有很多师兄、同学说，我不想跑那些鸡毛蒜皮的小新闻，我想做大新闻。但是最后却被派去跑社区、跑发布会。我觉得新闻从业者还是要能够事无巨细都能承担。

而对于新闻从业者来说，我觉得：首先，新闻从业者应该是"人"，而非一个写稿机器。当初上学时也曾经和同学辩论过，新闻从业者为了追求客观，是不是应该作为一个机器，而不是一个人存在。我觉得应该首先是个"人"，能够站在人的角度上思考冷暖人生。在一些冲突、事件中，能够站在人性的角度出发，这样做出来的报道才会有温度。也只有作为一个人，才会有新闻从业者所担负的社会责任感。其次，新闻从业者应该是独立的。尽管现实生活中我们很难做到政治、经济、文化独立，必须附着于某些势力，但是我认为新闻从业者必须做到人格独立，避免个人崇拜，避免成为金钱、权力的附庸。比如最近出现的"央视姓党"，就略显谄媚。再次，应该是有道德、有责任感的。铁肩担道义，妙手著文章，这个同样适用于记者。过去的扒粪，到如今的调查报道，记者有时候会扮演一个参与者，推动着一个个事件的进展。最后，我觉得新闻从业者应该是博学的、能写好文章的。

——一是敬业的新闻劳动者，新闻工作是一种职业，记者就是在辛辛苦苦劳动。二是专业的舆论建设者，这就使新闻工作者和其他行业分开了，你应是舆论的记录者、引导者，发挥批评与监督的作用等。

——新闻业仍然是大海航行中的灯塔，提醒整个社会这艘大船，避免触礁；新闻业还应该是上通下达、形成共识的工具，避免社会在大变革时期因为分裂而崩溃。

——对新闻工作者应该是什么，有很多不同的看法。结构功能主义者说其是"航船瞭望者"，承担社会有机体的一种功能，对社会"平衡"负责；在符号互动论者眼中，新闻工作者更主要是文化工作者，他们使用着社会共同拥有的符号，并且在传播当中，不断创造新的语词、符号、概念体系等，促进社会的进步；对社会交换论者来说，新闻工作者和社会上其他一切职业一样，新闻工作只是多种选择中，最大化自己的利益最优抉择……

但从我个人的价值和喜好来讲，我最爱的还是宋儒张载的"横渠四句"，"为天地立心，为生民立命，为往圣继绝学，为万世开太平"，也就是传统意义上士的使命、抱负与精神，用来形容我眼中的新闻从业者再恰当不过。为天地立心，公道公允，做报道对得起自己的良心；为生民立命，就是以普通老百姓之心为心，做报道需要有一种人性的关怀；为往圣继绝学，讲的是一种文化的责任感和对传统的使命感；为万世开太平，具体到新闻工作者，就是要持建设者的观点，弥合、促进社会的合作与协调，而不是对抗与撕裂。其实喻国明老师有句名言也说的是类似的意思："一个真正的记者，要有一种俯仰天地的境界、一种悲天悯人的情怀、一种大彻大悟的智慧。"

——新闻应该是对于那些能让人们更全面地了解世界及本土生活环境的重要信息的报道。新闻从业者应该是社会的观察家、监督员、减压阀，通过客观真实的报道反映出社会方方面面的动向、问题、症结，进而引发大众的关注，影响人们的决策，促进问题的解决。新闻报道应具有独立性，客观性，不应受制于任何党派、社会团体的力量。

——我觉得新闻是一种特殊的文体，与其他类文章不同的是它有强烈的时效要求和对普通民众的预警性，制作周期短，而且对准确性要求很高。新闻从业者其实没什么特殊的，新闻工作说到底只是一类职业，不必过分神话。新闻从业者的内涵太多，我仅从自己所从事的记者职业的角度来说，新闻从业者应该是对事实的真实性有近乎苛刻的要求，还要有明辨是非的能力，不要被事件中当事人的表述所煽动或者轻信他们的说辞，做一个事件的忠实记录者。当然，作为一个线口记者，我还有其他的感受，那就是线口记者是一个需要有与人打交道的智慧，和线口联系人并不是一锤子买卖，在反复的联系中如何取得信任、获取独家信息都需要记者的运营能力，所以记者还是一个关系维护者。

——完美的新闻人应该是"书生报国一支笔"，推动社会进步，热爱民主自由。

——现在的媒体生态是一种非常多元的生态，作为不同形态的媒体它的社会形态与社会责任是不同的。作为法制日报，或许是应该负责任地对受众传达有关法治的政策，对于社会上有关法律法规、法治的现象能够做到针砭时弊。

——我觉得新闻从业者应该是底线不说假话，该说真话时必须说真话的人吧，不犬儒也不能愤青，做一个温和睿智从容，能推动社会进程的人。我参与过一起调查性报道，在经过新媒体的转发后，确实引起了报道群体圈子的一些共鸣，而且中央媒体的影响力比较大，高层也确实开始重视改善这个圈子的一些问题。我想这就是新闻从业者一点一滴该做的事。积少成多，渐成规模。

——新闻应该是报道大众想知道的事儿，是公权力之外的第三权利。新闻从业者应该了解受众需求，应该笔下有是非曲直。

——新闻，是对新近发生的事情的报道。但是，所有新近发生的事情，不一定都是新闻。不同节目对新近发生的事件，新闻价值的判断也不尽相同。如，某领导视察某地，提出了××意见。这在以宏观政策报道为主的媒体（如《新闻联播》等）新闻价值就高，但不是民生新闻节目所重视的新闻。反之亦然。家长里短的社会事件，对民生新闻节目来说新闻价值就较高，属于新闻，但对其他经济、政法类节目来说则未必是新闻。新闻从业者应该是具有专业新闻素养，对新闻事件有敏锐的价值判断，并且能够在最短的时间内，将新闻告知受众的专业从业人员。

——新闻从业者仅仅是一个职业而已，没有看做过铁肩担道义，担负不起这么大的社会责任，仅仅是传递信息，在可控范围内传播出去最有效的信息。

——应该分两种。第一种是专门从事调查性报道，揭黑，反面的东西揭露。更好地完善社会秩序，曝光阴暗的东西。这是新闻从业者应该做的也是有成就感的事情。第二种是做有温度的记者。因为现在很多记者都是在不停转场，一个个采访、事件只是在传递信息，固然传递信息重要，但是从业者在一定年限积累之后，更多的还应该做些有深度的东西，传递正能量的东西，比如生活中遇到的事情打动你了，人是共情的，一定能打动更多的人，好人好事，淳朴的事情，应该通过记者的采访报道让更多的人知道。在采访中经常遇到的是本身是小人物，但是故事很感人，比如我接触到的通州的一对普通美国老夫妇，做了很多事情，例如图书馆，收容流浪汉，他们从来没有要求被媒体放大，但是当你有机会遇到的时候，要深入挖掘，让更多的人知道他们为什么那么爱中国，做这件事情有什么情感支撑。这也是我个人比较喜欢的报道素材。

——我认为新闻应该是帮助人们更好地认识自己所处的社会和世界的窗口和方式，是帮助人们更好地决策的工具。至于新闻从业者，我一直有一种理想化的坚持，认为新闻从业者应该是社会这艘大船航行时的瞭望者，是社会生活中时刻的警醒者，要及时发现船体的问题，并能够无所畏惧地指出问题所在和改善方法，总之，我理想中的新闻从业者最主要的职责，总结起来还是那五个字——"铁肩担道义"。

——中国媒体及从业者，我觉得有两种形象。一种是老一辈的体制内记者，比如《人民日报》和新华社的老一辈记者，他们兢兢业业，在体制内能坚持自己的底线，能做力所能及的对体制有用的事情，能写对得起自己良心的文字，我觉得他们的力量不可小觑。再如，《中国青年报》的李大同、卢跃刚，他们从体制中独立出来后，之后把他们的精神在《南方周末》、《南方都市报》播种。《中国青年报》是我们新闻专业主义的一个源头。另一种就是体制外的记者。我比较认可的形象是老《南方周末》的一批人，比如江艺平、杨海鹏。他们那一批人，在我眼中比较有理想、有冲劲，他们把新闻当成一种事业在做。这是两类不一样的理想的记者形象。现在的话，记者的形象受到的很大的冲击。包括《南方周末》，记者流动性很大，老一批的人也流散了，很难有人再坚持老南周的精神，所以现在的媒体的形象有了很大的变化。

——现在做新闻冲击比较大，原来记者确实也有一些不该得到的荣誉，原有的一些光环应该去掉。以前，社会对新闻行业赋予了太多它不应该享有的东西，觉得他是官僚体系和精英组织的一部分，现在越来越感到和普通职业没什么区别。我觉得这是一个正常的回归。

正常的情况下，媒体更应该在社会中扮演 NGO 这样的角色。原来媒体在商业方面的成功，也因为信息传播的渠道比较少和它在政治体系里的特殊地位。现在回归到正常，它可能更像是一种事业，成为社会中有助于矫正不健康现象的 NGO 组织。愿意投入这项事业的人，总的来说，还是对于物质不是那么有追求和压力的人，如果奔着商业成功而来，可能从事这个行业就不太合适。

——客观、真实地报道。

——我认为新闻从业者应该是社会的监督者、瞭望者，为国家、民族和社会的命运负责，能够用理想主义支持自己的工作。一般是比较年轻的，有表达欲的人。

——现阶段中国的新闻和宣传分不开，真正的新闻应该是告诉大家发生了什么，为什么会这样，我们该做什么。目前的新闻从业者很多没有职业认同感，没有把新闻当作事业在做，当然这和我们的环境有很大关系。

——新闻应该是对突发事件的客观报道，或具有主观意识进行的整合再造内容。新闻从业者就是做"新闻"这件事的人。

3. 你觉得自己做到了理想中的期待吗？如果做到了，具体怎样体现的？如果没做到，还差在哪里？

——守住底线，从未写过有违基本新闻准则的稿件。

——还没有。我觉得自己的新闻敏感度和文字表达水平不够。一是深入采访时，对痛点的捕捉不够有力度，被访对象一句轻描淡写的话里可能藏着很多信息，我还做不到"听者有心"的高度集中；二是感觉客观、真实、利落地写出报道，并起一个出彩的标题，是一件非常有挑战的事，需要天赋，更需要后天练笔。

——我从事新闻行业接近35年了，我觉得一个媒体人在院校当中的所有的想法都是很单纯很理想化的，随着从事媒体的不断深入与变化，对于媒体的认知和媒体的职责认识也在不断变化，可以说还在朝着理想不断努力，还在路上。

——除了收入较低外，我基本做到了理想中的期待。在新闻业务上能独当一面，在管理上会管能管，熟悉报纸的所有流程，能得到别人的认同。

——做舆论监督的时候，每篇报道都是如此；其他时候，感觉没有这么强烈。原因可能是囿于主流媒体的宣传功能，并没有真正做到推动家国进步、民生改善。我觉得我自己是心怀理想，但不能违拗环境。

——我觉得自己并没有做到理想中的期待。这和我的线口过细过杂相关，主要体现在城管局这一部分，与其他的政府部门只需要与一个联系人保持关系不同，市城管局下辖5区，每区又有城管局、城管大队、环卫局、园林局、市政局、数个街道城管办，难免遗漏新闻，所以这一块对我来说是一个巨大的挑战。此外，记者也是一个要磨炼专业技能的职业，从文本来说，自己要提高的还有很多。

——自己还没有做到理想中的状态，必须要对某一个行业和领域的事情很精通，要迅速判断某一个事情的真伪的能力。自己在政策法规，相关行业信息的把握上还欠缺，我们这里没有分专业的口，没有办法对某个问题特别精通。

——我觉得我做到了吧。我经历过纸媒兴盛的晚期，可以说曾经用报道推动过社会进步，也在社会上引起过轰动，也因为用报道揭露问题而被告过。也算是经历过了自己想做的事情，对自己基本上是满意的。

——做到了理想中的期待，将自身情绪爱好融入编辑工作中，制作相关策划、特刊等。如第一题所述。

——没做到，主要从事的岗位是对外报道，还没能把中国故事讲好，尤其是政治、民族问题，讲得很不足。

——并没有做到，总之受制约很大。

——我想我个人没什么代表性。其实，我对新闻这个行业不是特别了解，大学本科学这个专业，就一路做下来，应该说是慢慢发现和感受到新闻的重要性，也感觉新闻比较好玩儿。有些人从小就立志做记者，但我自己从小在农村长大，对记者行业也没有概念，也不太知道记者是做什么的，上了学之后才逐渐认识到，我是很没有代表性的一类。

——个人而言，我觉得自己只达成了一半的理想。我是新闻科班出身，对新闻专业主义比较痴迷，毕业之后也做了许多力所能及的调查性报道。但是怎样让自己的能力和在新闻界的影响力提升，可能就是我从业五年来所面临的最大瓶颈。

——基本算是做到了，体现在所写报道的类型、影响力和报酬上。不过眼下传统媒体非常不景气，会考虑转型。

——理想类型很多，有工作理想、生活理想，更有价值理想。而且，理想经常变动不居，今天是理想的，可能在后天看，已经是现实或者已被抛弃；今天不是理想的，明天再看，可能竟是奢求。

当然，如果这个理想，指的是工作理想和生活理想，我觉得算是实现了。从本科学新闻学开始，我的理想工作就是能够进入三大央媒（人民日报、新华社、中央电视台）之一，现在能够在人民日报总编室工作，我很知足；生活上，父母身体还算康健、妻子与我从相恋到如今已是第十个年头，算是完满，生活上也没有过分的追求。但这些只是过去的理想，任何有点追求的个体，总会在当下的基础之上，展望新的可能、秉持新的理想。因此，理想也总会蓬勃而生。问卷问的是新闻工作，我就讲讲现今我的工作理想吧！在既有的岗位上，成为某一领域的专家。成为专家型记者也需要这种条件，我的积累才刚刚开始。离这个理想还差在哪里？我想是"时间"的"累积"。"时间"讲的是耐性，经得住久久为功；"累积"讲的是心性，做得到为功久久。

——没有。从我的两个工作经历——交通行业记者编辑、财经类记者编辑，我觉得离我的期待还是很远的。因为这里没有我所期待的新闻现场，大多数需要依附于一定的理论存在。如果我想做好一个报道，最关键的并不是我在现场所观察到的，而是我通过收集资料、分析问题、采访专家所梳理出来的。我必须具备深厚的经济学专业知识，否则做出来的东西都显得不够深入。这对于心心念念跑突发事件的我来说，似乎一切都平台化、虚拟化。或许可能我这个职业生涯也做不到了吧。毕竟这意味着我要跳槽，但是这对于我来说又是一个难以断舍离的事情。

——没有完全做到。但至少是在努力做到。我一直以来做得最多的是法律报道和调查报道。法律报道是一些法律案件，很多的采访和报道，在努力保证客观公正的基础上，帮助到了一些弱小无依的群体实现了司法公正，我认为这也是"铁肩担道义"的一种实现方式；更重要的是，我最喜欢做的就是调查报道，关于食品安全、网络安全、一些企业不法行为的调查报道，通过采访报道揭露一些行业或企业黑幕，为人们营造更好的生活和社会环境作出了可能尽管是很小的推动意义，也算是"铁肩担道义"的一种实现方式了吧。但因为各种现实原因，这些工作并不是能够一直持续进行的，也并不能完全做到自己想象的那种深度，所以我只能说我努力在做、但只是部分做到了。

——我觉得我做到了刚才提到的第二点，就是更多地在做有温度的故事，这是我一直坚持的也是以往报道中做得非常多的类型的题材，但是我提到的第一类的新闻从业人员，揭黑调查记者这方面，因为所在媒体节目性质和定位，却是没有机会做这类型的报道，这还是和所在栏目属性有相关的。

——我觉得自己离理想中的从业人员还有差距。具体表现在：作为一档民生新闻节目的记者，每天采访的内容涉及生活的方方面面，需要用到经济、法律、生物、政治等多个方面的专业知识，还要不断学习补充。另外，我所在的节目，平时社会监督类报道选题较多。这部分报道的采访对象，往往不配合节目采访，必须通过旁敲侧击的方法获得想要的答案。这方面的经验，每天都需要不断积累。

——没有做到理想中的期待，一些想报道的内容没能呈现，可能漏掉一些新闻，同时许多网络和社会热点因为这样或那样的原因没有报道。

4. 你觉得社会上对新闻从业者的评价是怎样的？你怎样看待这样的评价？

——比较两极社会地位上来说，就是"小编"。我个人都无所谓，觉得也都正常，庸人无咎无誉，而"咎"与"誉"非常分化的时候，说明公众期待和现实有差距。

——与很多采访对象的交流中我都发现，社会对于新闻从业者的评价多是喜欢炒作、搞大新闻、采访不扎实的负面评论。政府部门既爱又怕媒体，他们担心一举一动都被曝光。从我个人的角度来说，这样的观点虽然偏狭，但也有一定的道理，至少说明很多新闻从业者的职业行为和职业操守并不到位，采访粗糙、想制造爆点，还有些派出实习生采访，个别的新闻从业者给采访对象留下了非常不好的印象，也会影响到其他的新闻从业者工作，很多人心里就会有反感或者排斥。

——我觉得大家对新闻从业者的评价处在下滑的状态。因为在十年前，都市报崛起的时候，社会舆论的焦点，都被（传统）媒体把控着，他们能引导公众和社会的关注点。比如，《南方周末》记者报道的孙志刚事件，能引起全社会的关注和讨论，最终推进法制发展的进程。

而现在，在新媒体环境下，所谓的"风口"不在新闻媒体的报道上。在互联网环境下，社会的舆论关注点转换太快，新闻的保鲜期太短，对一些新闻媒体报道出来的社会事件，大家都比较麻木了；另外，微博微信的崛起分散了传统媒体的话语权，大众不再盯着媒体报道的事情，而仅仅把新闻当成一种饭后的谈资。在以前，媒体报道的一些新闻事件，能引起人们积极地投身于推动社会进步的实践中去，而现在的新闻很少再引起这样的轰动。所以，现在新闻记者的社会评价和影响力正在下降，一大批老记者也开始离开传媒行业，开始转行创业。但是，我觉得这是媒体发展所经历的一种常态，是一种进步，虽然媒体引导话语权的能力式微了，但是对社会来讲这是进步的。作为公民，大家就应该关注自己的生活，对公共事件的参与的过度热情其实是在体制不健全的情况下产生的。每个公民都把自己的生活搞好，整个社会就好了。现在互联网这么发达，大家都能利用它去创业、追求自己的理想与生活，这种现象是可喜的。

——很诧异现在大家对新闻工作者的评价并不是那么高，甚至很差。每当出现一个有争议的新闻事件时，网上都会出现很多骂记者的言论，一些侮辱性的词汇比如"妓者""霉体"，等等。起初在我选择媒体这一行业的时候，记者被称为"无冕之王""喉舌"，那时候觉得记者和光鲜、责任等词挂钩。但是现在这些似乎逐渐式微，更强大的评价是负面的、质疑的，甚至是否定的。

首先，我并不认同这些评价。确实我们经历了一些虚假新闻，一些为了捕捉眼球而采取的出位手段，但是这些只是少数的害群之马。一颗老鼠屎坏了一锅粥，如果以个别来否定全部，我觉得实在是有所冤枉。当然，这也是给我们敲响了警钟。尤其是在网络社会，讯息传播速度相当快，传播面也相当广，因此在你监督别人的时候，你的报道也在被各种网民监督着。所以你不得不更加谨慎、专注地对待你的报道。也只有做好了本职工作，才能赢得别人的尊重。我也看到许多做得很出色的新闻从业者，他们依然被尊重，被推崇。

——我认为就现实而言，新闻人的职业认同不是那么重要。因为对很多记者而言，记者只是一个职业，做记者是工作而不是事业。对相当一部分记者来说，他们的行为距离符合对媒体人的基本要求还差得很远。记者能做好基本的工作、对得起自己就已经很好了，要求他们都认同这个职业和行业太难了。所以我认为就现在的情况而言，媒体人能把自己的工作当成一份职业来对待，尊重基本的职业规范就很好了，去认同这个职业还不是最重要的。

——媒体从业人员自己也是良莠不齐，所以难怪社会评价褒贬不一。比如在中国之声，明令禁止有偿新闻，有很严厉的处罚措施，基本没有人敢以身试法，但是应该也有一些收钱写稿或写软文的从业者，所以评价应该不会高。对于我自己接触的采访对象来说，你帮他解决了问题，他会给你送锦旗；没有解决问题，可能会觉得你收了官员的贿赂，记者不是万能的，之中也有委屈。

——我其实不太关心外部对我们的评价。可能媒体的形象一开始就不太好，黑记者很多，给政府抬轿子的人也比较多。要么认为你是吹鼓手，要么认为你是打手，或者是敲诈犯。这可能确实是媒体公信力不够高造成的。这只有靠我们各媒体自己努力，去改变人们对我们的看法。

——我认为社会上对新闻从业者的评价在逐渐走低，尤其是对中央级媒体，不少人认为中央级媒体公信力不够，对一些社会热点问题的报道导向与民间舆论出现分歧；我认为这是一件与时俱进的事，互联网时期媒体不再垄断信息资源，公信力自然不如以前那么高。至于社会热点问题，互联网的特质就在于多元化，观点的多样性甚至出现冲突并不是一件坏事，铁板一块才可怕。

——现在的状况是需要人脉，好和坏之间没有太大的评价，所以比较难继续高升。对于自己来说，还是得奖能够得到领导认可，不断地高升，社会关系是非常重要的一个因素。

——社会上对新闻从业者的评价为：无冕之王，具有较大的权力，是一个可以直接监督权力机关工作人员日常工作的职业。这样的评价并不全面。记者具有监督权，但没有凌驾于法律之上的特殊权力。由于现代社会，社会监督的方法更多，很多被采访对象对于记者的地位，不像以往一样重视。记者的采访经常受阻，这与人们觉得记者可以披荆斩棘一路直接取得任何新闻真相这一认知，有很大不同。

——现在对于新闻从业者的评价有一种暗化的趋势吧，觉得新闻工作者没有自己的独立主见，就是政府部门的传声筒，甚至因为一些吃拿卡要的记者们的行为，会出现一些评价，认为记者就是油滑地穿梭于政府和企业之间，利用手里的这点权力为自己换取利益。这样的评价无可避免，因为是媒体工作者，所以受关注度自然比其他职业要高一些，就像对于医生的评价恶评如潮一样，但不能否认大多数医生都是在努力地治病救人的。我认为这些不好的、负面的评价的来源不仅仅是因为个别的新闻从业者一粒老鼠屎坏了一锅粥的原因，其实人们的这种评价和不满更多的是因为眼下的这种新闻体制下，人们的信息知情权没有完全得到满足造成的。作为新闻从业者，不能改变体制、不能改变人们的评价，能做的也只能是尽力做好自己能做的工作吧。

——由于受制约较严重，新闻从业者的价值被严重低估了，有些人跟我说过他们对媒体人的失望，一些维权的事件，媒体并不能发挥什么作用，而公益组织反倒更能体现出力量。

——社会上对新闻从业者的评价是多元多样的，有好有坏，有贬有褒。这很正常。首先，"社会"就是一个包罗万象的词。具体说，有新闻当事人，包括正方、反方、中立方；有利益攸关者、有旁观者、有无关者……诸看官的视角、利益、兴趣、偏好、价值评判标准不同，结果对新闻从业者的评价自然大相径庭。其次，新闻从业者是一个整体的概念。媒体分类当中既包括传统媒体和新媒体，也包括党报和市场报。不同媒体，对于旗下的记者、编辑要求不同，诉求不同；况且，新闻从业者秉性各有不同，自不会千人一面。

所以，每个人对新闻从业者所产生的印象，只不过是其有限的社会触角所能够接触并感知到一种片面化印象。并且，这种片面化印象也是不稳定的，一个人可能平时对新闻从业者有一个大致的印象，但具体到一个具体的新闻报道中，可能又会有即时性的变化。就我有限的接触而言，有一个明确的感觉，就是社会上对新闻从业者不再迷信，有点去中心化的意思。这种去中心化，我觉得是现实媒介格局的客观变化所引起的自然反应，随着传播手段的便捷和多元，舆论场、话语权的竞争更加激烈，受众有了更多的可能接触到观点龃龉的新闻，会培植其媒介素养，增强其对新闻真相的辨识力。去中心化的同时，特色化也愈发明显。舆论上有个"人民日报"现象，媒体转载新闻的时候，总爱加上这个台头，这是党报的观点值得舆论重视、在舆论场有分量的表示。以前是主流新闻就是舆论，现在是主流媒体引导舆论，这样的变化，我觉得挺好。前不久知乎上流传，有不少愤青到了外国之后，才发现还是中国的月亮圆。有比较才有鉴别，有比较才能明白哪种观点更值得我们去爱。而在对特色化媒体的比较鉴别中，人们看新闻从业者的目光，也就摆脱了单一化的一律看待，而是将其与其所在的媒体挂起钩来，形成一种去中心化的、特色化的评价。

——比较难说，首先我觉得如果是那种在社会上引起反响大的报道，这样子的题材是有的，在社会上广为流传，会说那个报道真牛，这种正面的评价有。但恰恰平时，比如打车的时候听到的是大家对新闻从业人员的抱怨，甚至严厉一点都说记者不干事，这确实存在一个职业理解方面的问题，因为本来每个记者跑的口，栏目属性，媒体个性、气质各方面有很大不同，不可能要求所有记者都去当战地记者，都去揭黑做调查，都是千篇一律的，所以这种评价很难有一个特别统一的标准，每一个记者都是为其所在的栏目来服务的，即使是狗仔队这样的记者，他们某种程度上也是很敬业的，他们的媒体要的就是这样的内容。我个人的理解是说，我们也可以把新闻记者当成一种职业，当成一个普通的人，他也有他能力所不及的地方，但是记者在做报道的过程中一定要有底线，包括狗仔队也要有道德底线，如果每个能都能把握好底线，又能平衡好自己所要完成工作量，这是记者应该做到的，大家也应该有一个公正的态度去评价，这对双方来说都会是比较公平的。

——防火防盗防记者。顶着"无冕之王"的桂冠，跳动着奴才的心脏。

——我觉得现在社会对新闻从业者的总体评价是具有贬低性的，比新闻从业者的真实状况恶劣。人们认为媒体人素质低、没底线。现在很多人喜欢争论记者应该怎么报道新闻，很多所谓的学者站出来批评媒体的报道方式，其实分析得很浅，并不值得信服。我认为这种评价总体是过了，但是媒体人的素质问题也确实是存在的，这也是我们应该认真面对的问题。确实能看到一些耸人听闻的报道，有一些媒体人的工作态度就有问题，去参加新闻发布会迟到、只顾着玩手机，走的时候还要索要礼品、车马费，这些问题是必须面对的。

——有一部分人很讨厌记者，很多人又愿意利用记者达成诉求，评价好坏参半，但是作为新闻工作者，坚持公正客观基本原则，还是会受到社会尊重。职业认同很重要，不论哪个职业来说，配合度才会高，工作才会推进，跟人打交道，别人不认同你，开展比较难。

——评价不高，觉得是"喉舌"，不够为人民说话。我认为这种看法某种程度上是对的，但也有误解。

——社会评价问题，实质上是媒体记者与社会大众的关系问题，它就像跷跷板一样。现在社会上对新闻从业者的评价总体上是降低了，或者说记者祛魅化，光环基本消退。

怎样看待呢？一是社会进步的表现，社会公众过去仰视媒体、仰视记者，现在平视甚至俯视媒体和记者，说明社会大众更自觉自主了，知识水平和民主素养更高了，地位更高了。

二是媒体记者应为此高兴，社会进步，有媒体记者很大的功劳，也是媒体记者的职业追求。当记者干什么，不就是为了社会进步，大众更现实地当家做主吗？

三是高兴之余也应该忧虑。随着技术进步、社会进步、大众进步，社会扁平化、信息扁平化的趋势，媒体记者过去拥有的先天的信息收集、挖掘、传播、引导等优势不再，媒体记者的进步落后于社会整体的进步，记者自身出现了能力危机、职业危机，导致社会对媒体记者的信任危机。当然不仅是新闻记者，教师、医生、官员等很多职业都存在这样的问题。

社会评价的变化、媒体记者与社会大众关系的变化，要求媒体记者更专业而不是网民化，更专业体现在对传播技术与传播规律的把握，再一个是舆论的引导更到位而不是缺位，不能该说的不说、该做的不做，也不能错位或约为——不该说的乱说，不该做的乱做。现在一个很有意思的现象是，社会自媒体化，在抢媒体的"饭碗"，而媒体干这个干那个，荒废了自己的主业，有在抢别人的饭碗。互联网时代，跨界、越界似乎是趋势，但跨界越界总有个"界"，否则就无所谓跨与越。无边界，也就无责任无专业无标准。

——对主流媒体新闻从业者评价还可以，有新闻职业道德。这主要是媒体公信力的影响。

——我所接触的人中，对新闻从业者评价两极化，部分人认为其实行业良知，部分人对其毫无认同感。本人对新闻从业者就毫无认同感，认为被采访者说话与否应是自己的决定，记者采访这一举动多余，且有间接强迫的性质。但是，该观点仅由本人价值观决定，属于个人对新闻的偏见，并不适用于普遍人群。从客观来说，新闻从业者获得的信息对公众而言是十分必要的。社会上部分人对新闻从业者的不良印象，源于新闻腐败，包括有偿新闻、滥用采编权利威胁利诱等。这与当前社会大环境有关。

——互联网时代让可敬的记者更可敬，让无耻的记者原形毕露。以前一个记者可能"养在深闺人未识"，报纸见报后也就被人们遗忘了。但是现在，新媒体转发文章后，记者的名字就会被广泛传播，写得好，更多人叫好；写得差或者偏激，更多人叫骂。所以社会对新闻从业者的评价，因为网络而不断走向两极和放大。我觉得这种评价给记者职业身份带来了更大压力。也就是记者更被置于众目睽睽之下，所以更要谨言慎行，凭良心报道，写出一些有价值的稿子。

——对于新闻从业者的评价从来没有像现在这样如此多元过，我个人的感觉社会上对于媒体的评价总体不高。在目前的社会形态下，以及媒体的状态下，这种评价和它的现状总体来说是正常的。

5. 工作中遇到的最大的困难是什么？（请尽量详细描述）

——采访能力欠缺，因为对外报道主要把国内记者的新闻编辑成英文，采访不够。

——最大的困难是，和媒体人整体一样，做新闻的激情在下降。这当然与我前面所说的成就感下降的原因有关。我在我们单位见到的最有激情的人是实习生，而实习生努力工作写稿很大一定程度上是为了找工作的功利目的。大部分媒体人的职业成就感都在被消磨。

——传统媒体逐渐没落后，报纸如何发展的困惑。

——这个问题很难泛泛而论，我只是认为作为一个职业的媒体人，在中国的现阶段还是一件很荣幸的事。无论是在改革开放的初期，还是中国的改革开放进入了深水区，职业媒体人在社会当中的位置与职责还是很有价值的。尽管遇到很多的挑战，比如新媒体的发展对于传统媒体人提出了很多课题，让你的职业能力与职业认知不断变革、不断深化，这种挑战本身也有意义和价值。一个职业如果总是处在缺少变化、缺乏挑战的状态中，那它的生命力也就很有限了。

——个人来说，所在的媒体，影响力有限，只能影响到一部分，不像央视那种强势媒体有那么大影响力，所以觉得当自己在呼喊的时候，或者表达有价值的信息的时候，到达和影响有限，能收到的响应反馈有限，则是一个困难，没法从反馈中进一步深入和不停完善自己。这就是好比你在河里面投入的石头，结果你听见的响不足够大，很难再下一次报道中形成经验，记者也是需要这种的，曾经做过什么有名气的报道，这对职业认同也是有很大帮助的。

——遇到的主要问题就是记者这个行业比较辛苦，性价比不高，记者能够发挥的余地较小。

——来自采访对象。部分采访对象拨打节目热线要求采访，其实是想利用媒体的地位和影响力达到自己的目的，为自己的利益服务，并不是真的想提供新闻线索。这需要记者的理性判断。来自被曝光对象。被曝光对象因为自身问题，会千方百计阻挠记者采访，了解事实。记者很多时候，需要与被曝光对象斗智斗勇。此时，毅力往往是接近事实真相的关键因素。

——有一些媒体单位，重视"态度"甚于重视"能力"，这也很可怕。

——至于现在最大的困难和羁绊，除了行业出现的商业模式问题外，媒体的风气也不好，尤其是新媒体的冲击带来的人才流失。一个行业吸引不了最优秀人才就会出现恶性循环。如果说，他去了另外一家媒体还好，但是很多都是转行了，做公关之类了。有的做了自媒体，但其价值观的体现和真正媒体离得比较远，虽然表面上像是媒体，但其实已经不是在做新闻。

——对于自己的工作状况不满意，社会认同感差。媒体在市里的影响力特别小，影响力小，就不去做，周而复始就是恶性循环。记者、护士、教师是仅有三个职业拥有节日的，但是现在需要加以太多的冠词去被认可，比如中央台、河北台、保定台这样的头衔是非常不一样的。我们需要头衔弱化，而需要对于整体的行业越来越敬畏，当我们彻底平等，受尊重平等，我们才会自律。

——最大的困难还是自我的纠结。纠结有两点：第一去采访，感觉受访者才是真正"做实事"的人，这些行业尖端的人真是用智慧和能力在改变世界，比如某个工程师的一个设计，就让市场上亿万人感受到了便利。但是反观自己，连他们做了什么都写不太清楚，永远是旁观者的角色，心里会想"为什么我不能直接去做那些改变社会的事情"，因为让新闻发挥舆论监督的进程，比较缓慢。第二就是对自身无能的纠结，采访不够到位，写稿不够精练，这都是困扰。

——工作中最大的困难是与编辑和主任对新闻的认识不同，编辑需要呈现的内容前期没有采访到，后期写稿有很大的难度。这可能也是传统媒体的一个弊端，编辑与前方记者的沟通不足，彼此不了解需求与现场情况。有时候编辑过于理想化，一定要做出来的内容无法采访到，会造成很多遗憾。比如一条国家食药监总局下午发布的消息，湖南省局的回应就不可能当天拿到，但是编辑会认为省内信息较少，前方记者其实也很无奈。

——工资少。这个相信大部分从业者都懂。

——最大的困难还是作为中央级媒体对于尺度的把握。中央级媒体的功能我的理解是上情下达和下情上达，既要把党和政府的政策方针传达到每一个人，也要把老百姓的诉求通过报道的方式，影响决策者。上情下达需要考虑话说到几分，必须要让老百姓了解实际情况，了解政府的苦衷，但是话又不能说太满，以免引发悲观情绪和社会恐慌。

——困惑和值得提升的问题，我觉得还是与经济收入挂钩的。国外的记者是拿年薪，可以把记者当作终身职业；而中国的记者只能把记者当成一个青春饭，现在的记者大部分都是二三十岁，三十五岁之后都会考虑转型，将自己积累的资源进行兑换。所以，我觉得媒体的待遇确实应该提高。比如《南方周末》十年前的薪酬跟今天几乎没有变化。这也是媒体的一个困境：现在媒体的话语权越来越式微，广告收入也随之下滑，媒体的生存困境导致从业者的生存压力也越来越大。

——一个好的调查节目不能够播出，因为要顾及播出后的"负面反应"，怕引起社会不稳定；一个好的节目创意不能完全呈现，因为有太多的方面需要考虑；一个简单的问题却因为繁复要求限制成了一个冗长的程序问题，耗尽精力。

——有句话，据说是白岩松说的，也不知道是他原创，还是借人之言，或者是网络讹传。但我觉得说得很好。"生活中只有5%的比较精彩，也只有5%的比较痛苦，另外的90%都是在平淡中度过。而人都是被这5%的精彩勾引着，忍受着5%的痛苦，生活在这90%的平淡之中。"这句话放到工作中也适合，真说遇到什么过不去的"最大"困难，现在回想起来，真的是没有。工作中的常态，就是风平浪静之间，略起些微澜。有些事情，当时觉得难关重重、牢骚满腹或者委屈憋闷，但慢慢做、点点突破，至少也总会有个差强人意的结果。如果硬要说"最大"的困难，可能恰恰是用什么样的态度来面对每天的平平淡淡：身处这种境况，你是否能够不改初心地依循着自己的价值，坚守着自己的底线？是否能够稳定心性，真正主动负责地应对庸常。就我的工作而言，每次编辑、策划、改稿、校对，你是否付出了全力？是否穷尽了一切可资利用的手段提升稿件质量？一回两回要求自己容易，但当没有外部激励时，这种坚持，就是对自身素质和毅力最大的考验。

——我遇到的最大困难就是同时拥有记者和编辑的双重身份，而编辑的身份可能更多，导致我不得不被束缚在版面、时段之上，不能有足够的时间去做记者。

我觉得记者和编辑是有明显不同的两个职位，但是我所在的两份工作，都主要以编辑为主，记者为辅。而编辑又因为报纸要定期出版、广播要定期播出，不得不在固定的时间段上下班，也就是"坐班"，这就导致我们很难有足够的空间施展开。即便是采访，也会囿于时间、精力的限制，不能完好地完成。我和同学们也讨论，现在新闻单位招聘，很多都是编辑岗位，把人拴在版面之上，没有办法来到新闻现场，只能采用电话采访。这首先就可能会导致新闻失实，你听到的描述是这样的，但现场有可能是另外一种场景。比如说曾经一个发布会，我电话采访得知的是 Y 领导参加，但实际上 Y 领导和 F 领导都参加了，只不过因为对方不认识 F 领导，所以导致遗漏。如果能够到现场采访，可能就避免了这个失误。

——觉得受到的限制太大，做出来的东西并不是自己最终想看到的。另外网络媒体同质化情况比较严重，原创内容不多，质量不高，和境外比有不小差距，比如去年微信上突然比较火的香港端媒体就在原创内容上有更吸引人的元素，说白了，就是更多真实的政治相关新闻及评论。

——最大困难是选题和写作。找不到合适的选题，特稿选题的要求本身很高，而时尚先生作为月刊，尤其高，必须找到极致的选题才会被通过。写作上的难度也很大，无论是自我要求还是杂志要求都很高，希望做到业内顶尖。

6. 新闻从业者职业认同问题重要吗，你怎样看？什么因素会影响新闻从业者的职业认同？

——对于个体来说薪酬比较重要，稿件的影响力以及整个媒体的环境，比较宽松自由的环境。

——职业认同，实质上是新闻从业者职业价值观的认同、职业规范的认同、职业标准的认同。现在新闻、媒体、新闻从业者职业共同体越分化，职业认同就越难，也越有必要。

职业认同只能寻求"最大公约数"，要求整齐划一不可能。要考虑到媒体环境不一样，从业环境不一样。现在这个"最大公约数"就是中国记协 2009 年 11 月新修订的《中国新闻工作者职业道德准则》，七大条，2238 字，其他的还有各个媒体制定的一些规范制度。

职业认同，个人角度和集体角度的逻辑顺序是不一样的。从个人而言，职业认同的逻辑是：利益认同（个人生存）——组织认同（媒体集体发展）——精神认同（职业行业存续）。就行业集体而言，职业认同的逻辑是：组织认同（媒体集体存在与发展）是前提——精神认同（职业行业存续）是保证——利益认同是基础。讨论影响新闻从业者职业认同的因素，逻辑顺序应是行业集体的逻辑，而不是个人的逻辑，现在组织认同是不够的。

一是组织认同。《中国新闻工作职业道德准则》执行不够细致严谨。在实际情况中，"附则"落实不到位，"结合实际制定相应实施细则，认真组织落实"的媒体不多，组织不认同，个人肯定不积极认同。二是精神认同。"全国新闻工作者要自觉执行"，不"自觉执行"怎么办，所以要加强自律与他律。三是利益认同。要维护从业利益，强化职业尊严。现在身份契约化，单位人避免社会人，避免"一手交钱一手交货"的交易关系。当前媒体分化、媒体竞争激烈，改革转型不确定性、风险性前所未有，人员流动性凸显，媒体和从业者生存发展压力山大。从集体到个人、从领导到一线，都很累，身心疲惫。"职业"面临危机，"认同"更加不易。

从更宏观的层面来讲，媒体须加快转变转型，转方式调结构，深化改革创新；党和国家加大对新闻媒体的扶持力度，前提是明确"真正做新闻的新闻媒体"，要把"新闻媒体"的"产业"商业色彩降下来。应借鉴教育、医疗"产业化"改革的教训。要解决管理上讲"中国特色"、发展上走"西方道路"的矛盾,完善中国特色的新闻媒体体制机制。"新闻媒体""新闻从业者",要向"舆论引导机构"和"舆论引导者"归位。解决职业认同的问题,以上三方面,三管齐下,很难说谁先谁后。

——也许还有吧。但是,看不到 50 岁以上的真正记者。

——当然重要,我觉得如果你自己都不认为自己在干一件特别牛气的工作的话,又怎么可能去影响到更多的人,毕竟你是一个传播者的地位,至少在传统的视角上来说。所以这种职业认同问题非常重要,我给学生做培训的时候也会和他们说,有时候你做新闻工作者没有自 high 的本领,没有对任何事情都充满探奇的心理,这个也不重要,那个也没意思,那个没什么可说的,那还做新闻记者干什么,哪怕你去参加一个你觉得不是特别有意思的东西,那你也应该在那个场合去发现有价值的信息,这个更能显得职业的素质和本领。所以这个还是很重要的。

影响职业认同可以从宏观、中观、微观三个方面吧。宏观角度,整个媒体的发展环境。那么多传统媒体人特别是知名主持人记者,都离开了媒体,原因很多,但有一点至少是他们觉得他们去一个新的平台能够更好地实现他们的价值,也就是说他们觉得传统媒体他们所能实现的自我价值和社会价值已经在减弱了,这个方面会影响职业认同感,可能是因为不认同了,他们觉得说当记者没那么牛气,或者没办法实现新闻理想,没有情怀了,所以愿意换到别的岗位上去。中观方面主要是每一个新闻从业人员他们所在的媒体的发展情况。比如北京电台是怎样的一个发展情况,涉及很多啊,员工待遇如何,所在岗位是否是自己喜欢的,台里给的奖励,认可制度啊,都会影响记者在媒体的忠实度和认同感。微观角度就是个人而言,比如被安排坐班是不是我要的,我的工作量这么多,是必须完成的,是否能承受,待遇与付出是否成正比,我跑的口是不是很无聊。包括个人对新闻理想的理解,有些人可能觉得自己做的小破报道不想做,就想做大报道,能影响别人的报道。这些方面的因素都会影响到一个人的职业认同感。反正认同感很重要，影响因素也很多。

——自我的职业认同感对于从业是非常重要的。因为我是学新闻出身的，我觉得这不是一般的职业，新闻记者的饭碗不是一般的饭碗，但是现在有越来越多的人把它等同于一般的职业。所以新闻从业者对于自己职业的认知就更加重要了。我之所以一直强调新闻人的职业性，所谓"职业"二字就与简简单单把它当成一个饭碗有本质的不同了。

社会环境、从业者自身、社会评价都会影响新闻从业者的职业认同。社会影响对于受影响的主体来说始终都是很重要的。而并不高的社会评价对于从业者有负面影响可能也是正常的。我比较欣赏国外一些优秀的新闻人发展到最后，会向职业作家方向发展，在做记者的同时会出一些非常有价值的著述。

在中国来讲，媒体人或者是在年轻的时候向一批农民工，尤其是在都市类媒体里；或者是把新闻媒体的从业当成人生从业过程中的一个阶段，甚至是当成寻找机会时的一匹马，骑上它去找更好的马。所以可能将来的职业新闻人越来越少，这可能是对我们新闻职业的教育提出的一个很严肃的问题。因为如果一个职业新闻人在他的一生中有若干个生长的阶段，新闻的教育培训阶段是很重要的。在对于这个职业外部的影响来说，我认为媒体生态环境的变化是更重要的。整个媒体都处在一种大洗牌、大变化的阶段，在这个阶段中，虽然会有一些自由职业者加入，比如一两个人就可以做成自媒体，而更多的人是要依附于一个媒体作为他从业的一个岗位。特别是传统媒体整体处于大改组、大分化的状态中，这对媒体人的影响是可想而知的。

——我觉得对不同年龄阶段的人来说不一样。对年轻人来说，更重要的可能是收入，因为他们对物质生活还有一定的要求；对中年人和资深从业者来讲，更重要的是能否实现自己的想法，这个想法也就是我前面说的，能不能通过自己新闻报道给社会带来一些影响和进步。

——重要，这是一份工作能坚持下去的动力。社会评价、收入待遇、行业前景都会影响。

——一个媒体人应该放弃一些不切实际的想法。当然，媒体还是能让一些人获得影响力,并有成就感,这个现在也存在。这个问题也要两面看,一方面让记者有写作的欲望,另一方面也有可能扭曲行为,比如为了出风头,大作一些"灰色"文章。我觉得这需要个人的修养来决定。至于在商业和物质方面,你想要有所获得,那新闻行业,不应该当作你的优先选项。

可能更多是同行之间的影响更大,外面人怎么看你,你可能不在乎,但是同行怎么看待你这个行业比较重要。现在,媒体的自我否定比较突出,可能也是大浪淘沙吧,可能媒体也不需要这么多人从事这个行业,原来叶公好龙的人都离开,剩下的都是对新闻行业比较执着和热爱的人。外部社会环境的影响也会有,但大的社会环境没法改变,所以我觉得不是太重要。大的社会环境也分两个方面,一方面它褪去了媒体一些过往中不应该有的光环,另一方面也跟整个社会的价值体系有关,如果大家都把物质和官位当成唯一标准的话,确实对于新闻记者的价值评判和选择排序会比较靠后。

——重要吧,首先是前景问题,我身边很多网络编辑觉得做媒体编辑并不是一件很有前途的事情,即使真的到了频道副主编、主编的位置,也是每天忙得像狗。但不得不说,网络媒体的薪酬还是可以维持一个小白领在北京的体面生活的,所以转行的人也并不太多。其次在当今政治生态下,包括媒体人在内的普通大众已经将所谓"政治敏感性"内化了,对于不是特别关注政治的人,政治方面的约束对他们来说并不是特别头疼。他们可能并不会反思媒体的"独立性"这样大的问题,只是尽自己努力在"专业性"方面精进。每天都在琢磨怎么起出更好地标题,做出更好的原创,被点击量和转载量激励。可以说,他们并没有什么特别伟大的新闻理想或对自己的媒体人角色有多大的期许,只是秉持着一种为了前途认真做事的态度而已。

——我觉得职业认同感很重要。社会还是需要一批瞭望塔似的人,需要一批做预警预报的人存在。如果选择做社会的瞭望者,你就要对自己的羽毛比较爱惜。在工作的薪酬方面,传统媒体的从业者的收入可能还不如一个微信公号的小编,你怎样坚持?这就需要你认识到自己职业的存在感，意识到自己所做的一些事情是有意义的，对职业有很强的认同感，才能在这种比较艰难的环境下坚持下来。相比其他行业，记者的荣誉感和获得感比较特殊，它主要是通过为民请命，秉持为社会和公众负责的态度去写报道而得来的。记者的荣誉感与经济效益关系不大，做一篇好的报道并不会给你的生活带来多少改善，跟其他行业做出成果就拿提成的体验是不一样的。所以要耐得住寂寞，这也需要很强的职业认同感。

  影响因素，我觉得无非两个，名和利。名就是别人对你的认可。一个记者能做出对社会有用的事情，别人就会对你有赞誉，你觉得自己做了一些对于促进社会进步有用的事情，从所做的事情当中有所获得，这种荣誉感是最根本的影响因素。记者也只有拥有新闻理想，重视这种荣誉感，并将其深入骨子里，才能不去"破戒"，才能走得更远。利，无外乎回报。这种回报的体现，是使自己能够生存、养家糊口乃至发家致富。对于这方面你要有一个预期，要有所权衡，如果你觉得期望不能在这个行业里达成那就转行。当然，利也不限于物质和财富，你积累的资源和人脉，也是你丰富自我的很好条件，也是一种很好的回报。

  ——职业认同对新闻从业者来说非常重要。因为你的作品是直接面向受众的，他们的好评差评你都看得到，如果没有职业认同，很多工作难以开展。新闻也是一个行业，影响因素与其他工作有相通之处，比如薪酬待遇、社会地位、工作时间（是否有正常假期）；但是也有独特的地方，新闻从业者经常处于风口浪尖上，一个记者或编辑，如果他和他所在的媒体经常遭遇差评，将会严重影响他的职业认同，他会怀疑自己做的事情到底有没有意义。

  ——我认为非常重要。只有当你认为自己做的事是有意义的，你才会认真、努力地去做。新闻从业者也是如此，如果仅仅把这个工作当成一个谋生的手段，或者像很多人称呼自己的那样，是一个"码字的"，而没有强烈的责任感和身份认同感，不仅对于新闻工作很难做到投入、认真，甚至还有可能因为外界的评价和诱惑造成内心的认同混乱。当你自己都不认同自己的工作是有意义的时候,又如何做出意义来?又如何让别人看到你工作的意义?新闻从业者自身保障,收入,被采访者的重视程度,社会对从业者的认同。

——职业认同重要,任何职业都需要职业认同。社会评价、个人成就感、薪酬水平影响职业认同。

——我认为很重要,从业以来才会真正发现这个职业工资低、事多、休息时间不固定,如果连基本的职业认同都没有,可能这个队伍将流失的更多。影响职业认同的因素可能是社会评价低,职业荣誉感降低了。

——重要。对职业有认同,才能更好地对职业进行深入剖析,并充满热情。本人正是由于对采访的不认同,因此对于两会采访、特稿写作等工作十分抵触,对新闻没有热情从而也不会对职业要求过高。许多因素会影响新闻从业者的职业认同。个人层面来讲,性格与兴趣因素、价值观影响较大。非个人意志来看,社会舆论、从业者薪资水平、福利、社会地位等影响较大。

——我觉得这是根本的问题。职业认同回答了记者"我是谁,从哪里来,到哪里去"的终极问题。如果一个记者职业认同被动摇了,可能离抛弃这个职业不远了。其实工作后发现,薪酬待遇只是一个方面,很多人不是"掉钱眼"里跟着利益走,一个让自己内心宁静的职业,更重要。所以如果职业认同积极而坚定,那这个人的工作面貌和生活状态是非常棒的。

我觉得影响职业认同的因素有两点:第一是大众化的,薪酬、社会地位、社会评价等;第二非常私人,个人生活经历、受教育经历、个人兴趣等。职业认同很复杂,而且不会一成不变,随着年龄阅历增长,和同龄人生活轨迹的变化,都会让职业认同变化,所以老有人让记者"不忘初心"。我觉得,职业认同不能强求,人各有志,但是做记者的期间,如果有强烈的认同感,会让自己内心更踏实,也会让工作更出彩的。

——职业认同,不单是对新闻工作者,我认为,对于任何从业者都极为重要的。职业认同直接影响职业底线（什么事情坚决不能干）、职业价值（我为何乐意做这种职业）和职业动力（做事情用何种态度和劲头）。就新闻从业者来说，有偿新闻、有偿不闻、假传谎报等，就是职业底线出了问题；当一天和尚撞一天钟，只求无过不求无功，就是职业动力发生了毛病；不安心、不尽心，一心总想往外飞，那些占着新闻岗位却把升官发财当作目标、把跳槽当作捷径的人，典型的是职业价值出了问题。归根结底，缺乏职业底线、价值和动力的人，都是职业认同不够或压根没有职业认同。

什么是职业认同？不同人可能有不同看法，但至少应该包括职业本身有价值有意义，有相对合理的收入，能够在具体工作岗位上获得成就感。相对合理的收入与行业的景气周期、单位的级别、区位、经营状况等密切相关；成就感和具体所在单位、部门、小组、岗位的具体情况，关系更为密切；而职业本身有意义，则是一个多方面综合的考量，根本上是一种主观的把握。有人觉得做新闻本身，增进社会互相了解、增加透明就有意义；有人就觉得通过新闻工作，接触到大千世界，丰富人生，"一辈子当三辈子使"，有意义；有人觉得"笔下有人命关天，笔下有财产万千"，文以载道，实现抱负，有意义；还有人把新闻当作财富和名利的敲门砖和跨海大桥，人家觉得这种新闻工作有意义，也由此产生对于新闻的职业认同。认同是认同了，但最后这种"有意义"，我真觉得没意义。

——重要，很重要。用一句粗话就是干一行爱一行，如果你连你的职业都不认同的话，又怎么能做好本职工作呢？更不用提去为它奉献了。

影响的因素有很多，其中一个未必是最重要的，但是在当下却是相当重要的一条——收入。最近两年，我看到太多怀揣新闻理想的人，为了养家糊口不得不跳槽到其他行业。相比金融等领域，搞新闻的都成了新闻民工了。你看着别人，尤其是你的采访对象生活的那么光鲜，而你自己却差距如此之大，难免心理失衡。我们可以谈理想谈认同，但是首先得保证基本的生活水平，只有满足了基本的生活要求，才能追求更高层次的奉献、追求，否则我还没一个卖煎饼、收破烂的赚得多，我干嘛还要干这行？其次，是成就感。现在的舆论环境似乎并不是那么宽松，很多话不敢说，不能说，我觉得这也让很多新闻从业者觉得不舒服。以前，新闻是个可以名利双收的职业，赚的不算低，报道也可以被更多人认可，现在十多年过去了，收入没咋涨，报道也不怎么被认可，你说这还会引发多少人的认同？很多人干着干着都觉得自己是个夕阳行业，所处这样一个行业，会有多好的认同呢？

——认同很重要，像人的自我认同一样重要，而且人的自我认同往往和职业认同相关联，所谓要有事业，大概就是这个意思。新闻从业者认同如果说有危机的话，无非是报酬和社会认可，现在感觉身边的同行在这两方面都不太满意，我们作为时尚杂志，好一些，但也好不到哪里去。有时候看到自己的朋友挣到很多钱，挺羡慕，觉得自己被困在一个夕阳产业里了。

——我认为新闻从业者的职业认同非常重要。因为，只有正确客观认识自己的职业，才能清晰地了解自己拥有怎样的权利，承担怎样的义务，才能更好地指导自己今后的工作。影响职业认同的因素，个人认为有：新闻从业者个人的业务素养和专业水平；直接领导的评价与指示；被采访对象的评价与对待态度；社会机构和媒体自身对于新闻从业者的评价认知。

后　　记

　　新闻专业主义的研究中，存在主体混淆的问题，本书研究的职业认同，虽然明确主体为新闻从业者，但正如前文所述，从个人层面与集体层面的界定是有差别的，新闻从业者的职业认同离不开其所处的环境和行业，对于新闻行业、媒体组织的职业认同问题，同样值得研究，限于篇幅，未做充分展开。

　　媒体类型、媒体性质、媒体等级都会影响到新闻从业者的职业观念和认知，也天然存在内部差异。在这一方面，还有待完善。比如，职业新闻人，是否纯粹为做新闻，职业认同更强烈。而遭到贬损的"新闻民工"，是不是更容易为了生存和收入而沦陷。

　　身份类别与报道领域的不同，也会对职业认同造成影响。比如，体制内记者与体制外记者这一形成鲜明对比的两大群体，对于职业认同的不同体认又有哪些具体表现，其深层次原因是什么。此前，比较受关注的中国深度报道的新闻从业者，他们对于自身角色、媒体功能的看法不尽相同，对于专业主义、职业记者概念的理解也各有侧重。（张志安，2008）对于新一代的调查记者们，客观、平衡、公正、全面，已经越来越成为他们报道追求的习惯。无论是技巧上的纯熟，还是文本上的冷静，他们都似乎比前辈们把握得更好，他们专注于记录真实的历史试图在短暂的从业生涯中释放光彩。（白红义，2013：107）

后　记

　　考虑到职业认同的时代差异，不同年龄阶段的从业者对于价值的判断和选择也不尽相同，具体体现在时代背景和所处环境的差异。对年轻人来说，更重要的可能是收入，因为他们对物质生活还有一定的要求；对中年人和资深从业者来讲，更重要的是能否实现自己的想法。因此，未来研究中还可以考虑新闻从业者的代际认同问题，或者更具体到细致地考察一个世代的形成，如当代的新闻从业者是怎样形成一个世代，拥有哪些独特的发展经历和职业精神。同时，将职业认同问题与职业角色、职业价值做更深入地勾连，探讨角色价值的演进与重构，抑或从职业认同到职业获得感的转化。

　　新闻业在20世纪建立的秩序现如今已经面临重新调整，新闻专业主义话语的说服力明显减弱，知名媒体人开始走下神坛，面临传媒变局，能够继续生存似乎成为众多传统媒体的唯一目标。每一个时代都有其需要面临的问题，也有其存在的意义与价值，我们大可不必过于担忧或者哀叹，但是对于新闻从业者而言，也许需要重新定位自己，以新闻为本，再次踏上寻找自我认同和社会认同的征途。

　　当前媒体分化、媒体竞争激烈，改革转型的不确定性、风险性前所未有，人员流动性凸显，媒体和从业者生存发展承受巨大的压力。从集体到个人、从领导到一线，都很累，身心疲惫。"职业"面临危机，"认同"更加不易。尤其是在全球化开放的语境内，新闻传媒对于自身的职业定位和职业边界需要有更加明确的思考，建立并内化职业规范，强化新闻从业者的职业身份认同，从而用职业的力量平衡政治与市场的双重夹击，形成相对稳定的鼎足状态。否则难以抵抗外在强大的冲击，或浮躁功利，或一味消沉。有学者指出，中国新闻职业精神尚处于无序状态，中国新闻从业者竭力否认甚至掩盖，不敢面对问题，更谈不上分析和解决问题的实际行动。（王亦高，2015：3）杨保军（2010：244）指出，人们对当下新闻界的不满，主要是因为不少新闻工作者缺乏基本的新闻职业理想和新闻职业精神，缺乏基本的职业道德素质和职业责任感。

　　然而，越是在艰难复杂的环境中，职业认同问题越重要。本书梳

· 251 ·

理了职业认同的历史，厘清了职业认同的现状与理想，在分析职业认同各方面影响因素的基础上，还原职业认同建构的逻辑，并从职业共同体建构的具体切口提供不同层面强化职业认同的对策建议。

承认新闻工作是一种职业，是讨论职业认同的逻辑起点。新闻工作在中国没有被看作是一种普通的职业，才有很多晦暗不明的状态。本书也试图说明，新闻工作是一种普通的职业，应该规定和发扬职业精神，强化职业认同，通过理论与实践的结合，对目前新闻工作者涉及的职业认同问题，进行分析与论述。虽然很多问题和观点已经在一些书籍或文章中有所涉及，但是对一些观点的反复探讨并非是简单的重复，因为这些问题在中国新闻界一直存在，并没有得到解决，甚至有愈演愈烈的趋势，因而有一定的现实意义。基于实证研究基础上的思考，或许事实和观点的陈述失之肤浅，但仍然希望能对中国新闻从业者职业认同问题的后续研究提供一些可资参考的内容。

此书的撰写与我的博士论文选题内容一脉相承，自2016年博士毕业，至此，本书历经多年的写作终于接近尾声。编著一本内容新颖并具有研究意义与价值的新闻从业者方面的专著，是作者多年的梦想，曾经无数次幻想过，"熬"过了著作成稿的那一刻，一定是无比兴奋、轻松，然而，当真正停笔的那一瞬，才发现，内心是有许多惶恐且复杂的。因时间所限，本书依然还有很多未尽之言，殷切希望各位同人和读者批评指正。本书的完成也让我更加体会新闻传播学研究创新的不易，略尽绵力之后，更觉前辈们的可敬可佩。

无论是作为个人，还是我所在的学科领域，抑或是新闻职业及从业者，专著的完成亦让我有诸多感慨与思考，也借此机会得以抒发并与诸君探讨。何谓学习？学习不是简单的知识获取，不是机械的死记硬背，更不是量化的分数累积。学，识也，在效法与读书，钻研知识并获得知识。在我看来，学习最重要的是思考，"学而不思则罔"，学有所思才是关键，"尽信书不如无书"，带着怀疑和批判的目光审视，有所思才能有所得。习，反复练习，通晓、熟悉。即通过实践来巩固所学、发展所学。习有所得，要有所顿悟。

后 记

知识是学习的重要内容，但并不是全部，除此之外，能力、素质、品德、价值观都很重要。通识性、全能型人才的培养观念越来越得到重视，一个人生活在社会中，其专业能力、实践能力、人际交往能力、道德素养都需要在不断的学习、实践中加以培养、充实。在这样一个瞬息万变的世界中，我们要学习的内容有很多很多。从知识本身来看，分门别类，浩瀚无穷。"读史使人明智，读诗使人灵秀，数学使人周密，科学使人深刻，论理学使人庄重，逻辑修辞之学使人善辩：凡有所学，皆成性格。"广而博，专而深，才能厚积薄发。学校的教育除了教会我们如何做学问，我想更重要的是学以致用，读万卷书，行万里路。在实践中不断地历练自己，在人生的大课堂中学会如何做人。

知识、技能、素养、品质的学习都是一种终生学习。子曰"吾十有五而志于学。三十而立。四十而不惑，五十而知天命，六十而耳顺。七十而从心所欲，不逾矩"。人生的每一个阶段都有其特定的使命，孔子关于学习的论述，为我们勾勒出了治学修德的最高境界。虽不能至，心向往之。

很多人会问，我们为什么而学习。为自己？那么很多人会抱怨学习的主动权并不能自愿放弃；为父母？家长的期许与自我的努力往往存在一定的落差；为国家？似乎在周恩来"为中华之崛起而读书"的誓言面前我们会感到汗颜；为了更好地生活，为了找到好的工作……也许，我们可以有很多学习的理由。弗兰西斯·培根曾经在《论学习》中提到了读书的诸多益处，"读书足以怡情，足以博彩，足以长才。其怡情也，最见于独处幽居之时；其博彩也，最见于高谈阔论之中；其长才也，最见于处世判事之际。"我不想高谈论阔，只是觉得，学习的主体始终是我们自己，效果的好坏也直接在自己身上显现。学习，首先，是为了充实自己，更好地适应这个社会；其次，是通过自己的奋斗，改变一个人甚至是一个家族的命运；最后，学有所成，才能谈及回报社会，做对国家有用的人才。无论是为了谁，兴趣是人生最好的导师，加之那种使命感的承担，会给我们无限的动力。

三人行，必有我师焉，生活中到处都是学习场，懂得学习他人的长处，不断弥补自己的不足，这才是帮助自己进步的有效法宝。正所谓，海纳百川，有容乃大。这也是除了严谨、认真之外，学习的应有态度。

学习如登山，不断攀岩中的点滴积累，才能取得最终的胜利，一路的坚持至关重要。积跬步以至千里，积小流而成江海。每个人在学习的过程中都会遇到各种各样的困难，找到自己的学习方法，用恒心和毅力战胜困难，坚信"长风破浪会有时，直挂云帆济沧海"。

凿壁借光，悬梁刺股，囊萤映雪，韦编三绝，早已成为刻苦学习的典范。也正是在这样的一个过程中，才能经历并超越学习的三种境界，"昨夜西风凋碧树，独上高楼，望断天涯路"，在茫茫学海之中，找到自己的方向，立志高远；"衣带渐宽终不悔，为伊消得人憔悴"，为实现远大理想而努力奋斗，锲而不舍；"众里寻他千百度，蓦然回首，那人却在灯火阑珊处"，收放自如，功到自然成，所有的付出都是值得的，因为今天的你学到了别人学不到的东西，悟得了别人所没有体悟的境界。也许并不是每个人都能经历这样的三种境界，也许达到第三种境界的过程是很漫长的，但是请记住，不要急于求成，更不要轻言放弃，保持积极的心态，"宠辱不惊，闲看庭前花开花落；去留无意，漫随天外云卷云舒"，相信量的积累会带来质的改变，你的辛勤耕耘总会在未来的某一天有所收获，到那时，你会真正感叹于"回首向来萧瑟处，也无风雨也无晴"。

歌德曾经说："人不光是靠他生来就拥有一切，而是靠他从学习中所得到的一切来造就自己。"诸葛亮的名言："非学无以广才，非学无以明识，非学无以立德。"家喻户晓。我想，学习的重要性，自不必多说。因为学习，我获得了最宝贵的知识和技能，因为学习我经历了最丰富的实践活动，因为学习我的人生从此与众不同。我深知，学海无涯，路漫漫其修远兮，吾将上下而求索；我立志，崎岖险峰，千磨万击还坚劲，任尔东南西北风；我坚信，柳暗花明，会当凌绝顶，一览众山小。

我从来都不排斥女博士这样一个头衔，虽然它不足以成为我生命

后　记

中最重要的标签，但的的确确带给我诸多的改变。曾经，微信上传的火热的一篇文章，《娶妻当娶女博士》，不仅仅是为女博士正名的戏言，其实更多是现实生活中的真实写照。就我所接触以及了解的女博士的形象，确实是知书达理，自立自强，自信且知性，有涵养又有气质的。回想自己的博士生涯，我不敢说拥有全部的优点，但至少规避了很多的缺点。虽算不上聪颖但勤奋有加，自信但不自负，可以很独立，也可以很坚强。学术与科研，需要一种勇气和胸怀，更需要一种责任与担当，也许从来都不是小家碧玉的小情小爱，而是在更广阔的空间内创造无限的可能，在更远大的理想下不断完成自觉与体认，请相信，越努力，越幸运，你若盛开，观者自来，腹有诗书气自华！

诚然，这些可能改变了你原有的生活轨迹，打破了你正常的生活节奏，它代表一种压力，纠结，可能需要面临无数的困难，挑战你的极限。但是这些负面影响的背后，我们有没有想过，究竟能收获什么？提高学术水平与研究能力，获得高学历与各种能力，自不必说。科研与学术，对于我来说，首先，是一种崭新的思维方式，创新、质疑、批判却也理性而富有建设性。让我有了更多探索世界的愿望和改变生活的想法。其次，在我看来，是一种奢侈的生活方式，之所以奢侈，是因为，你有大把的时间尽情挥霍只为读书，你有大量的想法积极验证只因思考，你有最宝贵的机会目睹名师大家风范，受益匪浅。你有最难得的体验与最优秀的人相处，碰撞与交流出思想的火花。再次，也是更为重要的，这还是一种愉悦的生命体验。这种愉悦的体验，不仅是发表了一篇 paper，实践了一个 idea，而是实现了一种精神追求，挑战自我和极限，丰富了生命本身的价值和意义，享受这种过程的本身亦是一种财富与收获。最后，我想说，选择学术与科研，尤其是这本著作的开始并能够坚持下来，顺利完成，靠的是一种理想，信仰，更是一种情怀。至少对于我来说，未来不知道会怎样，但是这个阶段，累过，烦过，哭过也爱过，就是没有后悔过。

仅以此篇，献给那些年的自己，以及每一个帮助过我、支持过我、陪伴着我的人。此书的顺利完成，非我一人能力之所及。我要特别感谢我的导师，已故的周建明老师对我研究的指导与帮助，谨以此书致敬恩师。从硕士到博士，师从周建明教授五年，倍感珍惜，受益匪浅。无论是对于学术和科研的悉心指导，细致帮助，还是在生活中的叮咛呵护，关爱有加，每一次的交流、接触中，都可以从周老师那里获得求知的动力，做人的真谛，生活的哲理，点滴汇聚，言传身教，大师风范，高风亮节，如沐春风。

感谢中国科学技术发展战略研究院科技与社会发展研究所的诸位研究员在项目调研和数据分析中给予我的支持与认可；感谢所有的被访者们，愿意吐露你们的心声，带着对职业本身的热爱与敬畏，认真思考我们都在面临的重要问题；感谢在交流中给予我启迪的各位老师及编辑，特别是中国社会科学出版社的张玥老师；感谢家人的支持和鼓励，还要感谢我的两位研究生李兴华、李东伟同学对本书部分资料的整理。

本书为大连理工大学人文与社会科学学部学术著作出版资助项目，还要特别感谢学部领导和同事们的关心与帮助。

如果，这是一个转折的路口，很庆幸，我没有片刻的迟疑与彷徨，因为我已经积聚了所有爱我的人给我的正能量，既然目标是远方，便不顾风雨兼程，时刻提醒自己，勿忘初心，不畏将来，但求做更好的自己！我相信，只要你肯努力，你想要的岁月都会给你！

2021 年 11 月 6 日

于大连理工大学厚德楼